城市轨道交通工程投资估算编制研究

CHENGSHI GUIDAO JIAOTONG GONGCHENG TOUZI GUSUAN BIANZHI YANJIU

住房和城乡建设部标准定额研究所
中 国 铁 路 设 计 集 团 有 限 公 司 主编

中国计划出版社
·北 京·

图书在版编目（CIP）数据
城市轨道交通工程投资估算编制研究 / 住房和城乡建设部标准定额研究所，中国铁路设计集团有限公司主编. 北京 : 中国计划出版社，2024. 9. -- ISBN 978-7-5182-1729-8
Ⅰ. U239.5
中国国家版本馆CIP数据核字第2024207DF3号

责任编辑：刘　原　　　　封面设计：韩可斌

中国计划出版社出版发行
网址：www.jhpress.com
地址：北京市西城区木樨地北里甲 11 号国宏大厦 C 座 4 层
邮政编码：100038　电话：（010）63906433（发行部）
北京天宇星印刷厂印刷

787mm × 1092mm　1/16　20.25 印张　500 千字
2024 年 9 月第 1 版　2024 年 9 月第 1 次印刷

定价：88.00 元

编制组名单

主编单位：

住房和城乡建设部标准定额研究所

中国铁路设计集团有限公司

参编单位：（排名不分先后）

北京城建设计发展集团股份有限公司

北京市市政工程设计研究总院有限公司

上海市隧道工程轨道交通设计研究院

主　　编： 刘大同　郑贺民　张建芳

副 主 编： 赵　彬　杨贵生　李爱东

编制人员： 赵永超　张春雷　王　敏　徐梦熊　朱红军　侯占林　郭剑勇

王　辉　段晓霞　刘云亮　李永洁　朱成瑶　李　欣　曾河清

陈　冲　袁　超　李盛花　丁玲玲　宋　宪　王　骏　周　健

王国新　张继清　马振海　王正松　张剑桥　胡　健　薛嘉成

孙佳乐　赵　戟　马玉硕　梁丽华　王豫婉　王书鹏　曲耀慧

郭思睿　宋宪贺　何玉明　罗积胜　马奕斐

审查人员： 李成栋　金　强　张勇胜　杨永平　陆卫东　罗召平　李　江

张小红　张芹见　顾　青　薛冬华　李晓艳　陈国华　王　芳

赵　阳　应一可　封晨辉

前　　言

为贯彻执行住房和城乡建设部印发的《工程造价改革工作方案》（建办标〔2020〕38号），落实“完善工程计价依据发布机制”“优化概算定额、估算指标编制发布和动态管理”的改革工作部署，保障城市轨道交通工程建设高质量发展，进一步健全城市轨道交通工程计价依据体系，提高城市轨道交通工程投资估算编制的标准化、信息化水平，为政府及相关部门造价管理投资决策提供支撑性依据，住房和城乡建设部标准定额研究所组织有关单位开展了城市轨道交通工程投资估算编制研究工作。

随着国民经济的持续发展和城市规模的不断扩大，城市人口急剧增加，居民出行和物资交流日益频繁，城市交通矛盾日益突出。为了缓解交通拥挤、改善城市环境、减少城市污染和提高人民生活质量，发展大运量的城市轨道交通已经成为解决城市交通矛盾的主要途径之一，也是改善我国城市交通的一项长期战略目标。城市轨道交通工程由于建设工期长、技术复杂、投资额巨大，其工程造价的高低直接影响着项目建设，特别是前期阶段的投资估算更是项目决策的重要决定性因素，因此作为投资估算编制依据的计价标准就显得尤为重要。面对当前巨大的城市轨道交通工程存量和新建市场，建立统一的城市轨道交通工程投资估算编制办法将有助于规范市场投资行为、完善行业计价标准体系、提高城市轨道交通行业标准化管理水平，对城市轨道交通工程规划、建设、管理过程中的投资控制及优化起到相应的规范和指导作用；同时也能够对构建新发展格局、推动行业绿色发展、推进资源集约利用，进一步提升城市轨道交通行业工程造价领域发展水平、提高投资效益，实现交通强国及科技高质量发展发挥强有力的促进作用。

目前在城市轨道交通工程建设过程中，由于没有全国统一的投资估算编制办法，各地方编制城市轨道交通工程投资估算时，在编制深度、章节划分、费用内容及计算方法等方面均存在较大差异。研究制定城市轨道交通工程投资估算编制办法，有助于改变目前城市轨道交通工程投资估算编制不统一的现状，使城市轨道交通工程投资估算的编制更加规范、更加统一，提高城市轨道交通工程投资估算编制的标准化水平，推动城市轨道交通行业高质量发展。

在编制研究过程中，全面分析了全国七大片区20多个主要城市在城市轨道交通工程投资估算编制中编制深度、章节划分、费用内容及计算方法等方面的特点，深入调研各地行业主管部门、建设单位、设计单位、施工单位等不同城市轨道交通项目参与方在项目前期各阶段投资估算编制过程中的痛点和诉求。通过分析城市轨道工程投资发展现状，对比其他行业计价标准，提出优化完善城市轨道交通工程计价标准策略；通过研究不同城市轨道交通工程投资估算编制现状及存在问题，分析不同地区城市轨道交通工程投资估算编制差异，找出影响城市轨道交通工程投资估算的主要因素，并在此基础上进行了城市轨道交通工程投资估算编制办法的研究，主要包括估算文件组成、估算编制方法、费用内容及其标准等方面的研究内容。同时，还在城市轨道交通工程投资估算信息化建设、市域（郊）铁路计价标准及造价指标、城市轨道交通工程不同地区造价指标等方面进行了一定程度的研究。

本书主要内容包括城市轨道交通工程投资估算编制现状分析、城市轨道交通工程投资估算编制办法研究、城市轨道交通工程投资估算信息化研究、市域（郊）铁路计价标准及造价指标、城市轨道交通工程不同地区造价指标等。本书有助于改变目前全国各地区城市轨道交通工程投资估算编制各行其是的现状，推动城市轨道交通工程投资估算的编制逐步规范、统一，提高城市轨道交通工程投资估算编制的标准化、信息化水平，助力城市轨道交通行业建设高质量发展。

由于水平所限，本书提出的城市轨道交通工程投资估算办法、造价指标等仅供参考，不当之处恳请广大读者指正。

本书编制组

2024 年 4 月

目　录

第一章　城市轨道交通工程投资估算编制现状分析

第一节　城市轨道交通工程投资分析

近年来，随着我国国民经济蓬勃发展，综合国力和基础设施建设显著提升和加强，城市化进程脚步不断加快，城市人口急剧增加，居民出行和物资交流日益频繁，城市内客流量成倍甚至几十倍增长，交通成为了影响城市化进程的重要因素。城市轨道交通作为方便快捷的交通工具受到许多大中城市的青睐。越来越多的城市公布了轨道交通发展规划，以发挥其缓解交通压力、提高市民出行效率以及带动城市沿轨道交通廊道发展等诸多作用。2019 年，习近平总书记乘坐北京大兴国际机场线时曾指出："城市轨道交通是现代大城市交通的发展方向。发展轨道交通是解决大城市病的有效途径，也是建设绿色城市、智能城市的有效途径。"这一论述，既确定了交通在大城市中的重要地位，又指明了城市轨道交通的发展方向和途径。发展轨道交通，将有利于构建综合、绿色、安全、智能的立体化、现代化城市交通系统，在我国大城市和城市群都市圈高质量发展进程中起着极其重要的作用。

"十三五"时期，我国城市轨道交通运营里程稳步攀升，且城市轨道运营里程数已经成为全球第一，远超德国、俄罗斯、美国、日本等发达国家。截止到 2021 年末，中国大陆地区累计有 50 个城市开通城市轨道交通运营，运营线路里程达到 9 192.7km。"十三五"时期，我国城市轨道交通累计客运量达到 959.4 亿人次，较"十二五"时期增长 81.7%。作为"十四五"开局之年，2021 年当年共计新增城市轨道交通运营线路里程为 1 223km，较前一年增长 15.35%。2016—2021 年中国城市轨道交通运营里程长度及增速图如图 1–1 所示。

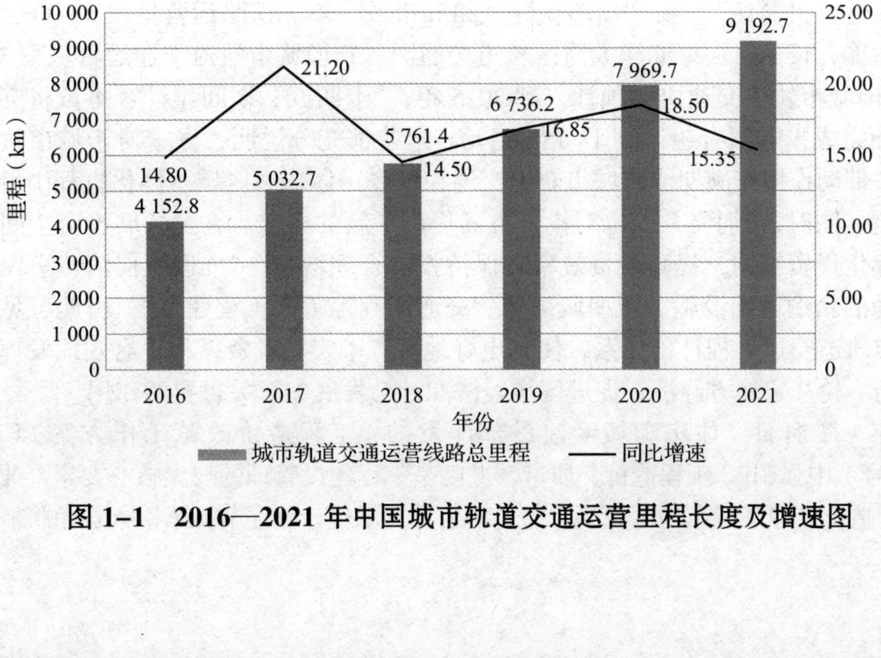

图 1–1　2016—2021 年中国城市轨道交通运营里程长度及增速图

在“十三五”时期，随着城市轨道交通运营里程不断增长、投资显著增加，我国城市轨道交通投资完成额也得到快速发展。“十三五”期间，全国累计完成城市轨道交通建设投资 26 278.7 亿元，相比“十二五”期间所完成建设投资总额（12 289 亿元）提升了一倍多。整个“十三五”期间我国城市轨道交通年均完成建设投资 5 255.7 亿元。2021 年度完成建设投资额 5 859.8 亿元，较前一年建设投资略有放缓回落趋势。2016—2021 年中国城市轨道交通投资完成额及增速图如图 1–2 所示。

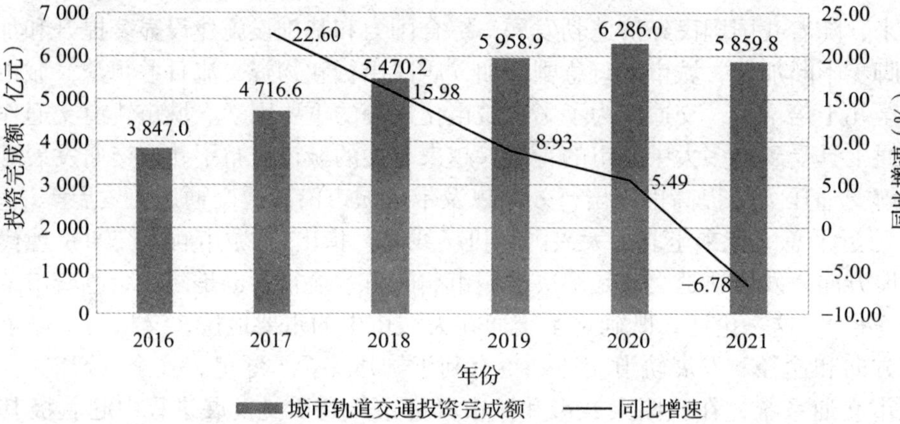

图 1–2　2016—2021 年中国城市轨道交通投资完成额及增速图

《中华人民共和国国民经济和社会发展第十四个五年规划和 2035 年远景目标纲要》（以下简称《纲要》）对国内城市轨道交通发展提出新的目标和要求。《纲要》提出，要“推进城市群都市圈交通一体化，加快城际铁路、市域（郊）铁路建设，构建高速公路环线系统，有序推进城市轨道交通发展。提高交通通达深度，推动区域性铁路建设”，要“依托辐射带动能力较强的中心城市，提高 1 小时通勤圈协同发展水平，培育发展一批同城化程度高的现代化都市圈。以城际铁路和市域（郊）铁路等轨道交通为骨干，打通各类‘断头路’、‘瓶颈路’，推动市内市外交通有效衔接和轨道交通‘四网融合’，提高都市圈基础设施连接性、贯通性”，要“新增城际铁路和市域（郊）铁路运营里程 3 000 公里，基本建成京津冀、长三角、粤港澳大湾区轨道交通网。新增城市轨道交通运营里程 3 000 公里”。据中国城市轨道交通协会预计，到 2025 年，“十四五”期间累计客运量将突破千亿人次，累计完成投资额有望达到 18 188 亿元。这些都充分说明，国家对于城市轨道交通工程的经济带动作用充满期待，城市轨道交通在城乡一体化、区域一体化进程中发挥的作用不可小觑。同时，《纲要》中也对投资方面提出了新的要求。在“拓展投资空间”中提到：要“优化投资结构，提高投资效率，保持投资合理增长”“推进既促消费惠民生又调结构增后劲的新型基础设施、新型城镇化、交通水利等重大工程建设”。由此可见，进一步完善城市轨道交通工程计价体系，使其更好地服务于宏观投资，将更有效地发挥城市轨道交通在新一轮稳定地方经济、促进区域经济和社会发展中至关重要的作用。

2020 年 7 月 24 日，住房和城乡建设部印发的《工程造价改革工作方案》（建办标〔2020〕38 号）中强调：“工程造价、质量、进度是工程建设管理的三大核心要素。改革开放以来，工程造价管理坚持市场化改革方向，在工程发承包计价环节探索引入竞争机制，全面推行工程量清单计价，各项制度不断完善。但同时还存在定额等计价依据不能很好满足市场需要，造价信息服务水平不高，造价形成机制不够科学等问题。”在城市轨道交通工程建设中，投资估算是建设项目前期工作的重要环节，是拟定建设规划和编制可行性研究报告文件时必不可少的中心内容，在轨道交通项目管理的各个阶段都是不可或缺的依据和资料，也是进行投资决策的主要依据，它对整个项目的造价起着总体控制作用。城市轨道交通工程不同于普通铁路工程，更不同于一般的市政工程，其系统庞大、技术含量高、施工难度大、建设周期长、不可预见性多、资金投入大，且目前投资估算的编制依据相对较少。由于投资估算的编制现状一定程度上影响了投资估算的编制质量，也给政府在投资决策上造成一定困难。因此，投资估算的编制需要有指导性、可操作性的框架作为依据。投资估算的编制应有章可循、有据可依，这对加强城市轨道交通工程投资估算的准确性、合理性具有重要意义。

第二节　城市轨道交通工程计价依据

为了使城市轨道交通工程投资的编制更加标准化、程序化、规范化，加强对城市轨道交通工程造价管理及合理有效地控制工程投资，国家有关部门制定并发布了城市轨道交通工程相关定额、计价标准等一系列计价依据，这些计价依据对规范城市轨道交通工程造价编制和管理、提高城市轨道交通工程造价文件编制质量、提升造价管理水平等起到了较大的促进和推动作用。

城市轨道交通工程计价依据包括估算、概算和预算三个阶段费用依据内容，目前现行的编制办法或规范标准等计价依据包括：

1.《城市轨道交通工程项目建设标准》（建标 104—2008）

实施时间：2008 年 7 月 1 日。

发布单位：原中华人民共和国建设部、中华人民共和国国家发展和改革委员会。

主要内容：建设规模与项目构成，总体布局与线路工程，车辆与限界，运营组织与管理，车站建筑与结构工程，机电系统及设备，车辆基地及配套工程，安全防护、环保和节能以及主要技术经济指标等。

适用范围：适用于城市轨道交通的高运量、大运量、中运量系统、钢轮钢轨系统的新建工程项目。市域轨道交通系统、有轨电车系统、跨座式单轨等轮轨系统，既有线的改建、扩建工程可参照执行。

2.《城市轨道交通工程投资估算指标》（建办标〔2024〕18 号）

实施时间：2024 年 7 月 1 日。

发布单位：中华人民共和国住房和城乡建设部。

主要内容：车站，区间，轨道，通信，信号，供电，综合监控，火灾自动报警、环境与设备监控，安防与门禁，通风，空调与供暖，给水与排水、消防，自动售检票，站内客运设备、站台门，车辆基地，人防等。

适用范围：适用于新建、扩建的城市轨道交通的工程（不含磁悬浮、单轨和有轨电车），市域铁路工程可参照执行，不适用于维修和局部改造的城市轨道交通工程。

3.《城市轨道交通工程设计概算编制办法》（建标〔2017〕89 号）

实施时间：2017 年 6 月 1 日。

发布单位：中华人民共和国住房和城乡建设部、中华人民共和国国家发展和改革委员会。

主要内容：概算文件组成、概算编制方法、费用内容及标准等。

适用范围：适用于新建、改建和扩建城市轨道交通工程初步设计概算文件的编制。

4.《城市轨道交通工程概算定额》（建标〔2011〕99号）

实施时间：2012年1月1日。

发布单位：中华人民共和国住房和城乡建设部。

主要内容：路基、桥涵工程，车站、区间工程，轨道、车辆段工程，通信、信号工程，供电工程，智能与控制系统安装工程，机电设备安装工程等。

适用范围：适用于新建、扩建的城市轨道交通工程。

5.《城市轨道交通工程预算定额》（建标〔2008〕193号）

实施时间：2009年1月1日。

发布单位：中华人民共和国住房和城乡建设部。

主要内容：路基、围护结构及地基处理工程，桥涵工程，隧道工程，地下结构工程，轨道工程，通信工程，信号工程，供电工程，智能与控制系统安装工程以及机电设备安装工程。

适用范围：适用于新建、扩建的城市轨道交通工程。该定额是完成规定计量单位分部分项工程所需的人工、材料、施工机械台班的消耗量标准，是制定城市轨道交通工程地区单位估价表、工程量清单综合单价、招标标底和投标报价的基础等。

6.《城市轨道交通建筑安装工程费用标准编制规则》（建标〔2011〕159号）

实施时间：2011年10月8日。

发布单位：中华人民共和国住房和城乡建设部。

主要内容：措施费、企业管理费、规费、利润、税金、取费程序。

适用范围：适用于新建、扩建的城市轨道交通工程。该规则是各省、自治区、直辖市工程造价管理机构编制城市轨道交通工程费用标准、测定地区费率的依据。

7.《建设工程工程量清单计价规范》（GB 50500—2013）

实施时间：2013年7月1日。

发布单位：中华人民共和国住房和城乡建设部。

主要内容：工程量清单编制、招标控制价、投标报价、合同价款约定、工程计量、合同价款调整、合同价款期中支付、竣工结算与支付、合同解除的价款结算与支付、合同价款争议的解决、工程造价鉴定以及工程计价资料与档案等。

适用范围：适用于建设工程施工发承包计价活动。

8.《城市轨道交通工程工程量计算规范》（GB 50861—2013）

实施时间：2013年7月1日。

发布单位：中华人民共和国住房和城乡建设部。

主要内容：工程计量，工程量清单编制，路基、围护结构工程，高架桥工程，地下区间工程，地下结构工程，轨道工程，通信工程，信号工程，供电工程，智能与控制系统安装工程，机电设备安装工程，车辆基地工艺设备，拆除工程，措施项目等。

适用范围：适用于城市轨道交通的路基、围护结构、高架桥、地下区间、地下结构、轨道、通信、信号、供电、智能与控制系统安装、机电设备安装、车辆基地工艺设备以及拆除等公用事业工程的发承包及实施阶段计价活动中的工程计量和工程量清单编制。

9.《住房城乡建设部关于印发城市轨道交通工程设计文件编制深度规定的通知》(建质〔2013〕160号)

实施时间:2013年7月1日。

发布单位:中华人民共和国住房和城乡建设部。

主要内容:城市轨道交通工程可行性研究报告文件编制深度、城市轨道交通工程初步设计文件编制深度、城市轨道交通工程施工图设计文件编制深度。

适用范围:该规定按新建工程编写。对于续建工程、改(扩)建工程等,可参照该规定进行补充调整。

综上所述,从计价体系的完整性角度,可以看出目前城市轨道交通初步设计、工程量清单及控制价编制、施工图设计等阶段的相关计价文件已较为全面,但尚无可以指导前期阶段投资估算编制的相关编制办法,因此亟需补充城市轨道交通工程投资估算编制办法,以进一步完善城市轨道工程相关计价体系。

10. 铁路工程计价依据

铁路工程计价依据包括估算、概算和预算三个阶段费用依据内容,目前现行的编制办法或规范等计价依据包括:

(1)《铁路基本建设工程投资估算预估算编制办法》(国铁科法〔2018〕101号);

(2)《铁路基本建设工程投资估算预估算费用定额》(国铁科法〔2018〕102号);

(3)《铁路工程估算定额》(国铁科法〔2019〕46号);

(4)《铁路基本建设工程设计概(预)算编制办法》(国铁科法函〔2017〕30号);

(5)《铁路基本建设工程设计概(预)算费用定额》(国铁科法函〔2017〕31号);

(6)《铁路工程材料基期价格》(TZJ 3003—2017)和《铁路工程施工机具台班费用定额》(TZJ 3004—2017);

(7)《铁路工程概算定额》(国铁科法〔2018〕103号);

(8)《铁路工程预算定额》(国铁科法〔2017〕33号);

(9)《铁路工程补充预算定额(第一册)》(铁总建设〔2017〕324号);

(10)《铁路工程补充预算定额(第二册)》(铁总建设〔2019〕26号)。

与估算编制直接相关的《铁路基本建设工程投资估算预估算编制办法》(TZJ 1002—2018)主要章节划分为:1 编制方法;2 费用内容及计算方法;3 其他编制说明。编制方法分为六小节,包括:投资估算的编制层次、编制范围及单元、编制深度及要求、定额的采用、章节及静态投资费用种类划分和费用项目组成及单项估算计算程序。费用内容及计算方法则进行了更为细致的划分,共分为十八小节,包括:人工费,材料费,施工机具使用费,工程用水、电单价,价外运杂费,填料费,施工措施费,特殊施工增加费,大型临时设施和过渡工程费,间接费,设备购置费,税金,其他费,基本预备费,价差预备费,建设期投资贷款利息,机车车辆(动车组)购置费以及铺底流动资金。

11. 公路工程计价依据

公路工程计价依据包括估算、概算和预算三个阶段费用依据内容,目前现行的编制办法或规范标准等计价依据包括：

（1）《公路工程建设项目造价数据标准》（JTG/T 3812—2020）；

（2）《公路工程建设项目投资估算编制办法》（JTG 3820—2018）；

（3）《公路工程估算指标》（JTG/T 3821—2018）；

（4）《公路工程建设项目概算预算编制办法》（JTG 3830—2018）；

（5）《公路工程概算定额》（JTG/T 3831—2018）；

（6）《公路工程预算定额》（JTG/T 3832—2018）；

（7）《公路工程机械台班费用定额》（JTG/T 3833—2018）。

与估算编制直接相关的《公路工程建设项目投资估算编制办法》（JTG 3820—2018）主要章节为：总则，投资估算编制办法，投资估算费用标准和计算方式。第 2 章投资估算编制办法分为五小节，包括：基本规定、编制依据、文件组成、投资估算项目及编码规则以及费用组成。第 3 章投资估算费用标准和计算方式分为六小节，包括：建筑安装工程费、土地使用及拆迁补偿费、工程建设其他费、预备费、建设期贷款利息以及公路建设项目各项费用计算程序及计算方式。

以上为城市轨道交通、铁路和公路行业的相关计价依据，这三个行业在各个阶段的主要计价依据对比如表 1–1 所示。

表 1–1　城市轨道交通、铁路、公路行业各阶段主要计价依据对比表

<table>
<tr><th rowspan="2">费用阶段</th><th colspan="3">行业计价依据</th></tr>
<tr><th>城市轨道交通工程</th><th>铁路工程</th><th>公路工程</th></tr>
<tr><td rowspan="3">估算</td><td rowspan="3">《城市轨道交通工程投资估算指标》（建办标〔2024〕18 号）</td><td>《铁路基本建设工程投资估算预估算编制办法》（国铁科法〔2018〕101 号）</td><td rowspan="3">《公路工程建设项目投资估算编制办法》（JTG 3820—2018）
《公路工程估算指标》（JTG/T 3821—2018）</td></tr>
<tr><td>《铁路基本建设工程投资估算预估算费用定额》（国铁科法〔2018〕102 号）</td></tr>
<tr><td>《铁路工程估算定额》（国铁科法〔2019〕46 号）</td></tr>
<tr><td rowspan="3">概算</td><td rowspan="3">《城市轨道交通工程设计概算编制办法》（建标〔2017〕89 号）
《城市轨道交通工程概算定额》（建标〔2011〕99 号）</td><td>《铁路基本建设工程设计概（预）算编制办法》（国铁科法函〔2017〕30 号）</td><td rowspan="3">《公路工程建设项目概算预算编制办法》（JTG 3830—2018）
《公路工程概算定额》（JTG/T 3831—2018）
《公路工程机械台班费用定额》（JTG/T 3833—2018）</td></tr>
<tr><td>《铁路基本建设工程设计概（预）算费用定额》（国铁科法函〔2017〕31 号）</td></tr>
<tr><td>《铁路工程概算定额》（国铁科法〔2018〕103 号）</td></tr>
</table>

续表 1–1

费用阶段	行业计价依据		
	城市轨道交通工程	铁路工程	公路工程
预算	《城市轨道交通工程预算定额》（建标〔2008〕193 号）	《铁路基本建设工程设计概（预）算编制办法》（国铁科法函〔2017〕30 号）	《公路工程建设项目概算预算编制办法》（JTG 3830—2018） 《公路工程预算定额》（JTG/T 3832—2018）
		《铁路工程预算定额》（国铁科法〔2017〕33 号）	
		《铁路工程补充预算定额（第一册）》（铁总建设〔2017〕324 号）	
		《铁路工程补充预算定额（第二册）》（铁总建设〔2019〕26 号）	

从表 1–1 中不同行业计价依据对比中可以看出，城市轨道交通工程、铁路工程和公路工程在概算编制阶段具有完备的概算编制办法及定额；铁路工程和公路工程在预算编制阶段同样具有预算编制办法与定额，而城市轨道交通工程虽仅有预算定额，无配套的预算编制办法，但根据目前城市轨道交通行业的情况，编制城市轨道施工图预算的城市很少；在估算编制阶段，三个行业都具有投资估算指标，铁路工程与公路工程还具有投资估算编制办法，而城市轨道交通工程则缺少投资估算编制办法。

城市轨道交通工程投资估算是项目立项、投资决策的主要依据之一，它对整个项目的工程造价起着至关重要的总体控制作用。然而，目前国内暂无可适用于城市轨道交通工程投资估算的编制办法，致使城市轨道交通投资估算编制体系仍存在一定的问题。目前亟需对现行城市轨道交通工程估算编制依据进行完善，形成一套城市轨道交通工程投资估算编制办法，以更好地满足项目投资估算编制需要。

投资估算是城市轨道交通项目的整个决策过程中的重要依据。在项目前期研究的阶段，全面合理地估算建设项目的工程造价，是项目投资决策阶段的首要任务。在前期决策阶段由于研究的范围和设计深度的限制，要正确估算工程投资的难度远大于已有具体设计方案的初步设计概算和施工图预算。它既需要从宏观把握不失方向，不致后阶段投资失控；又要在微观上科学合理确定造价指标，系统地梳理车站、区间和各设备系统投资。为了提高投资估算的编制质量及合理确定建设项目投资，投资估算的编制应有章可循、有据可依。

研究城市轨道交通工程投资估算编制办法可以通过对现行的《城市轨道交通工程设计概算编制办法》（建标〔2017〕89 号）进行梳理总结，并参考现行铁路工程及公路工程估算编制办法的内容组成的特点，制定城市轨道交通工程投资估算编制办法的研究内容。《城市轨道交通工程设计概算编制办法》（建标〔2017〕89 号）、《铁路基本建设工程投资估算预估算编制办法》（TZJ 1002—2018）、《公路工程建设项目投资估算编制办法》（JTG 3820—2018）等编制办法的研究内容组成对比如表 1–2 所示。

表 1–2　城市轨道交通、铁路、公路估算、概算编制办法内容组成对比表

相关编制办法	《铁路基本建设工程投资估算预估算编制办法》（TZJ 1002—2018）	《公路工程建设项目投资估算编制办法》（JTG 3820—2018）	《城市轨道交通工程设计概算编制办法》（建标〔2017〕89 号）
费用阶段	估算		概算
编制办法组成	投资估算的编制层次、编制范围及单元、编制深度及要求、定额的采用、章节及静态投资费用种类划分和费用项目组成及单项估算计算程序	基本规定、编制依据、文件组成、投资估算项目及编码规则以及费用组成	概算编制层次、概算章节划分、定额采用与工程费用取费标准、概算费用种类、概算费用组成
费用内容组成	人工费，材料费，施工机具使用费，工程用水、电单价，价外运杂费，填料费，施工措施费，特殊施工增加费，大型临时设施和过渡工程费，间接费，设备购置费，税金，其他费，基本预备费，价差预备费，建设期投资贷款利息，机车车辆（动车组）购置费以及铺底流动资金	建筑安装工程费、土地使用及拆迁补偿费、工程建设其他费、预备费、建设期贷款利息以及公路建设项目各项费用计算程序及计算方式	建筑安装工程费、设备购置费、工程建设其他费用、预备费以及专项费用

通过对相关编制办法的内容组成及章节划分进行对比研究，考虑将城市轨道交通工程投资估算编制办法的主要内容划分为三大章节，分别为：“估算文件组成”“估算编制方法”以及“估算费用内容及其标准”。其中，“估算编制方法”共分为五小节，分别为投资估算编制层次、投资估算章节划分、计价依据采用与工程费用取费标准、投资估算费用种类以及投资估算费用项目组成。“估算费用内容及其标准”则对具体费用组成进行更为细致的阐述，共分为五小节，分别为建筑安装工程费、设备购置费、工程建设其他费用、预备费以及专项费用。研究过程中，重点对以上内容展开更为细致、全面、深入的研究，确保估算编制办法更具科学性、合理性和实用性。

第三节　城市轨道交通工程投资估算编制现状

一、城市轨道交通建设项目投资控制要求

城市轨道交通建设项目投资，按不同阶段分为建设规划阶段的投资估算、可行性研究阶段的投资估算、初步设计阶段的设计概算、施工图设计阶段的施工图预算、竣工阶段的竣工决算。建设规划投资估算是后续各个阶段投资控制的基础目标，可行性研究投资估算是设计概算的控制依据，设计概算是施工图预算、竣工决算的控制依据。其中，投资估算是建设项目前期工作的重要环节，是拟定建设规划和编制可行性研究报告时必不可少的核心内容，是进行项目投资决策的重要依据，对项目全过程的投资起着总体控制作用。可行性研究投资估算，是进行财务分析、经济分析的基础，同时也是制定项目融资方案的依据

和开展初步设计和控制概算的重要基础。

根据国家相关文件规定和要求，城市轨道交通建设项目各个阶段投资控制的基本要求见表 1–3。

表 1–3　城市轨道交通建设项目投资控制基本要求

阶段名称	费用名称	投资控制要求	预备费
建设规划	投资估算	深化设计达到预可行性研究深度	
可行性研究	投资估算	直接工程投资（扣除物价上涨因素）增幅不超过建设规划投资估算 20%	8% ~ 10%
初步设计	设计概算	总投资增幅不得超过可行性研究投资估算 10%，且直接工程投资（扣除物价上涨因素）增幅不超过建设规划投资估算 20%	3% ~ 5%
施工图设计	施工图预算	不超过设计概算	
竣工阶段	竣工决算	不超过设计概算	

二、典型工程样本选取

城市轨道交通工程系统庞大，技术含量高，施工难度大，建设周期长，资金投入多，但目前尚无适合城市轨道交通工程投资估算的编制办法，导致投资估算编制不规范。为此选取典型工程样本，采集相关信息及数据，对城市轨道交通工程投资估算编制现状和存在问题展开分析，提出相关建议。

选取的工程样本项目涵盖华北、东北、华东、华中、华南、西南及西北七个片区，相关信息及数据基本可代表全国城市轨道交通工程投资估算编制现状，共计 21 座城市 21 条轨道交通线路，样本项目特征详见表 1–4。

表 1–4　样本项目表

序号	片区	样本项目编号	项目特征
1	华北	样本项目 1	延伸工程
2		样本项目 2	一期工程
3		样本项目 3	二期工程
4	东北	样本项目 4	一期工程
5		样本项目 5	一期工程
6		样本项目 6	全线工程
7		样本项目 7	二期工程

续表 1–4

序号	片区	样本项目编号	项目特征
8	华东	样本项目 8	一期工程
9		样本项目 9	一期工程
10		样本项目 10	一期工程
11		样本项目 11	全线工程（快线）
12		样本项目 12	全线工程
13		样本项目 13	延伸工程
14		样本项目 14	全线工程
15		样本项目 15	一期工程
16		样本项目 16	支线工程
17	华中	样本项目 17	一期工程
18		样本项目 18	全线工程
19	华南	样本项目 19	全线工程
20	西南	样本项目 20	延伸工程
21	西北	样本项目 21	一期工程

三、不同地区城市轨道交通工程投资估算编制对比

由于缺乏城市轨道交通工程投资估算编制办法的规范，21 个样本项目的可行性研究投资估算编制存在较大差异，主要体现在编制依据、编制说明内容、估算表格样式、编制方法、编制深度、章节划分等方面。

（一）编制依据对比

在没有统一的投资估算编制办法的情况下，城市轨道交通工程项目建设标准和设计概算编制办法、市政工程概算和投资估算编制办法、各地城市轨道交通工程的概算或投资估算编制办法、铁路工程概算编制办法等，以不同组合成为样本项目可行性研究投资估算编制依据。

（二）文件组成对比

从样本项目中选取 5 个较有代表性的项目，其可行性研究报告投资估算文件组成及内容见表 1–5，通过对比看出各项目文件组成、编制说明内容、估算表格名称及格式、费用章节划分等均有较大差异。

表 1–5　可行性研究报告投资估算文件组成及内容

项目名称	样本项目 1	样本项目 4	样本项目 8	样本项目 18	样本项目 19
编制说明主要内容	1. 编制范围：简要工程概况，费用内容	1. 工程概况及编制范围：主要工程概况，费用内容	1. 编制范围：主要工程概况，费用内容，换乘及费用分摊	1. 编制范围：简要工程概况	1. 编制范围：主要工程概况
	2. 编制依据：市政工程投资估算编制办法，建设单位有关要求，计价依据采用，指标分析原则等	2. 编制依据：城市轨道交通工程项目建设标准、设计概算编制办法、文件组成内容，市政工程概算和投资估算编制办法等	2. 编制依据：城市轨道交通工程项目建设标准、设计概算编制办法	2. 估算主要指标分析依据：城市轨道交通工程设计概算编制办法，当地建筑安装工程费用定额，铁路工程概算编制办法等	2. 编制依据：市政工程投资估算编制办法，城市轨道交通工程设计概算编制办法，当地城市，轨道交通工程概算编制办法等
	3. 编制原则：工程费用估算章名及费用内容，工程建设其他费用估算，预备费，车辆购置费估算，建设期投资贷款利息估算，铺底流动资金	3. 采用定额	3. 工程费用：估算章名及费用内容，分析指标原则，汇率	3. 投资估算指标说明	3. 编制原则：工程费用估算章名及费用内容，工程建设其他费用，预备费用，车辆购置费，建设期投资贷款利息，铺底流动资金
		4. 编制期价格			
		5. 工程建设其他费用	4. 工程建设其他费用	4. 工程建设其他费	
		6. 预备费	5. 预备费	5. 基本预备费	
		7. 专项费用	6. 专项费用	6. 车辆购置费	
				7. 建设期贷款利息	
		8. 投资分摊及界面划分		8. 铺底流动资金	4. 投资分劈原则
	4. 投资估算及主要技术经济指标	9. 投资估算及主要技术经济指标	7. 估算总额及技术经济指标	9. 总估算及技术经济指标（附主要工程数量表）	5. 估算总额及技术经济指标，分为本体工程和同步实施工程
		10. 投资估算与建设规划投资对比分析			
估算表格	总估算表、综合估算表，21 章工程费用	投资估算总表、投资估算表，16 章工程费用	总估算表、综合估算表，16 章工程费用	总估算表、综合估算表，16 章工程费用	项目名称 + 总估算表、项目名称 + 综合估算表，16 章工程费用

（三）编制方式对比

城市轨道交通工程投资估算按照指标法编制，但样本项目在编制方法、费用内容、指标深度等多方面都存在较大差异。

1. 估算指标来源

样本项目投资估算指标来源情况见图 1–3，大部分项目参考所在城市近期批复项目概算指标；一些项目所在城市无相关资料，参考其他省市近期批复项目概算指标；少部分项目已达到初步设计深度投资估算，按其概算指标编制。

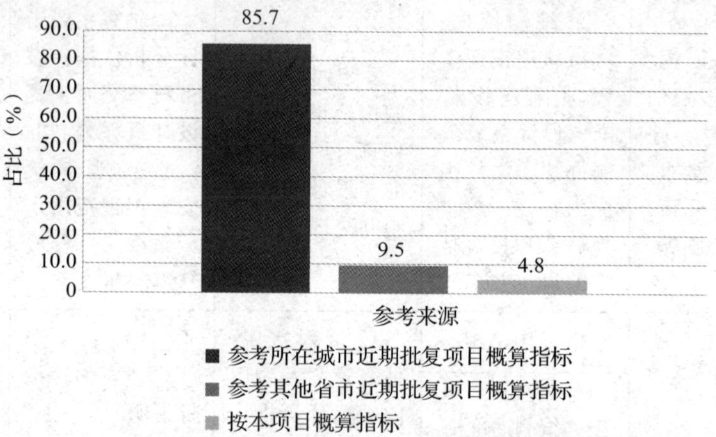

图 1–3　样本项目估算指标来源

2. 估算编制期信息价处理方式

样本项目投资估算编制期信息价处理方式见图 1–4，大部分项目直接按参考指标计算，部分项目按估算编制期信息价调整参考概算得出估算指标，少部分项目按估算编制期信息价进行单价分析得出估算指标。

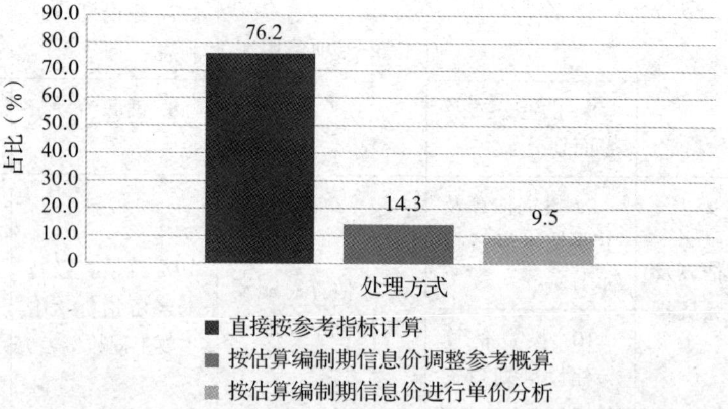

图 1–4　样本项目估算编制期信息价处理方式

3. 前期工程费用内容

样本项目投资估算的前期工程费用包含内容见图 1–5，各项目对前期工程的相关工程建设其他费用、预备费、建设期利息等计列方式有较大不同。

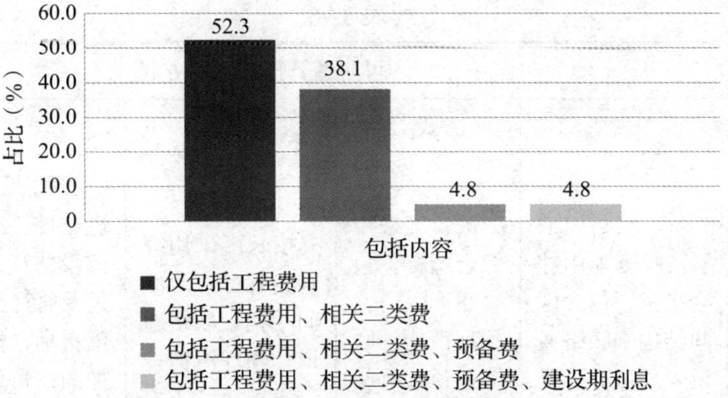

图 1–5　样本项目前期工程费用内容

4. 投资估算指标采用方式

样本项目投资估算指标采用方式汇总见表 1–6，从统计结果看出，不同项目的同类别工程、同一项目的不同类别工程，投资估算指标在综合度、深细度等方面均存在较大不同。以工程费用中占比较高的地下车站工程为例，在编制投资估算时，38% 的项目按照车站总面积采用一个综合了主体和附属结构、装修、附属设施等内容的平均指标计算；近 10% 的项目主体和附属结构采用不同的面积综合指标计算，装修、附属设施按设计数量和相应指标另计；接近 48% 的项目主体结构按分项指标计算，附属结构按面积综合指标计算，装修、附属设施按设计数量和相应指标另计；接近 5% 的项目按照已完成的概算综合指标计算。

同时，尚有一些指标的采用方式虽然在样本项目中没有被使用，但在其他项目中一定程度使用过，为全面说明估算指标采用的各种方式，在表 1–6 中保留了相关内容。

表 1–6　样本项目可研估算指标采用方式汇总表

序号	工程名称	可研估算指标采用方式				
		方式一	方式二	方式三	方式四	方式五
1	地下车站	按总面积采用综合指标，包含结构、装修、附属设施等	主体、附属结构按面积采用不同综合指标，装修、附属设施另计	主体按明挖结构分项指标，附属结构按面积综合指标，装修、附属设施另计	按本项目概算综合指标	主体、附属按结构分项指标，装修、附属设施另计
	占比（%）	38.1	9.5	47.6	4.8	
2	高架站	按总面积采用综合指标，包含结构、装修、附属设施等	主体、天桥结构按面积采用不同综合指标，装修、附属设施另计			
	占比（%）	20.0	80.0			

续表 1–6

序号	工程名称	可研估算指标采用方式				
		方式一	方式二	方式三	方式四	方式五
3	盾构区间	按长度采用综合指标，包含区间结构、联络通道、预埋滑槽等	按长度采用综合指标，包含区间结构、预埋滑槽，联络通道按每座指标另计	按长度采用综合指标，包含区间结构、联络通道，预埋滑槽按每米指标另计	盾构吊拆、进出场、洞门按量估算，掘进及管片按长度指标，端头加固按每处指标，联络通道按每座指标	按本项目概算综合指标
	占比（%）	9.5	66.7	9.5	9.5	4.8
4	明挖区间、中间风井、工作井	明挖按长度综合指标，中间风井、工作井按每座指标	按面积综合指标	按明挖结构分项指标	明挖区间按面积和深度综合指标，中间风井、工作井按座指标	按本项目概算综合指标
	占比（%）	80.0	5.0	5.0	5.0	5.0
5	高架区间	分桥型、分梁型按桥面积综合指标	分梁型按长度综合指标	分梁型按桥面积综合指标	分墩高按桥面积综合指标	不分梁型按长度综合指标
	占比（%）	60.0	20.0	20.0		
6	车站、区间风险源及专项技术措施费费用	含在车站、区间综合指标中，不单列	单列，暂估一笔费用	单列，按风险源数量和每处指标计算	单列，按风险源采用措施估算数量和相应指标计算	按本项目概算综合指标
	占比（%）	9.5	14.3	66.6	4.8	4.8
7	轨道	铺轨、铺岔含道床，按不同敷设、减振类型相应指标，线路有关工程按铺轨长度指标	铺轨、铺岔、铺道床按不同敷设、减振类型相应指标，线路有关工程按铺轨长度指标	按本项目概算综合指标，同时纳入方案调整	正线按不同敷设、减振类型分项指标，车辆基地按铺轨长度综合指标	
	占比（%）	85.7	9.5	4.8		

续表 1–6

序号	工程名称	可研估算指标采用方式				
		方式一	方式二	方式三	方式四	方式五
8	通信	按正线长度综合指标，包含正线、车辆基地、控制中心	正线按正线长度指标，车辆基地、控制中心按每座指标	正线设备安装按每站指标，线缆按正线长度指标，车辆基地、控制中心按每座指标	各子系统按相应正线长度综合指标，包含正线、车辆基地、控制中心	按本项目概算综合指标，同时纳入方案调整
	占比（%）	19.0	14.3	47.6	14.3	4.8
9	信号	按正线、控制中心、车辆基地、车载、改造等分项指标	按本项目概算综合指标	按正线长度综合指标，包含正线、车辆基地、控制中心		
	占比（%）	95.2	4.8			
10	供电	供电系统按不同工程类别分项指标，动力照明车站按座指标、区间按长度指标	供电系统按不同工程类别分项指标，动力照明车站按同一面积指标、区间按长度指标	供电系统按不同工程类别分项指标，动力照明车站分规模按不同面积指标、区间分铺设方式按不同长度指标	按本项目概算综合指标	
	占比（%）	23.8	14.3	57.1	4.8	
11	综合监控、火灾自动报警、环境与设备监控、安防与门禁	按车站、车辆基地、控制中心、主变（如有）、中间风井（如有）、网络设备（如有）、改造工程等分项指标	按本项目概算综合指标			
	占比（%）	95.2	4.8			
12	通风、空调与供暖	车站按座指标，区间（风井、峒口）按处指标	车站按同一面积指标，区间（风井、峒口）按处指标	车站分规模按不同面积指标，区间（风井、峒口）按处指标	车站分规模按不同面积指标，暗挖区间按长度指标	按本项目概算综合指标
	占比（%）	23.8	23.8	42.8	4.8	4.8

续表 1-6

序号	工程名称	可研估算指标采用方式				
		方式一	方式二	方式三	方式四	方式五
13	给水与排水、消防	车站、中间风井按座指标，区间按长度指标，指标含市政管网接驳	车站、中间风井按同一面积指标，区间按长度指标，市政管网接驳另计	车站、中间风井分规模按不同面积指标，区间按长度指标，市政管网接驳另计	车站按同一面积指标，区间（含中间风井）按长度指标，市政管网接驳另计	按本项目概算综合指标
	占比（%）	23.8	23.8	42.8	4.8	4.8
14	自动售检票	按车站、控制中心、维修设备、清分中心等分项指标	按本项目概算综合指标			
	占比（%）	95.2	4.8			
15	站内客运设备、站台门	自动扶梯、垂直电梯按每部平均指标，站台门按站指标	自动扶梯、垂直电梯按每部平均指标，站台门按通道门指标	自动扶梯、垂直电梯按不同提升高度指标，站台门按通道门指标	按本项目概算综合指标	
	占比（%）	28.6	19.0	47.6	4.8	
16	运营控制中心	根据使用面积按指标计列	按分摊费用计列	按接入费用计列		
	占比（%）	4.8	85.7	9.5		
17	车辆基地	生产办公房屋按同一综合指标，其他按不同工程项目相应指标	生产办公房屋分别按不同类型房屋综合指标，其他按不同工程项目相应指标			
	占比（%）	95.0	5.0			
18	人防工程	按站平均指标，包含防淹门费用	按站平均指标，防淹门另计	按本项目概算综合指标		
	占比（%）	66.6	28.6	4.8		

续表 1–6

序号	工程名称	可研估算指标采用方式				
		方式一	方式二	方式三	方式四	方式五
19	征地、拆迁	估算数量，参考已建项目单价	估算数量，参考本地征地标准、商品房价格计列	由建设单位委托专业单位摸底测算		
	占比（%）	81.0	9.5	9.5		
20	租地	估算数量按面积指标计列	估算数量和租地时间按相应指标计列	由建设单位委托专业单位摸底测算	按站估列	
	占比（%）	9.5	85.7	4.8		
21	绿化迁改	按站估列	估算数量，参考已建项目单价	由建设单位委托专业单位摸底测算		
	占比（%）	57.1	38.1	4.8		
22	管线迁改	按站估列	估算不同管线（不分规格分材质）数量按综合指标计列	估算不同管线（分规格和材质）数量参考类似工程综合指标计列	由建设单位委托专业单位摸底测算	按详细工程量套用定额计算
	占比（%）	57.1	28.6	4.8	9.5	
23	交通疏解、道路恢复	按站估列	交通疏解按道路面积和相应指标，道路恢复按站估列	按道路面积和相应指标	交通疏解按站估列，道路恢复按面积和相应指标	根据详细工程量按相应分项指标
	占比（%）	38.1	33.3	19.0	4.8	4.8
24	桥梁拆复建	按桥面面积指标，包括拆除、拔桩、复建	按桥面面积指标，包含拆除、复建，拔桩另计	按详细工程量套用定额计算（或按本项目概算综合指标）	复建按不同桥型、材质的面积指标，拆除、拔桩、大型基坑另计	拆除按混凝土体积、复建按面积指标，拔桩另计
	占比（%）	57.1	14.3	14.3	14.3	

续表 1–6

序号	工程名称	可研估算指标采用方式				
		方式一	方式二	方式三	方式四	方式五
25	河道改移	估算工程数量，参考类似工程综合指标	由建设单位委托专业单位按工程量套用定额计算			
	占比（%）	91.7	8.3			
26	其他前期工程	估列一笔费用	按具体项目估算数量，参考类似工程指标	由建设单位委托专业单位测算		
	占比（%）	80.0	15.0	5.0		
27	涉铁费用	估列一笔费用	根据涉铁线路数量按处估算	由建设单位委托专业单位测算		
	占比（%）	5.3	94.7			
28	配合辅助工程费（上述除外）	估列一笔费用	估算工程数量，参考类似工程综合指标	由建设单位委托专业单位测算	按处估算	
	占比（%）	35.0	60.0	5.0		

注：明挖结构分项指标包括围护、挖方、内部结构、基坑加固四类。

（四）费用分摊对比

随着城市轨道交通工程网络化建设及资源共享的发展，投资估算涉及近期建设项目之间同步实施、近期建设项目为远期建设项目预留工程、代建网络和共享设施、代建其他工程等需要分摊费用问题，通过对样本项目费用分摊原则的对比分析，不同城市也存在较多差异。

1. 车站、区间

对于近期建设项目之间同步实施工程，较有代表性的费用分摊方式主要有三种，对于为远期项目预留的工程，费用分摊原则基本一致，详见表 1–7。

2. 主变电所

共享主变电所较有代表性的费用分摊方式主要有两种，详见表 1–8。

3. 车辆基地

合址共建车辆基地，较有代表性的费用分摊方式有两种，详见表 1–9。

表 1–7　车站区间费用分摊原则

项目名称	分摊原则一	分摊原则二	分摊原则三
近期项目	同步实施的建设项目，有清晰物理界面的部分按各自工程范围计列，不能物理分割的部分全部列入代建项目	由先行建设项目代建同期项目的车站主体、换乘节点、换乘通道、联络线、区间等结构以及共享机电设备等全部列入代建项目	同期建设项目，共用节点按项目均摊，其他按各自工程范围计列
远期项目	为远期项目预留的车站主体、换乘节点、换乘通道、联络线、区间等结构以及共享机电设备等，全部列入代建项目		

表 1–8　共享主变电所费用分摊原则

项目名称	分摊原则一	分摊原则二
主变电所	前期、土建及共享机电设备全部列入先期建设项目，后期建设项目仅计列接入和扩容改造费用	相关费用由使用线路平均分摊

表 1–9　车辆基地费用分摊原则

项目名称	分摊原则一	分摊原则二
车辆基地	多线共享的大架修功能费用列入先期建设项目，网络共享大型设备费用列入配置设备的项目	共用车库以及培训中心等房屋、室外附属工程等费用按列位比例分摊，自用单体、工艺设备按各项目工程范围计列

4. 网络共用设施

控制中心、清分中心、信息中心、应急指挥中心等网络共用设施，较有代表性的费用分摊方式主要有四种，详见表 1–10。

表 1–10　网络共用设施费用分摊原则

项目名称	分摊原则一	分摊原则二	分摊原则三	分摊原则四
控制中心、清分中心、信息中心、应急指挥中心	楼宇设施建设费用全部列入代建项目，后续建设项目仅计列接入、扩容改造等	单独立项审批，楼宇设施建设费用不分摊，各线仅计列接入、扩容改造等	单独立项审批，楼宇设施建设费用由使用线路平均分摊，各线按需计列接入、扩容改造等	单独立项审批，楼宇设施建设费用由使用线路按使用面积比例分摊，各线按需计列接入、扩容改造等

5. 其他

建设项目涉及已运营线路改造工程、同步建设的其他工程、物业开发工程的费用分摊方式基本一致，车辆基地上盖平台则需要根据上方的项目性质采用不同的分摊方式。

（1）新建项目涉及的已运营线路改造工程费用全部列入新建项目。

（2）兼顾市政过街功能的通道费用列入城市轨道交通工程。

（3）与城市轨道交通同步建设的其他工程，优先按照物理界面划分，物理界面无法分割的，原则上可按照面积或者体积比例分摊。

（4）车站、区间外独立开发项目费用不列入城市轨道交通工程。

（5）车辆基地上盖平台较有代表性的分摊方式详见表 1–11。

表 1–11　车辆基地上盖平台费用分摊原则

<table>
<tr><th colspan="2">项目名称</th><th>分摊原则一</th><th>分摊原则二</th></tr>
<tr><td colspan="2">上盖平台上无开发</td><td colspan="2">上盖平台费用列入城市轨道交通工程</td></tr>
<tr><td rowspan="2">上盖平台上有开发</td><td>公益性项目</td><td colspan="2">上盖平台费用列入城市轨道交通工程</td></tr>
<tr><td>非公益性项目</td><td>上盖平台（基础、梁、板、柱）费用按比例计入城市轨道交通工程</td><td>因设置上盖平台增加的所有费用均不列入城市轨道交通工程</td></tr>
</table>

四、城市轨道交通工程主要设计阶段造价对比

（一）项目投资审批情况对比

1. 投资审批要求

城市轨道交通工程从立项到建设，按照审批时序以及投资控制阶段主要有建设规划投资估算、可行性研究投资估算以及初步设计概算。建设规划由中华人民共和国国家发展和改革委员会审批，可行性研究和初步设计由地方政府相关部门审批，在执行国家相关文件规定的基础上，各城市对轨道交通工程项目投资的审批尚有不同的其他要求。

国家对审批投资的相关文件规定包括：

（1）《国务院办公厅关于进一步加强城市轨道交通规划建设管理的意见》（国办发〔2018〕52 号），初步设计概算以及可行性研究投资估算直接工程投资不得超过建设规划直接工程投资（扣除物价上涨因素）的 20%。

（2）《政府投资条例》（中华人民共和国国务院令第 712 号），初步设计投资概算不得超过经批准的可行性研究报告投资估算的 10%。

21 个样本项目投资控制均满足上述国家相关文件要求，且超过 30% 的项目在此基础上，对初步设计概算的审批提出更为严格的要求，详见图 1–6。

2. 概算审批方式

各个地区对城市轨道交通工程项目初步设计概算的审查、批复方式也有所不同，21 个样本项目的审批方式详见图 1–7，主要包括四种：超过 50% 的项目按初步设计评审会专家意见调整结果批复，接近 40% 的项目按初步设计评审会专家意见结合咨询单位审查结果批复，接近 5% 的项目按咨询单位审查结果批复，接近 5% 的项目按政府财审结果批复。

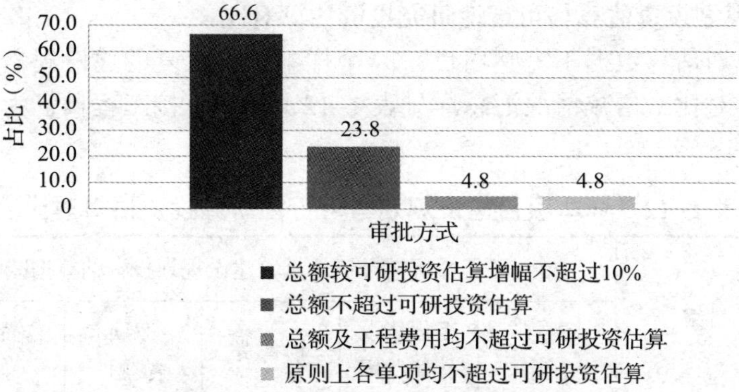

图 1–6　样本项目设计概算控制要求

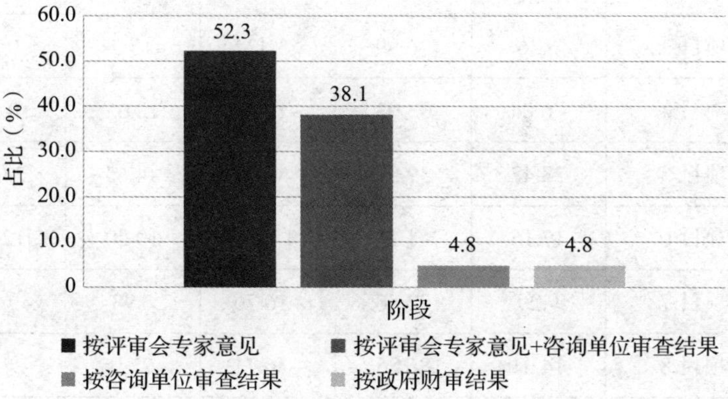

图 1–7　样本项目概算审批方式

3. 可行性研究报告上报时概算完成度

各城市轨道交通工程项目可行性研究报告上报时，由于各种原因，有的项目已陆续开展后续初步设计工作，加深了可研深度，21 个样本项目上报可行性研究报告时概算的完成度详见图 1–8。

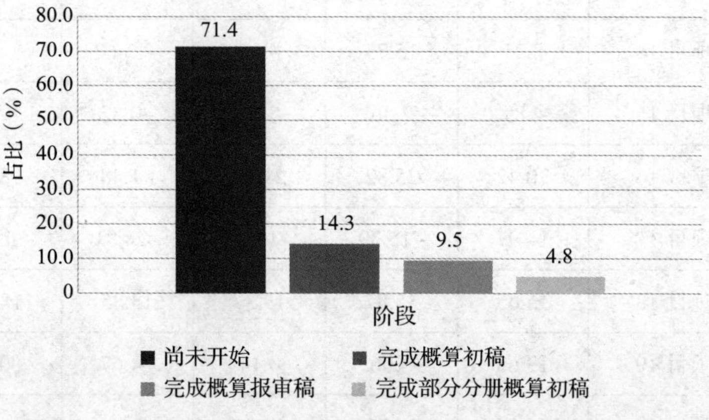

图 1–8　样本项目上报可行性研究报告时概算完成度

（二）建设规划投资估算与可行性研究投资估算对比

剔除建设规划估算数据不完整项目，20个样本项目批复的建设规划投资估算与可行性研究投资估算对比，增减情况汇总详见表1–12，表中直接工程投资为工程费用与车辆购置费合计。

表1–12 样本项目建设规划与可行性研究投资估算对比表

序号	样本项目编号	可行性研究投资估算较建设规划投资估算增减幅度（%）					
		工程费用	工程建设其他费用	预备费	专项费用	费用总额	直接工程投资
1	样本项目1	14.85	–24.64	–18.54	1.71	0.27	13.16
2	样本项目2	2.31	3.29	2.62	–13.31	0.77	1.87
3	样本项目3	6.36	–6.99	3.42	–17.23	0.21	6.36
4	样本项目4	–6.04	33.03	–19.69	12.65	0.41	–4.10
5	样本项目5	28.47	39.51	5.10	–4.65	23.49	22.35
6	样本项目6	17.16	–1.26	13.05	10.20	12.68	16.97
7	样本项目7	9.29	22.56	–16.76	6.93	9.36	8.58
8	样本项目8	14.31	86.35	–36.71	–27.09	24.94	12.04
9	样本项目9	36.49	22.32	33.37	4.22	28.98	31.79
10	样本项目10	11.11	26.90	–8.85	–0.94	9.95	9.98
11	样本项目11	6.90	–7.34	2.64	5.26	2.92	5.78
12	样本项目12	14.30	–9.91	–15.61	2.22	3.40	12.81
13	样本项目13	2.72	–18.11	–2.42	–0.55	–2.27	2.68
14	样本项目14	8.21	15.73	9.99	–13.62	6.60	9.09
15	样本项目15	4.89	7.46	5.77	–0.82	4.74	4.89
16	样本项目16	20.42	25.82	21.47	–1.48	18.52	16.10
17	样本项目17	14.97	–15.39	–14.00	–24.81	0.98	13.19
18	样本项目18	15.65	35.87	19.37	13.35	18.77	15.08
19	样本项目19	13.68	–33.65	0.14	–4.67	–0.56	12.37
20	样本项目20	11.82	34.92	14.98	2.60	12.97	10.22

对表 1–12 中不同地区样本项目建设规划投资估算与可行性研究投资估算的数据进行对比分析，分析结果如下：

直接工程投资对比均未扣除物价上涨因素，增幅超过 20% 的项目有 2 个。样本项目 5、样本项目 9，建设规划投资估算编制年份与可行性研究投资估算编制年份都相差 5 年及以上，物价因素导致的增幅分别为 8.41%、13.02%，扣除物价因素后增幅均不超过 20%。

费用总额增幅超过 20% 的项目有 3 个。样本项目 5 扣除物价因素后增幅 18.11%，主要原因是车站面积增加、轨道减振调整、车辆基地规模增大、系统功能增加、其他设计深化以及前期工程费用大幅增加；样本项目 9 扣除物价因素后增幅 18.77%，主要原因除了车站面积增加、轨道减振调整、车辆基地规模增大、其他设计深化、前期工程费用增加外，控制中心深化费用增加 6.65 亿元；样本项目 8 主要因为车站和车辆基地规模增加、轨道减振措施增加、设计深化、前期工程设计深化后费用翻倍等。

费用总额增幅 10% ~ 20% 的项目有 4 个。样本项目 6 因设计深化；样本项目 16 主要因为工程方案有较大调整，线路加长 1.4km、增加 2 座车站、轨道道床现浇改预制、外电源路由加长、车辆基地房屋增加 1.9 万 m^2 等；样本项目 18 主要因为线路长度增加、初期配属车增加 2 列、设计深化等；样本项目 20 主要因为线站位调整、工法调整、车辆基地规模调整、停车场由地上改为地下、设计深化等。

费用总额增幅小于 10% 的项目有 11 个。主要原因包括线路长度增加、车站增加、车辆基地规模调整、设计深化等。

费用总额减少的项目有 2 个。样本项目 13 主要因为减少 1 座车站；样本项目 19 主要因为前期工程减少幅度较大，征地、拆迁等费用不纳入轨道交通建设投资，但项目的工程费用增幅其实已经超过 10%，主要因为增加 1 座车站、调整区间工法、车辆基地规模调整、设计深化等。

从上述分析看到，建设规划投资估算与可行性研究投资估算对比，各类费用的变化幅度均很大，主要在于受建设规划的方案设计深度限制，很多项目只能采用综合度较高的指标进行估算，一旦深化设计有可能带来费用的较大变化，同时设计深度不足以及其他原因还会导致估算指标选取不当、费用估列不足，前期工程在这一点上尤为明显。在设计深化中，引起费用变化幅度波动较大的因素包括设计方案深度、指标综合度和深细度、风险源、轨道减振、物价因素等，是需要重点关注的内容。

（三）可行性研究投资估算与设计概算对比

21 个样本项目批复的可行性研究投资估算与设计概算对比，增减情况汇总详见表 1–13。

表 1–13　样本项目可行性研究投资估算与设计概算对比表

序号	项目编号	设计概算较可行性研究投资估算增减幅度（%）					
		工程费用	前期工程费用	其他费用	预备费	专项费用	费用总额
1	样本项目 1	–0.82	–34.44	4.68	–44.95	–2.58	–7.66
2	样本项目 2	8.57	26.44	–11.35	–43.46	4.70	7.62

续表 1–13

序号	项目编号	设计概算较可行性研究投资估算增减幅度（%）					
		工程费用	前期工程费用	其他费用	预备费	专项费用	费用总额
3	样本项目 3	2.73	41.76	17.29	−31.76	−5.33	4.68
4	样本项目 4	2.00	2.67	1.59	−36.23	−1.03	−0.83
5	样本项目 5	5.88	−2.87	7.47	−34.69	−0.36	1.34
6	样本项目 6	2.28	26.70	13.68	−47.23	−0.98	0.53
7	样本项目 7	−6.75	15.83	−3.87	−34.43	19.26	−1.06
8	样本项目 8	−14.72	−76.30	−21.84	−46.77	−5.94	−38.96
9	样本项目 9	0.77	19.44	4.56	−48.62	−2.02	−2.02
10	样本项目 10	6.70	57.46	8.31	−30.69	4.68	7.39
11	样本项目 11	3.91	1.65	−0.65	−48.40	6.58	−0.01
12	样本项目 12	1.62	−6.19	2.94	−37.48	−3.78	−2.87
13	样本项目 13	9.16	15.20	6.87	−45.33	−6.92	3.44
14	样本项目 14	1.45	14.23	9.28	−54.88	−4.60	−1.75
15	样本项目 15	−2.07	43.41	−9.56	−46.38	4.92	2.73
16	样本项目 16	1.10	28.29	10.20	−47.62	0.00	0.00
17	样本项目 17	5.58	63.88	−5.30	−31.13	14.27	7.93
18	样本项目 18	4.58	2.94	3.60	−47.84	−2.96	−0.67
19	样本项目 19	6.86	28.24	39.57	−43.77	13.17	8.16
20	样本项目 20	4.04	56.05	−17.86	−51.15	−4.33	−1.07
21	样本项目 21	4.32	−6.91	11.96	−47.87	−8.04	−1.78

对表 1–13 中不同地区样本项目可行性研究投资估算与初步设计概算对比的数据进行对比分析，分析结果如下：

首先剔除情况较为特殊的样本项目 8，批复概算较可研投资估算减少幅度接近 40%，主要因为批复概算的工程范围发生变化，车辆基地初步设计评审的技术审查意见需做重大调整，征地拆迁、部分雨污水搬迁上报初设资料深度不足，因此批复概算中未包含车辆基地工程费用、正线征地拆迁费用、18 座车站的雨污水搬迁费用，这些项目将另行专项审批再最终汇总。

其他 20 个样本项目中，工程费用增幅均不超过 10%，增幅 5% ~ 10% 的项目 6 个，增幅 5% 以内的项目 11 个，工程费用减少的项目 3 个。工程费用变化的主要原因包括：

线路、车站、车辆基地规模调整，区间工法调整，轨道减振段长度调整，机电设备系统增加功能、采用新技术，设计细化等。另外工程费用变化幅度小与物价因素影响小也有一定关系，20 个项目的估算编制期与概算编制期除了个别项目均未超过 1 年。

其他 20 个样本项目中，前期工程费用增减幅度差异非常大，最大增幅接近 64%，最大减幅接近 35%，波动很大，这与可行性研究阶段前期工程方案不落实，设计深度不够，投资估算估列一笔费用或者按站、处等指标估列有很大关系，也是城市轨道交通工程投资控制中最大的难点。

其他 20 个样本项目中，其他费用增减幅度差异也较大，变化幅度较大的项目主要是因为配合辅助工程可行性研究阶段设计深度不够或者后期工程方案有较大调整导致费用出现较大变化，部分项目的工程建设其他费用项目增加等。预备费、专项费用变化幅度受到工程费用、前期工程费用变化幅度影响，但波动相对平稳。

第四节　城市轨道交通工程投资估算编制分析

一、不同地区城市轨道交通工程投资估算差异性分析

（一）编制内容差异

1. 投资估算文件组成及内容不一致

根据对样本项目的统计对比，城市轨道交通工程可行性研究报告中，投资估算文件的组成基本涵盖以下内容：工程概况、编制范围、编制依据、编制原则、参考计价依据及取费标准、编制期价格、工程费用、工程建设其他费用、预备费、专项费用、投资分摊及设计界面划分、投资估算及主要技术经济指标、与建设规划对比分析、其他说明、投资估算表等。不同项目的投资估算章节组成及内容并不一致，上述提到的内容，有的项目全部包含，有的项目只包含部分内容，有的小节内容合并、有的小节内容取消；另外，相同小节名称下的内容也存在差异。文件组成及内容的差异容易造成框架模糊、概念误区，也说明了城市轨道交通工程可行性研究报告中投资估算文件组成及内容缺乏规范性、统一性。

2. 投资估算表格不一致

不同项目投资估算表的名称不同，样本项目中的表格名称包括：总估算表、汇总估算表、投资估算汇总表、项目名称 + 总估算表、综合估算表、投资估算表、项目名称 + 综合估算表等。表格的格式、费用的章节划分等也不一致。不同的表格格式不利于形成统一的表达方式，容易造成漏项、错行错列等，也不利于后期资料收集、统计、整理等工作。

（二）编制方式差异

1. 工程费用编制方式不一致

根据样本项目指标采用方式，不同项目的同类工程，在采用指标法编制投资估算时，指标的综合度、深细度有较大的不同。明挖车站从总面积综合指标，到主体、附属不同的面积指标，再到细化的围护、挖方、内部结构、基坑加固、装修、附属设施等分项指标；盾构区间从长度综合指标，到细化的盾构吊拆、进出场、洞门、掘进及管片、端头加固、联络通道等分项指标；机电系统从正线公里综合指标，到细化为不同工程类别的正线或车站综合指标、控制中心和车辆基地综合指标等。

指标的选用与设计深度密切相关。部分项目由于在可行性研究阶段方案深度不足、无法计算工程量等原因，只能按综合度很高的总面积指标、长度指标或按站计列费用，这无疑会增大投资估算误差率。部分项目根据当地习惯或者审批部门要求，车站、区间按细化的分项指标计算，深化后的投资估算相对更精确，也便于审批部门审查，但对设计方案、设计图纸要求较高，需要达到可以计算分项指标对应工程量的深度。如果存在图纸上无法直接计量的实体工程及措施，还需加强与设计人员的沟通给予落实。

2. 前期工程费用编制方式不一致

样本项目的征地、拆迁、租地、绿化迁改、管线迁改、交通疏解、道路恢复等前期工程费用，从建设规划投资估算到可行性研究投资估算再到设计概算，多数波动幅度都非常大。大部分项目在可行性研究阶段由于方案的不稳定性、无法准确计算前期工程数量、无法确权等原因，多项前期工程费用按站估列，部分项目粗略估算数量，参考既有指标计算或按当地市场标准计列，这些项目概算对比投资估算的变化幅度基本上都很大。部分项目由于审批部门的要求或者建设单位总结先前建设项目的经验教训，单独委托专业单位进行详细测算，投资估算相对更精确，但对方案、图纸的要求更高，同时编制投资估算的工作量也更大、更烦琐。

3. 前期工程费用包含内容不一致

对于前期工程费用及其相关工程建设其他费用、预备费、建设期利息，样本项目的计列方式分为四种：一是仅为工程费用，相关工程建设其他费用、预备费、建设期利息与主体工程合并计算；二是包含工程费用、相关工程建设其他费用，预备费、建设期利息与主体工程合并计算；三是包含工程费用、相关工程建设其他费用、预备费，仅建设期利息与主体工程合并计算；四是包含工程费用、相关工程建设其他费用、预备费、建设期利息的建设期全部费用。不同的计列方式可能由于依据不同、计费基数范围不同等导致其他费用计算结果有所差异，采用何种方式需要根据当地习惯或者建设单位、审批部门的相关要求确定。

4. 编制期信息价处理方式不一致

样本项目中对已采集的参考指标，大部分项目未做调整直接采用，部分项目对参考的概算载入估算编制期信息价调整采用，少部分项目按估算编制期信息价进行单价分析得出估算指标。直接参考指标的原因是当地习惯，或者编制单位未获得前期线路的概算、预算资料，无法准确测算材料价格影响。当价格比较稳定、波动不大时，参考同时期指标对投资估算影响不大；当材料价格水平处于上下行区间时，直接采用参考指标会导致投资估算与实际偏差较大。由于工程造价指标具有很强的时效性，对参考指标依据项目所在地估算编制期价格信息、专门机构发布的工程费用计算标准进行调整或进行单价分析，同时考虑项目施工条件、环境、工法等与参考项目的差异得出估算指标，可以保障投资估算的合理性、精确度，但前提是需要获得前期线路的工程概况、概算、预算等资料。

（三）章节划分及费用组成差异

样本项目的费用章节名称及内容划分基本参照编制期国家或所在城市发布的城市轨道交通工程设计概算编制办法或规程，但部分项目会根据当地习惯、建设单位的要求或项目特点增减章节、调整费用组成。例如，工程费用中增加“办公自动化系统（OA）”“能源管理系统”“与既有线贯通运营调试费”“P+R 停车场”“综合管廊地铁增加费”等项目，安防及门禁的章节名称会根据费用组成进行调整，专项费用中增列“二期附属工程”“债券发行费用”等。

章节划分及费用组成的不一致，不利于城市轨道交通工程各项指标的造价信息化管理，也不利于后期资料收集、统计、整理等工作。

二、城市轨道交通工程投资估算主要影响因素分析

（一）工程特点、施工条件

敷设方式不同，造价差异大，地下敷设较高架敷设造价高；不同工法对造价的影响也很大，在软土地区受工程周边环境影响及条件限制需采用暗挖施工时，费用远远高于明挖；沿线建（构）筑物、重要的基础设施等风险源增加施工风险及保护措施费用，同样会影响造价。

（二）建设标准、计价依据

建设标准直接决定项目的造价。例如，车辆车型、时速、编组决定了车站、区间、车辆基地库房等规模，是否考虑智能运维、安全防范要求提高、采用先进技术（如全自动驾驶、人脸识别）等引起系统功能和要求的调整从而影响设备系统费用。

编制依据、取费依据不同会影响投资估算。例如，前期工程的其他费用依据现行的城市轨道交通工程概算编制办法和依据现行的市政工程投资估算编制办法，费用内容、计算标准均有所差异。

（三）前期勘察深度

根据国家及地方对勘察费用的投入现状，可行性研究阶段勘察不够深入，难以得到可靠的基础数据，从而影响设计方案、施工工法的确定。复杂多变的地质条件下，布孔疏密对工程设计、实施方案的影响更大；同时勘察深度还会影响到地基加固范围和方法的确定，这些因素对投资估算的精确度影响都比较大。如果详勘工作能够提前开展，及早为线路和结构设计提供尽可能准确和完善的基础资料，形成合理稳定的工法和施工方案，在前期设计阶段开展特殊地质加固的专题研究，并辅以试验得出可靠数据，稳定地基加固范围、措施方法，可以提高投资估算的精确度。

（四）前期工程方案稳定程度

前期工程对投资估算的影响在于前期工程存在较大不确定性。征地拆迁工作难度大，管线迁改工程时间跨度大、涉及单位和部门较多，需要协调市政、园林、通信、电力、自来水、天然气等政府部门及产权单位，不仅容易引起前期工程投资增加，同时滞后的前期工程也会增加主体工程进度措施费用。交通疏解方案与主体设计方案密切相关，而且会影响到管线迁改工作。因此，加强管线勘察精度，在稳定线路和站位方案上，尽早落实并稳定交通疏解和管线迁改方案，也是提高投资估算精确度的重点。

（五）投资估算编制深度

投资估算编制深度体现在采用指标的综合度、深细度，指标深度差异会影响估算结果。车站按综合度较高的面积指标计算与按细化的分项指标计算，前者较粗，后者相对精确，两种计算方式费用有所差异。前期工程按车站指标估算与委托专业单位测算，前者可能与实际情况差距大，后者相对精确。

投资估算编制深度与编制方式、设计深度相关联。不同的编制方式，深度不同，费用

有所差异。设计深度对估算结果影响更大。例如，区间线路资料中缺少风险源，则需在估算中凭经验估列，可能会造成较大的偏差，甚至缺项；房屋征拆迁缺少权属资料，管线资料不足，会造成前期工程费用预估不足。

由于城市轨道交通工程没有统一的编制办法作为投资估算的编制依据，投资估算编制存在不规范、不统一的问题，影响了投资估算的编制质量，也给国家及政府管理部门、建设单位等相关单位在投资决策及造价管理方面造成一定困难。因此，编制一套有指导性、可操作性、适用于国内各城市的投资估算编制办法作为全国统一性的计价标准依据，用于指导不同地区城市轨道交通工程的投资估算编制办法就显得尤为重要和极为迫切。

投资估算编制办法应统一编制依据、编制内容、编制方式、编制深度、章节划分、表格种类及样式，以利于城市轨道交通工程各项指标的造价信息化管理和后期资料收集、统计、整理等工作。

投资估算编制办法的文件组成应层次清晰、文件内容应包含需要阐述的问题，对投资估算采用指标的深度提出相关要求，设计人员可根据经验，提供适当参数来满足指标对应工程量的计算需求。

不同城市的投资分摊原则各不相同且差异较大，投资估算编制办法不宜编制具体的费用分摊原则，如有必要，建议仅编制宏观性原则，比如公平合理分摊原则、便于资产管理原则、网络统筹和整体效益最优原则等。各项目应结合建设单位的要求、当地习惯，根据自身情况、投资模式等确定投资分摊具体原则。

第二章 城市轨道交通工程投资估算编制办法研究

第一节 估算文件组成

投资估算编制办法首先应针对样本项目投资估算文件组成及内容、投资估算表格差异大的问题，统一投资估算文件组成。通过制定标准化的投资估算编制说明，规范和统一投资估算表格的内容和样式，统一各城市轨道交通工程投资估算文件的编制，为各城市、各项目之间投资估算的横向对比以及项目自身投资估算与概算、预算的纵向对比提供标准格式。标准化、规范化的估算文件组成及内容，深度应达到《城市轨道交通工程设计文件编制深度规定》（建质〔2013〕160号）的要求，内容应与现行的城市轨道交通工程设计概算编制办法对应、衔接。

投资估算文件由编制说明和投资估算表格组成。

一、编制说明

（一）工程概况

简要描述项目工程概况，主要内容包括：建设规模，工程总量，线路起讫点及里程，线路敷设方式（包括各类型线路长度及所占比例），站间距，车站、区间、车辆基地、主变电所、运营控制中心的分布状况，车辆及主要设备的配置情况，同步建设工程、同步改造工程等概要介绍。

（二）编制范围

明确项目投资估算编制的费用范围，包括换乘站、控制中心等同步建设或共用工程的费用分摊原则，沿线的物业开发、由其他项目分担的同步实施、民用通信等投资与本项目投资估算的费用划分界面等。

城市轨道交通工程每个项目通常按一个总估算单元编制，费用内容：第一部分为建筑工程费、安装工程费、设备购置费构成的工程费用；第二部分为建设阶段发生的与工程建设、土地使用权取得、未来生产经营有关的除工程费用、预备费、专项费用以外的工程建设其他费用；第三部分为建设阶段各种不可预见因素的发生而预留的预备费；第四部分为车辆购置费、建设期利息和铺底流动资金构成的专项费用。不包括沿线物业开发的费用和同步实施但应由其他项目分担的费用，物业开发和同步实施的其他项目及民用通信引入系统单独编制估算。民用通信引入系统估算根据各城市项目不同管理情况，可汇入估算费用。

（三）编制依据

（1）列明投资估算编制的依据文件，一般包括国家和地方政府相关规范、标准等。

（2）列明估算指标分析采用的相关计价文件，一般包括当地政府发布的计价依据、工程费用取费标准和依据文件等。

（3）列明工、料、机、设备单价取定的依据和来源。

（四）工程费用

（1）工程费用各章内容，每个项目通常为一个总估算单元，分项工程基本无需划分编制单元，但是每章工程费用包含内容会因项目的具体情况有所调整，因此在编制说明中增加对每章工程费用包含内容的说明是有必要的。本项说明需在估算编制办法所列的章节名称和主要内容的基础上，根据建设单位要求、当地审批要求，以及项目采用的先进工艺、特殊情况、新增功能等费用内容进行补充、调整，也便于后续与初设概算对比。

（2）工程费用估算指标计算方法说明。

（3）进口设备采用的外汇汇率说明。

（五）工程建设其他费用

1. 前期工程

主要包括土地征用及补偿，临时占地，建（构）筑物拆迁补偿，树木及绿化赔偿，道路恢复，道路破复，管线迁改，交通疏解等指标计算依据，数量及费用估算的方式，前期工程相关工程建设其他费用、预备费、建设期利息的计列方式等。

2. 其他费用

根据编制期国家及地方有关规定，逐项说明其他费用的取费依据与标准。

（六）预备费

说明基本预备费和价差预备费的计算依据及方法。

（七）专项费用

分项说明建设期利息、车辆购置费和铺底流动资金的计算依据及方法。

（八）估算总额及技术经济指标

说明项目的估算总额及技术经济指标，对指标特殊的工程项目进行分析并说明原因。

（九）其他有关说明

主要包括与本工程同步实施工程（换乘车站、共线区间、共用主变电站、运营控制中心、车辆基地等）及物业开发投资分劈原则，对估算编制过程中需要特别说明的内容加以阐述，如估算编制中未落实的内容（如涉铁配合费等），以及其他与估算有关但不能在估算表中反映的事项和其他需要说明的问题。

二、投资估算表格及附件

投资估算表格主要包括：总估算表，综合估算表，可行性研究投资估算与建设规划投资估算对照表（各项目根据设计和建设管理需要，可增加必要的表格）。

附件包括有关协议、纪要、公文及其分析计算资料等。

第二节　估算编制方法

一、投资估算编制层次

为充分体现城市轨道交通建设工程管理和投资控制特点，投资估算编制按总估算文件一个层次完成。

总估算文件：反映整个建设项目的投资规模和投资构成的文件，包括综合估算表和总估算表等表格及说明。

（1）综合估算表：按“综合估算章节表”顺序，将各章、节及细目估算费用进行汇总编制。

（2）总估算表：根据综合估算表，按“综合估算章节表”顺序，分章进行汇编。

二、投资估算章节划分

投资估算章节划分具体体现为综合估算章节表，其作用是将估算费用按不同的工程和费用类别，划分为统一的章、节及细目。综合估算章节表应体现统一和协调项目各专业估算的编排顺序，反映项目各工程类别编制的内容。综合估算章、节及细目中各类工程费用的划分，应有利于城市轨道交通工程各项指标的积累和造价信息化管理。

根据不同工程和费用类别，将估算费用划分为工程费用、工程建设其他费用、预备费和专项费用四部分，共十九章、38 节。编制估算应采用统一的章节表，各章名称详见表 2–1。

表 2–1　各章名称表

章序	名称	章序	名称
第一章	车站	第十一章	给水与排水、消防
第二章	区间	第十二章	自动售检票
第三章	轨道	第十三章	站内客运设备、站台门
第四章	通信	第十四章	运营控制中心
第五章	信号	第十五章	车辆基地
第六章	供电	第十六章	人防
第七章	综合监控	第十七章	工程建设其他费用
第八章	火灾自动报警、环境与设备监控	第十八章	预备费
第九章	安防与门禁	第十九章	专项费用
第十章	通风、空调与供暖	—	—

三、计价依据与工程费用取费标准

（一）计价依据

（1）采用住房和城乡建设部《城市轨道交通工程投资估算指标》《城市轨道交通工程概算定额》《城市轨道交通工程预算定额》，或省、市《城市轨道交通工程概（预）算定额》，或省、市《城市轨道交通工程单位估价表》。

（2）主变电站工程采用电力行业相应计价依据。

（3）房屋建筑与装饰工程采用建设项目所在地省、市计价依据。

编制估算时，计价依据中缺项或采用新技术、新工艺、新材料、新设备，或采用计价依据中的施工条件等与建设项目所在地的同类工程计价依据，在消耗量上存在较大差异时，应按计价依据编制原则，调查、收集有关资料，结合工程实际情况，补充单价分析，并随估算文件一并送审。

（二）工程费用取费标准

工程费用取费标准采用与计价依据配套的费用标准。

四、投资估算费用种类

投资估算费用按投资构成，划分为工程费用、工程建设其他费用、预备费和专项费用四部分。

（一）第一部分工程费用

工程费用：建设期内直接用于工程建造、设备购置及其安装的建设投资，由建筑工程费、安装工程费和设备购置费三部分构成。

（1）建筑工程费：建设工程涉及范围内的车站、区间、轨道、主变电站、运营控制中心、车辆基地、设备基础等建（构）筑物、道路、室外管道铺设、大型土石方工程费用等。

（2）安装工程费：主要生产、辅助生产、公用工程等单项工程中需要安装的机械设备、电器设备、专用设备、仪器仪表等的安装及配件工程费用，与设备相连的工作台、梯子、栏杆等设施的装设工程费用，附属于被安装设备的管线敷设、绝缘、防腐、刷油、保温、调整和试验工程费用，工艺、供热、供水等各种管道、配件、阀门和供电外线安装等工程费用，以及为测定安装工程质量，对单台设备进行单机试运转、对系统设备进行系统联动无负荷试运转工作的调试费，以及其他采用安装工程计价依据的费用统称安装工程费。如通信，信号，供电，综合监控，火灾自动报警，环境与设备监控，安防（含安检）与门禁，通风、空调与供暖，给水与排水、消防，自动售检票，站内客运设备、站台门，运营控制中心，车辆基地，人防等采用安装工程计价依据的费用。

（3）设备购置费：为建设工程项目购置或自制的达到固定资产标准的设备、工具、器具的费用。由多种材料或经加工为零部件，并按各自用途组成的具有功能、容量、动能传递或转换的机器、容量、成套装置统称为设备。设备分为标准设备和非标准设备。按安装方法又分为需要安装和不需要安装的设备。构成固定资产标准的设备（包括备品备件）虽低于固定资产标准，但属于设计明确列入设备清单的均为设备。

设备应包括本体和附带的配件、备件及附属于设备本体制作成型的梯子、平台、栏杆、管道，以及附属于设备本体的油类、化学药品等；还包括各种计量器、仪表及自动化控制装置、实验室内的仪器及属于设备本体部分的仪器仪表等。

设备购置费以设备原价加设备运杂费计算。

（二）第二部分工程建设其他费用

工程建设其他费用：从工程筹建起到工程竣工验收交付使用止的整个建设期间，除建筑安装工程费、设备购置费、预备费和专项费用以外，为保证工程建设顺利完成和交付使用后，能够正常发挥效用而发生的各项费用。如土地征用及补偿费，临时占地费，建（构）筑物拆迁补偿费，树木及绿化赔偿费，道路恢复费，道路破复费，管线迁改费，交通疏解费，场地准备及临时设施费，项目建设管理费，建设工程监理与相关服务费，招标代理服务费，前期工作费，研究试验费，勘察设计费，咨询费，引进技术和设备其他费，综合联调及试运行费，专利及专有技术使用费，生产准备及开办费，工程保险费，特殊设备安全监督检验费，安全生产保障费，配合辅助工程费，以及其他费用等。

（三）第三部分预备费

预备费包括基本预备费和价差预备费。

（1）基本预备费：针对项目实施过程中可能发生难以预料的支出而事先预留的费用。

（2）价差预备费：为在建设期内利率、汇率或价格等因素的变化而预留的可能增加的费用。

（四）第四部分专项费用

专项费用包括车辆购置费（含车辆监造费）、建设期贷款利息和铺底流动资金。

五、投资估算费用项目组成

建设项目总估算：为完成工程项目建设并达到使用要求或生产条件，从筹建到竣工验收以及试运行结束的整个建设期内预计或实际投入的全部费用总和。

建设项目总投资估算费用项目组成见图 2–1。

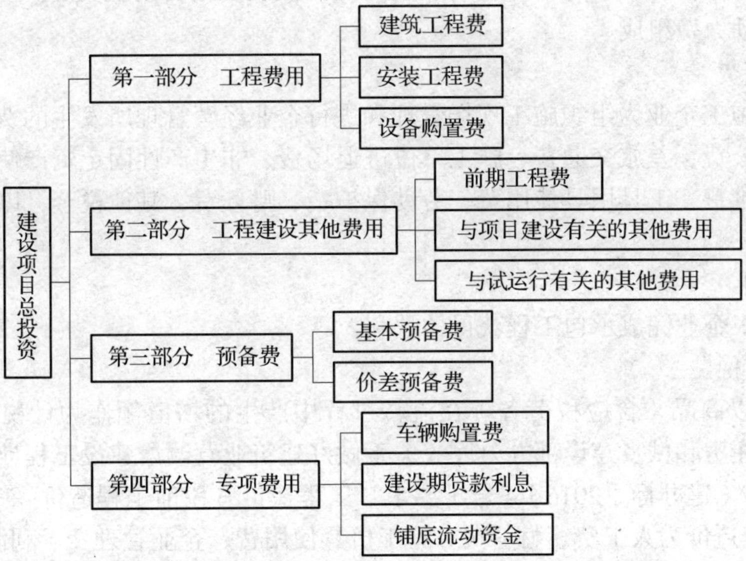

图 2–1　建设项目总投资估算费用项目组成

第三节　估算费用内容及其标准

一、建筑安装工程费

建筑工程费：建（构）筑物等的建造费用。包括直接费、间接费、利润和增值税。

安装工程费：设备、装置安装过程中发生的设备材料及其组合、装配、防腐、绝热、调试等所需的费用。包括直接费、间接费、利润和增值税。

（一）直接费

直接费：实体工程施工所需的生产性费用，以及施工企业为完成实体工程施工发生的非实体工程的生产性费用。包括人工费、材料费、施工机具使用费和其他直接费。

1. 人工费

人工费：直接从事建筑安装工程施工作业的生产工人所需的费用。包括工资性收入、社会保险费、住房公积金、职工福利费、工会经费、职工教育经费及特殊情况下发生的费用等。

2. 材料费

材料费：工程施工过程中耗费的各种原材料、半成品、构配件等的费用，以及周转材料等的摊销、租赁费用。

3. 施工机具使用费

施工机具使用费：施工作业所发生的施工机械、仪器仪表使用费或其租赁费。包括施工机械使用费和施工仪器仪表使用费。

施工机械使用费：施工机械作业发生的使用费或租赁费。由折旧费、检修费、维护费、安拆费、人工费、燃料动力费及其他费组成。

施工仪器仪表使用费：施工作业所发生的仪器仪表使用费或租赁费。由折旧费、维护费、校验费和动力费组成。

（二）间接费

间接费：施工企业为组织施工现场管理和进行企业经营管理所发生的费用。包括管理人员费用、办公费、差旅交通费、施工单位进退场费、非生产性固定资产使用费、信息管理系统购置运维费、工具用具使用费、劳动保护费、财务费、其他税金，以及其他管理性费用。

（三）利润

利润：施工企业完成承包工程获得的盈利。

（四）增值税

增值税：以商品（含应税劳务）在流转过程中产生的增值额作为计税依据而征收的流转税。根据住房和城乡建设部办公厅《关于做好建筑业营改增建设工程计价依据调整准备工作的通知》（建办标〔2016〕4 号）要求，工程造价 = 税前工程造价 ×（1+ 增值税税率）；税前工程造价为人工费、材料费、施工机具使用费、企业管理费、利润和规费之和，各项费用项目均以不包含增值税可抵扣的进项税额的价格计算。

投资估算编制过程中应根据政策文件对税率进行调整。

二、设备购置费

设备购置费：购置或自制的达到固定资产标准的设备、工器具及生产家具以及虽未达到固定资产标准，但设计明确列入设备清单的设备等所需的费用。

固定资产标准：使用年限在一年以上，单位价值在国家或各主管部门规定的限额以上的资产。

设备购置费由设备原价和设备运杂费两部分组成，即：

设备购置费 = 设备原价 + 设备运杂费

其中，设备原价是指国产设备或进口设备的原价；设备运杂费是指除设备原价之外的关于设备采购、运输、途中包装及仓库保管等方面支出费用的总和。

（一）国产设备原价的构成

国产设备原价：设备制造厂的交货价，或订货合同价。一般根据生产厂或供应商的询价、报价、合同价确定，或采用一定的方法计算确定。国产设备原价分为国产标准设备原价和国产非标准设备原价。

1. 国产标准设备原价

国产标准设备：按照主管部门颁布的标准图纸和技术要求，由我国设备生产厂批量生产的，符合国家质量检测标准的设备。

国产标准设备原价有两种，即带有备品备件的原价和不带有备品备件的原价。在编制估算时，应采用带有备品备件的原价，若采用不带有备品备件的原价，则另计取备品备件费。

2. 国产非标准设备原价

国产非标准设备：国家尚无定型标准，只能按订货要求并根据具体的设计图纸制造的设备。

国产非标准设备原价一般按其成本构成或相关技术参数估算其价格。

（二）进口设备原价的构成

进口设备原价：进口设备的抵岸价，即设备抵达买方边境港口或边境车站，交纳完各种手续费、税费后的价格。

进口设备抵岸价：由设备到岸价（CIF）和进口从属费用构成。

进口设备到岸价（CIF）：由离岸价（FOB）、国际运费、运输保险费构成。

进口从属费用：由银行财务费、外贸手续费、进口关税、消费税、进口环节增值税等构成。进口车辆还需缴纳车辆购置税。

（三）设备运杂费的构成

设备运杂费：国内采购设备自来源地、国外采购设备自到岸港口或边境车站运至工地或指定堆放地点发生的采购、运输、运输保险、保管、装卸等费用。

设备运杂费由运输和装卸费、包装费、设备供销部门手续费、采购与仓库保管费构成。

（1）运输和装卸费：国产设备由设备制造厂交货地点起、进口设备由我国到岸港口或边境车站起至工地仓库（或工程筹划设计指定的需要安装设备的堆放地点）止所发生的运费和装卸费。

（2）包装费：在设备原价中未包含的，为运输而进行包装所支出的各种费用。

（3）设备供销部门手续费：按有关部门规定的统一费率计算。

（4）采购与仓库保管费：采购、验收、保管和收发设备所发生的各种费用，包括设备采购人员、保管人员和管理人员的工资、工资附加费、办公费、差旅交通费，设备供应部门办公和仓库所占固定资产使用费、工具用具使用费、劳动保护费、检验试验费等。按主管部门规定的采购与保管费费率计算。

（四）备品备件购置费

编制估算时，应采用包含备品备件费的设备原价。若设备原价不含备品备件费，其备品备件费按设备原价（不含软件费）的 3% ~ 5% 计算。

（五）设备购置费的计算方法

编制估算时，设备原价应根据调查资料，结合估算文件编制期的价格水平综合确定。

对于国内设备，为简化估算编制，设备购置费等于国内设备原价加国内设备运杂费。

对于进口设备，为简化估算编制，进口设备购置费等于进口设备到岸价（CIF）、进口从属费用加国内设备运杂费。

三、工程建设其他费用

工程建设其他费用是指从工程筹建起到工程竣工验收交付使用止的整个建设期间，应由基本建设投资支付并列入建设项目总投资中，除建筑安装工程费、设备购置费、预备费和专项费用以外的，为保证工程建设顺利完成和交付使用后能够正常发挥效用而发生的各项费用。

在城市轨道交通工程计价体系中，2017 年 6 月发布执行的《城市轨道交通工程设计概算编制办法》（建标〔2017〕89 号）（以下简称 89 号文）梳理了城市轨道交通行业通常发生的工程建设其他费，并一直指导着各地的城市轨道交通工程投资编制。根据 89 号文的规定，工程建设其他费用包括前期工程费和其他费用。前期工程费包括土地征用及补偿费，临时占地费，建（构）筑物拆迁补偿费，树木及绿化赔偿费，道路恢复费，道路破复费，管线迁改费，交通疏解费。其他费用包括场地准备费，项目建设管理费，建设工程监理与相关服务费，招标代理服务费，前期工作费，研究试验费，勘察设计费，咨询费，引进技术和设备其他费，综合联调及试运行费，专利及专有技术使用费，生产准备及开办费，工程保险费，特殊设备安全监督检验费，安全生产保障费，配合辅助工程费，以及其他费用等。

（一）89 号文工程建设其他费用编制依据

编制 89 号文工程建设其他费用的内容时，主要参考文件如下：

（1）《市政工程投资估算编制办法》（建标〔2007〕164 号）；

（2）《市政工程设计概算编制办法》（建标〔2011〕1 号）；

（3）《基本建设项目建设成本管理规定》（财建〔2016〕504 号）；

（4）《建设工程监理与相关服务收费管理规定》（发改价格〔2007〕670 号）；

（5）《工程勘察设计收费管理规定》（计价格〔2002〕10 号）；

（6）《国家发展改革委关于进一步放开建设项目专业服务价格的通知》（发改价格〔2015〕299 号）；

（7）《国家发展改革委关于降低部分建设项目收费标准规范收费行为等有关问题的通知》（发改价格〔2011〕534 号）；

（8）《城市轨道交通工程安全质量管理暂行办法》（建质〔2010〕5 号）；

（9）《企业安全生产费用提取和使用管理办法》（财企〔2012〕16 号）；

（10）《城市轨道交通前期咨询工作收费指导意见》（中城轨〔2015〕006 号）；

（11）《建设项目前期工作咨询收费暂行规定》（计价格〔1999〕1283 号）；

（12）《中国建设工程造价协会关于工程造价咨询服务收费的通知》（中价协〔2013〕35 号）。

其中，项目建设管理费未完全采用《基本建设项目建设成本管理规定》（财建〔2016〕504 号）计列，主要考虑如下两个因素：

一是《基本建设项目建设成本管理规定》（财建〔2016〕504 号）第六条规定：项目

建设管理费总额控制数费率表适用于行政事业单位项目建设管理费；第七条规定：国有和国有控股企业经营性项目的项目资本中，财政资金所占比例未超过 50% 的项目建设管理费可不执行第六条规定。城市轨道交通项目基本不属于行政事业单位管理，而且财政资金所占比例不超过 50%。

二是城市轨道交通工程项目环境条件复杂，施工条件困难，涉及土建及设备多专业配合，因而较一般基本建设项目建设周期更长，协调及管理工作量远大于其他工程，建设单位人员配置较多，各地城市轨道交通项目建设管理费较高。

基于以上两种因素，根据全国各城市测算及设计概算批复情况，并参考了竣工结算，综合测算了项目建设管理费费率。

招标代理服务费、工程监理费、勘察设计费、前期工作费、安全生产保障费等的计算方法基本出自上述政策文件。其余费用子目如引进技术和设备其他费、综合联调及试运行费、生产准备及开办费等则根据城市轨道交通工程建设项目特点给出了相关计算方法。

总体来看，城市轨道交通工程在初步设计阶段的工程建设其他费用计取方法已基本完备，可以满足初步设计概算的计价要求。但在可研（预可研）阶段，目前尚无针对城市轨道交通工程项目特点的估算编制办法，从计价标准体系上来说，有所缺失。而铁路、市政、公路等相关行业，均颁布了估算、概预算编制办法。因此，编制组通过梳理国内相关做法，归纳总结工程建设其他费用目前存在的问题，并提出编制城市轨道交通工程投资估算编制办法中工程建设其他费用子目的相关建议。

（二）工程建设其他费用在估算阶段计价的现行做法

在各地城市轨道交通工程可研阶段编制投资估算时，工程建设其他费用一般以 89 号文为主体框架，结合当地政策文件的原则进行编制。前期工程费一般按照当地政策文件（如征地片区综合地价、拆迁补偿标准等）进行编制；其他费用基本依据 89 号文中的相关取费费率进行编制，且一般不突破费率上限。除此之外的其他费用（如白蚁防治费、水资源税、环境保护专项费用、跨越铁路的施工配合费等）则依据当地政策文件与相关部门文件进行编制。

根据全国七大片区 21 个城市的典型样本数据统计，各城市工程建设其他费用的子目以及取定费率基本执行了 89 号文的相关规定，并结合地区特性和项目实际情况进行了综合编制。由此可见，89 号文有效地指导了各地城市轨道交通工程投资估算的编制，起到了预期作用。此外，部分地区（如北京市、深圳市及成都市）在 89 号文的基础上，编制了本地区的城市轨道交通工程设计概算编制办法（规程），进一步适应了当地的城市轨道交通工程造价编制的实际需求。

具体而言，89 号文以区间费率的形式给出了大部分工程建设其他费用的计算标准，极大地提高了计价的可操作性。对于未给出区间费率的部分费用，在城市轨道交通行业实践过程中也基本形成了惯例做法。例如前期工作费在城市轨道交通工程投资估算及概算编制过程中，为简化处理，一般根据类似项目情况估列费用。研究试验费一般是估列一笔费用，费用在 500 万 ~1 500 万元不等，但有些地区并不计列该费用。试运行费用中的试运行期则依据《城市轨道交通工程项目建设标准》（建标〔2008〕57 号）以及《城市轨道交通工程项目规范》的规定，一般按 3 个月计列。

另外，根据全国七大片区 21 个城市的典型样本数据统计，在 89 号文的工程建设其他费用框架外，部分城市根据地区特性和项目特点计列了施工图设计文件审查费、项目专项验收费、运营筹备费、文物保护费、水土保持费、市政公用设施配套费、全自动驾驶咨询费（认证费），以及穿铁路、公路、河道等施工配合协调费等费用。

总体来看，城市轨道交通行业的投资估算编制，在以 89 号文框架为主，结合当地既有政策文件与城市轨道交通工程建设实际的做法，在国内各地区得到了广泛的运用。

（三）工程建设其他费用存在的问题及建议

结合此次调研问卷结果来看，城市轨道交通多个参与方对工程建设其他费费用项目及费用标准的意见较为集中，认为此部分应在 89 号文基础上进行完善，进一步适应当前城市轨道交通工程投资估算的准确性及完备性的需求。目前在工程建设其他费用方面，主要存在以下情况：

1. 费用超概的问题及建议

前期工程费中，费用超概问题主要集中在征地拆迁及管线迁改费用方面。

（1）征拆费用超概。出现此问题的主要原因是地方征拆标准未随着经济社会的发展同步更新；前期规划方案不稳定、方案调整较多；征拆手续倒置，严重制约征拆工作，进一步加大征拆难度，扩大了费用缺口。

（2）管线迁改费用超概。出现此问题的原因主要是轨道交通建设工期较紧、设计周期短、设计人员很难在短时间内掌握地下管线的详细资料，难以判断管线迁改数量和难度；利益相关方的协调难度较大，管迁相关方众多，管线产权方片面追求补偿利益的最大化，造成实际管迁过程中，费用急剧增加。

从上述征拆及管迁费用不足的原因可以看出，除征拆管迁费用标准未及时更新占据了一部分原因外，更主要的原因是征拆管迁过程中的实施管理因外部条件多变，造成费用容易失控。在后续编制估算时，可根据当地出台的征拆及管迁费用标准，结合既有项目的实际合同签订价及市场评估价，综合计列征拆管迁费用。而在实施过程中，需进一步加强制度保障建设，确保费用详实可控。因此，此部分费用超概问题，更多是管理问题，非计价的技术问题，不应作为后续估算编制办法研究的重点内容。

其他费用中，费用超概问题较为分散，项目建设管理费、场地准备费、生产准备及开办费、综合联调及试运行费均有提及，但在问卷调研报告中，此部分超概问题整体占比不大，不具有普遍代表性。

2. 费用定义及归口不清的问题及建议

场地准备费的定义缺乏界限，前期工程费涉及的监理费、勘察设计费等相关费用的归口，需在后续的估算编制办法研究中进一步明确。

3. 费用补充完善的问题及建议

根据全国七大片区 21 个城市的典型样本数据统计，结合此次调研汇总结果，对部分工程建设其他费用进一步分析说明，主要如下：

（1）前期工作费。前期工作费主要包括可研及各类专题费用。根据 21 个城市样本数据统计，估列费用在 1 000 万 ~ 5 000 万元不等，但费用主要集中在 2 000 万元左右。部分调研意见建议此费用按照工程费的费率形式体现。经测算，此费用占据工程费的比例在 0.1% ~ 0.5%。《深圳市城市轨道交通工程概算编制规程（2017）》中给出的计算方式为按照工程费的 0.1% ~ 0.4% 控制。《铁路基本建设工程投资估算预估算费用定额》（国铁科法

〔2018〕102号）（以下简称铁路费用定额）中给出的计算方式按照工程费（铁路概预算章节的第二章至第十章费用总额）的0.3%～0.5%计算。

但从市场实际费用来看，常规城市轨道交通工程（线路长度20～30km的线路）的前期工作费一般在2 000万元左右，与上述统计结果接近，与工程费并不完全符合线性正比例关系。铁路因涉及长大干线，线路里程较长，所给出的费率并不完全适用于城市轨道交通工程。此外，在估算编制阶段，工可及主要专题中标合同金额基本已确定，即便尚未确定的专题费用，也可以在已签订的合同金额上适当调整。同时，89号文中已给出前期工作费中的各项费用的计算方法或者计算依据，也可参考使用。因此，不建议前期工作费的计算方法以费率的形式给出，延续上述的惯例做法即可。

（2）研究试验费。研究试验费根据21个城市样本数据统计，估列费用在500万～2 000万元不等。此费用占据工程费的平均比例在0.1%～0.2%。《深圳市城市轨道交通工程概算编制规程（2017）》中给出的计算方式为按照工程费的0.1%控制。

结合全国调研及数据统计分析结果，在投资估算编制时，研究试验费可以以费率形式给出计算方法，也可以参照各地区类似城市轨道项目估列费用。

（3）施工图设计文件审查费。目前，部分省市（如北京市、山东省、湖南省、甘肃省）已发文取消在项目中计列施工图设计文件审查费，由政府财政预算承担。未发文取消的省市，一般按照《国家发展改革委关于降低部分建设项目收费标准规范收费行为等有关问题的通知》（发改价格〔2011〕534号）的规定，以不高于勘察设计费的6.5%计列。

《国务院办公厅关于开展工程建设项目审批制度改革试点的通知》（国办发〔2018〕33号）提出“将消防设计审核、人防设计审查等技术审查并入施工图设计文件审查，相关部门不再进行技术审查。推行以政府购买服务方式开展施工图设计文件审查”。《国务院办公厅关于全面开展工程建设项目审批制度改革的实施意见》（国办发〔2019〕11号）提出“加快探索取消施工图审查、实行告知承诺制和设计人员终身负责制等方面，尽快形成可复制可推广的经验”。

由此可见，国家层面的趋势是弱化第三方审查，强化设计主体责任。为符合国家倡导方向，不建议在工程建设其他费用中增开施工图设计文件审查费开项。

（4）项目专项验收费。项目专项验收费是指竣工验收前需发生的消防检测、卫生防疫检测、防雷检测等费用。根据样本数据统计，仅有部分城市计列，该费用为500万～1 000万元，占工程费比例在0.1%～0.2%。《深圳市城市轨道交通工程概算编制规程（2017）》中给出的计算方式为按照工程费的0.2%计列。《成都市城市轨道交通工程设计概算编制规程（2018）》给出的计算方式为按照工程费的0.1%计列。

专项验收的本质仍属于竣工验收的一部分，而竣工验收产生的相关费用应在项目建设管理费中解决（详见项目建设管理费定义），且89号文中的工程建设其他费用的其他子目中已提及专项验收费，各地区根据自身情况计列即可，不建议在工程建设其他费用中增开专项验收费开项。

（5）运营筹备费。从21个城市的统计数据来看，少部分城市计列了运营筹备费。参考《铁路基本建设工程设计概（预）算编制办法》（国铁科法〔2017〕30号）、《公路工程建设项目投资估算编制办法》（JTG 3820—2018）与《市政工程投资估算编制办法》（建标〔2007〕164号），均未出现运营筹备费的开项。89号文中，已将生产准备及开办费的计费标准提高到了原《城市轨道交通工程概预算编制办法》(建标〔2006〕279号，89号文的上一版)相应标准的三倍，已考虑了经济社会的发展水平及运营筹备的因素。在89号文中与运营筹备相关的费用不仅是生产准备及开办费，综合联调及试运行以及铺底流动资金均涉及运营筹备的相关内容。因此不建议在工程建设其他费用中增开运营筹备费开项。

(6)工程数字信息费。近年来，工程领域不断出台相关政策推动建设工程的信息化数字化发展。随着信息技术的蓬勃发展，在一大批大型工程项目中，建筑工程信息化技术实现了良好的集成并成功落地。

住房城乡建设部办公厅于2023年10月24日发布了《关于开展工程建设项目全生命周期数字化管理改革试点工作的通知》(建办厅函〔2023〕291号)，其试点目标为加快建立工程建设项目全生命周期数据汇聚融合、业务协同的工作机制，打通工程建设项目设计、施工、验收、运维全生命周期审批监管数据链条，推动管理流程再造、制度重塑，形成可复制推广的管理模式、实施路径和政策标准体系，为全面推进工程建设项目全生命周期数字化管理、促进工程建设领域高质量发展发挥示范引领作用。其试点内容包括推进全流程数字化报建审批、建立建筑单体赋码和落图机制、建立全生命周期数据归集共享机制、完善层级数据共享机制等内容。

在数字时代、数字经济来临之际，为紧跟行业趋势，打造数字城市轨道工程，建议在估算编制时在工程建设其他费中增开“工程数字信息费”。

(7)其他。其他费用，如文物保护费，水土保持费，市政公用设施配套费，全自动驾驶咨询费(认证费)，跨越铁路、公路、河道的施工配合协调费等，在21个城市的数据统计及调研意见中也有提及。此类费用带有较为明显的地方政策和项目实际情况需求，并不能作为城市轨道交通工程通常发生的工程建设其他费用的开项，可根据项目实际建设需求计列即可。而且在89号文中，已预留出了工程建设其他费用的开口子目，即一般建设项目很少发生或具有行业和地区特征的工程建设其他费用子目，如水土保持费、水资源费、环境保护专项费等费用，按国家、相关部委和建设项目所在地的相关规定计列。

4. 政策协调问题及建议

(1)安全生产保障费。根据《城市轨道交通工程安全质量管理暂行办法》(建质〔2010〕5号)的要求，将第三方监测费和第三方检测及评估费纳入安全生产保障费。计算依据为《企业安全生产费用提取和使用管理办法》(财企〔2012〕16号)，此文件中城市轨道交通的安全生产费提取为建安费用的2%。考虑到城市轨道计价依据的措施费中已包含一部分安全文明措施费，以及各地城市轨道批复投资统计测算，最后89号文的相关费率为0.8%~1.0%。

财政部与应急管理部于2022年11月21日联合发布了《企业安全生产费用提取和使用管理办法》(财资〔2022〕136号)，其中将城市轨道交通工程的安全生产费由原来的2%提升为3%，反映了国家层面对轨道交通行业的安全生产极其重视。

同时也需注意到，新版企业安全生产费用提取和使用管理办法中将安全生产费的费率修订为3%，也不一定意味着安全生产保障费的费率提升，因为安全生产费的内容涵盖更多的是工程费用中的安全文明措施费，而安全生产保障费更多的是第三方监测、检测及评估等相关内容。此处需根据新版费率执行后，结合各地的安全文明措施费的调整，综合考虑安全生产保障费的相关费率。

（2）工程质量检测费。《建设工程质量检测管理办法》（住房和城乡建设部令第 57 号）自 2023 年 3 月 1 日起施行。本办法所称建设工程质量检测，是指在新建、扩建、改建房屋建筑和市政基础设施工程活动中，建设工程质量检测机构接受委托，依据国家有关法律、法规和标准，对建设工程涉及结构安全、主要使用功能的检测项目，进入施工现场的建筑材料、建筑构配件、设备，以及工程实体质量等进行的检测。建设单位应当在编制工程概预算时合理核算建设工程质量检测费用，单独列支并按照合同约定及时支付。

需要注意的是，第三方工程质量检测实行后，施工单位按规定应实施的自检工作不变，施工单位的施工质量责任不变，监理单位的质量监理责任不变。

89 号文中安全生产保障费的定义中涉及对工程实体等第三方的检测评估，与工程质量检测的内容相同。且 89 号文的安全生产保障费的部分内容来源于《城市轨道交通工程安全质量管理暂行办法》（建质〔2010〕5 号）的要求，即建设单位应当委托工程监测单位和质量检测单位进行第三方监测和质量检测。

建议在估算编制中，结合上述安全生产保障费的费率调整，在此费用中涵盖工程质量检测费相关内容。

5. 交通疏解与道路破复的关系

89 号文前期工程费中的交通疏解及道路破复，因二者均为设计围挡外的工程，各方对于二者的费用关系产生了不同理解，在此予以解释说明。

目前，在各地执行过程中行业内对于二者的费用关系主要有两种不同的理解。第一种理解是交通疏解每一期导改结束后，临时道路的拆除及恢复原市政路的费用应归入交通疏解的费用中（即交通疏解费用包含了新建临时导改路，临时标志牌、信号灯，以及导改路的拆除及恢复原状等内容）。第二种理解是交通疏解每一期导改结束后，临时道路的拆除及恢复原市政路的费用应归入道路破复的费用中（即交通疏解费用仅包含新建临时导改路、临时标志牌、信号灯等内容，而道路破复费用包含导改路的拆除及恢复等内容）。

从工程属性上说，因交通疏解引起的导改路的拆除及恢复原状应放入交通疏解的费用中，从而可以保证交通疏解工程从开始到结束的费用完整性。道路破复的开项与铁路概预算编制办法中的改移道路较为相似，因城市轨道交通工程在城区内以地下敷设方式为主，较少涉及围挡外的既有市政道路破复或者改移。但随着市域轨道交通的不断发展，在城市外围的轨道交通敷设方式逐渐由地下敷设转向以高架和地面敷设为主，很有可能会对既有市政道路形成断交影响。为不影响城市规划，不可避免地需要对市政道路进行道路破复以及改移。89 号文编制时，已考虑到城市轨道交通工程的远期发展特点及方向，因此增加了道路破复的开项。

（四）工程建设其他费用的总体建议

以 89 号文工程建设其他费用子目为主体框架，结合当地既有政策文件与工程建设实际的做法符合行业惯例，基本满足国内城市轨道交通工程的建设需求。城市轨道交通工程的投资估算编制过程中，可按以下原则执行：

现行 89 号文的工程建设其他费用的费用内容及计算方法，符合国内城市轨道交通市场行情，后续可延续其开项及费率。

前期工作费及研究试验费按行业惯例估列费用即可，不以费率形式体现。

施工图设计文件审查费，专项验收费，文物保护费，水土保持费，市政公用设施配套费，全自动驾驶咨询费（认证费），穿铁路、公路、河道的施工配合协调费等，不属于城市轨道交通工程中通常发生的费用，各地区各项目根据实际情况可自行计列。

结合实际情况可增开“工程数字信息费”。

四、预备费

预备费包括基本预备费和价差预备费。其中，基本预备费是指针对项目实施过程中可能发生难以预料的支出而事先预留的费用，又称工程建设不可预见费，主要指由于各设计阶段及深度不同可能增加的费用。价差预备费是指为正确反映建设项目的投资总额，在投资编制年度到项目建设竣工的整个期限内，因形成工程造价诸因素的正常变动（如人工、材料、设备价格的上涨，其他有关费用标准的调整及利率、汇率等因素的变化），导致必须对该工程项目所需的总投资额进行合理的核定和调整而需预留的可能增加的费用，又称价格变动不可预见费。

在基本预备费方面，对基本预备费的计取基数并未有疑义，更多的是基本预备费的费率确定。根据《市政工程投资估算编制办法》（建标〔2007〕164号）的规定，基本预备费费率保持在8%~10%。根据铁路费用标准规定，铁路工程工可阶段基本预备费费率为10%。根据全国七大片区21个城市典型数据统计，投资估算中批复的基本预备费费率中，13个城市费率为10%，7个城市费率为8%，1个城市费率为7%。

鉴于城市轨道交通工程兼具市政工程与铁路工程的特点，同时考虑不同城市轨道交通项目的特点，如工程自身的技术复杂程度，外部边界条件的对接情况等因素，建议工可估算阶段预备费费率以区间费率形式体现，区间范围为8%~10%。

此外，可行性研究阶段之前的建设规划阶段或者预可研阶段的基本预备费费率是否给出以及费率取定问题，也需进一步探讨。公路行业在其投资估算编制办法中规定，项目建议书投资估算基本预备费费率按11%计列，工程可行性研究报告投资估算基本预备费费率按9%计列；铁路行业在其估算预估算费用标准中规定，预可行性研究阶段基本预备费费率按15%计列，工可阶段基本预备费费率按10%计列。类比公路、铁路行业编制办法，并结合工程不同阶段考虑，城市轨道交通工程的建设规划阶段或者预可研阶段的基本预备费费率，因其阶段较为前期，边界条件不确定因素较多，其费率理应高出可研阶段的基本预备费费率。

鉴于城市轨道交通工程在建设规划阶段或预可研阶段，项目处于前期设计阶段，项目所处地质情况尚不明晰，外部边界条件仍不稳定，项目功能定位、土建施工方法及机电设备配置标准等情况无法考虑全面，同时结合国家现行的关于城市轨道交通工程投资控制政策，建议建设规划阶段或者预可研阶段的基本预备费费率以区间费率形式体现，区间范围为10%~15%。

在价差预备费方面，根据《国家计委关于加强对基本建设大中型项目概算中“价差预备费”管理有关问题的通知》（计投资〔1999〕1340号）的规定，投资价格指数按零计算。目前全国已批复的城市轨道交通项目基本延续这一规定。城市轨道交通项目因其建设周期较长，材料价格时间跨度较大，建材价格波动幅度较大。鉴于此种情况，在估算编制中应积极与主管部门反映轨道交通行业价差预备费的问题，以便相关部门决策。

五、专项费用

根据89号文的规定，专项费用包括车辆购置费、建设期贷款利息以及铺底流动资金。

从调研情况反馈来看，对车辆购置费和建设期贷款利息的计算方法并无意见，更多的意见集中在铺底流动资金上面。

现行的89号文中，规定铺底流动资金按照设计确定的初期车辆配置数量，每辆10万元计列。此规定以运营初期的购车数为计算基数，并且主要针对新建线路以及既有线延长线路，而对既有线改（扩）建工程（如既有高架线上增设车站，既有线电气化设备改造等）是否计列铺底流动资金以及相关计算方法并未明确。从城市轨道交通行业的惯例做法来看，既有线改扩建工程一般不计列铺底流动资金。参照类似行业，如铁路行业颁布的《铁路基本建设工程投资估算预估算编制办法》（国铁科法〔2018〕101号）、《铁路基本建设工程投资估算预估算费用定额》（国铁科法〔2018〕102号）中明确规定，既有线改（扩）建、增建二线及电气化改造工程等不计列铺底流动资金。

虽然调研中大部分受访者认为改扩建项目应该计列铺底流动资金，但铺底流动资金是运营初期的启动资金，改（扩）建项目本身已处于运营状态，不再需要启动资金。因此，建议在后续估算编制办法中明确改（扩）建项目不计列铺底流动资金。

第三章　城市轨道交通工程投资估算信息化研究

第一节　城市轨道交通工程投资估算指标数字化基础

一、城市轨道交通工程投资文件编制数字化研究背景

数字化、信息化、智能化及智慧化是数字技术发展不同阶段所代表的不同特征的新技术，当前正是数字技术发展的黄金期。党的二十大报告提出“建设科技强国、质量强国、航天强国、网络强国、交通强国、数字中国、智慧社会，推动互联网、大数据、人工智能和实体经济深度融合”。习近平总书记在考察北京市轨道交通建设发展情况时指出：“城市轨道交通是现代大城市交通的发展方向。发展轨道交通是解决大城市病的有效途径，也是建设绿色城市、智能城市的有效途径”。国务院印发《“十四五”现代综合交通运输体系发展规划》中明确提出“到 2025 年，综合交通运输基本实现一体化融合发展，智能化、绿色化取得实质性突破，综合能力、服务品质、运行效率和整体效益显著提升，交通运输发展向世界一流水平迈进”。开展城市轨道交通数字化、智能化、智慧化研究工作是落实习近平总书记重要指示的行动实践，是实施交通强国建设的战略突破口，也是推动城市轨道交通高质量发展的主要抓手，更是未来十年新技术驱动下城市轨道交通发展的主要方向。

国务院《“十四五”数字经济发展规划》第三章“优化升级数字基础设施”第（三）节“有序推进基础设施智能升级”提到“稳步构建智能高效的融合基础设施，提升基础设施网络化、智能化、服务化、协同化水平。高效布局人工智能基础设施，提升支撑‘智能 +’发展的行业赋能能力。推动基础设施和生产装备智能化改造，推进机器视觉、机器学习等技术应用。加快推进能源、交通运输、水利、物流、环保等领域基础设施数字化改造。推动新型城市基础设施建设，提升市政公用设施和建筑智能化水平。”

住房和城乡建设部《“十四五”建筑业发展规划》指出要“鼓励大型设计企业建立数字化协同设计平台，推进建筑、结构、设备管线、装修等一体化集成设计，提高各专业协同设计能力。完善施工图设计文件编制深度要求，提升精细化设计水平，为后续精细化生产和施工提供基础。研发利用参数化、生成式设计软件，探索人工智能技术在设计中应用”“研究工程质量安全等智能化监管算法、标准和数字化技术、人工智能辅助审查技术，支撑工程建设项目报建审批、设计审查、工程质量安全检查，实现以远程监管、移动监管、预警防控为特征的数字化监管”。

目前城市轨道交通行业工程投资数字化建设存在数字化建设标准不统一的问题，城市轨道交通工程各阶段投资文件编制已有相关标准文件，但因城市轨道交通工程的特点，各地区建设条件和建设标准不同，使得设计、施工、建设单位以及行政审批部门往往具有不同的要求和限制。因此，目前已实施的投资估算数字化分类与编码标准，均以当地为适用范围，且存在以邻为壑的现象。此外，城市轨道交通工程投资估算集成化、数字化、一体

化程度低，设计过程协同不足，容易导致标准数据获取冗余度高、效率低，指标提取使用主要依赖有限专家经验、人工干预量大且手段单一，效率低下。

城市轨道交通工程投资估算指标数字化建设能够解决城市轨道交通工程投资估算文件编制中信息孤岛、设计交互不畅等痛点，为城市轨道交通智慧化建设提供基础数据，实现城市轨道交通数字化服务与应用：

（1）投资估算指标数据数字化标准化。根据具体的投资估算编制需求，实现指标数据的数字化创建、编辑、分析、统计等一系列操作功能。利用统一的数据库管理保证数据的完整性和理解上的一致性，便于投资估算指标数据共享，实现标准化设计。

（2）投资估算设计一体化集成化。梳理投资估算指标与工程量等数据的对应关系和知识特征，研究指标数据语义信息映射及表达技术，实现投资估算编制协同设计。

总之，以建立统一的城市轨道交通工程投资估算平台为目标，推动数据共享、协同设计等新技术在城市轨道交通工程建设中的应用，开展相关信息化软件研发是大势所趋。

二、城市轨道交通工程 WBS 分解

（一）城市轨道交通工程 WBS 分解原则

WBS 是指工作分解结构（Work Breakdown Structure），创建 WBS 是把项目工作按阶段可交付成果分解成较小的且更易于管理的组成部分的过程。

城市轨道交通工程 WBS 分解原则主要如下：

（1）每一条 WBS 应是唯一的、独立的且只能从属于一个上层单元，不能交叉从属于两个或多个上层单元。

（2）由同一个上层单元分解得到的同层次的项目单元应有相同的性质：如按要素分解，则都为要素，如按功能分解，则都为功能。

（3）最终工作单元（工序）应相对独立，容易执行、考核，便于估计和分析施工周期、费用参数等。

（4）分解的详细程度应兼顾项目推进程度、建设单位需求以及谈判策略等，以实现综合优化为准。

（二）城市轨道交通工程 WBS 分解基本规定

单位工程：具备独立施工条件或具备专业功能的建（构）筑物及专业设备系统。

子单位工程：单位工程具备阶段施工条件或施工内容相对独立的建（构）筑物及专业设备子系统。

分部工程：按照系统设备专业性质或设备组别等、建（构）筑物的一个完整部位或主要结构及施工阶段划分的工程实体及专业设备安装工程。

子分部工程：根据建筑部位及专业性质将一个分部工程划分为几个部分。通过较为简单的施工过程就可以生产出来并可用适当计量单位进行计算的建筑工程或安装工程。

单位工程的划分按照“具备独立施工条件，能形成相应使用功能的建（构）筑物、专业设备系统以及专业性较强、需从常规单位工程中剥离且具备全线独立施工条件的某一重要工序为一个单位工程”。

建筑物规模较大、建设周期较长的单位工程，可将其具备独立施工条件或能形成独立使用功能的部分划分为一个子单位工程；建筑规模较大、建设周期较长的一个单位工程采

用不同工法施工时，可按工法划分为若干个子单位工程或分部工程。

系统设备安装工程的单位工程应按系统设备专业划分，子单位工程（或分部工程）可以按照工程种类、设备组别或区段划分。

分部工程的划分应按专业性质或施工部位确定。当分部工程划分较大或较复杂时，为方便验收并分清质量责任，可按材料种类、施工特点、施工程序、专业系统及类别划分为若干个子分部工程。

三、投资估算指标体系分类编码研究

（一）分类编码目的

为满足城市轨道交通工程投资估算指标自动计算要求，规范城市轨道交通设施设备组成架构原则，满足城市轨道交通设施设备投资估算全生命周期数字化应用需求，实现城市轨道交通工程投资估算指标的数字化、信息化和标准化，制定本估算指标编码标准。

（二）分类编码原则

分类和编码的扩展应根据信息内容的属性或特征信息按一定原则和方法进行区分和归类，分类和编码的扩展应符合以下原则：

（1）唯一性：每一个编码对象仅应有一个代码，一个代码只唯一表示一个编码对象。

（2）合理性：代码结构应与分类体系相适应。

（3）可扩充性：代码宜留有适当的后备容量，以便适应不断扩充的需要。

（4）简明性：代码结构宜简单，长度宜短，以便节省计算机存储空间和减少代码的差错率。

（5）适用性：代码应尽可能反映编码对象的特点，适用于不同的相关应用领域，支持系统集成。

（6）规范性：在一个信息分类编码标准中，代码的类型、代码的结构以及代码的编写格式应当统一。

（三）分类编码方法

采用线分类法对城市轨道交通设施设备进行分类。基于线分类法，将轨道交通各专业的设施设备按九个层级进行划分。不同层级类目之间按照从属关系进行分类，同一分支的类目之间按照并列关系进行分类。

（四）分类代码

投资估算由指标代码和工料机代码两部分构成。

1. 指标代码

指标代码用来标识需要计算工程数量的同一类型构件或设备。

（1）代码结构。

指标代码采用6层14位数字型代码，代码结构见图3-1。

（2）代码规则。

第一级引用国标标码，采用四位数字。

第二级至第六级代码由两位数字组成，每一级可表示99类构件或设备，代码从“01”至“99”，代码统一表示为10位数字，当某层出现空位时，以“00”作为该层的空位补齐码。

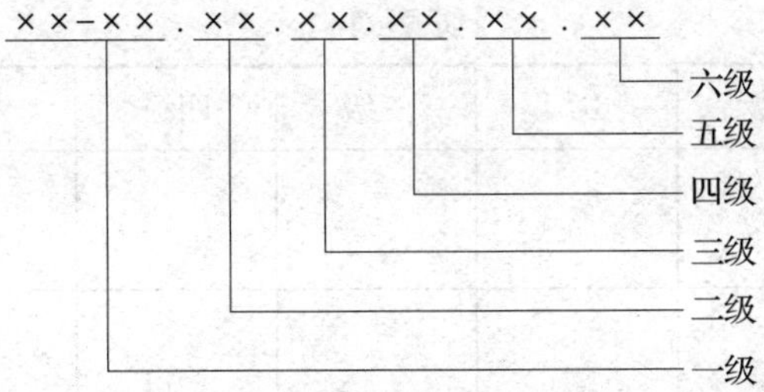

图 3-1　指标代码结构

2. 工料机代码

工料机代码是用来标识投资估算指标表中唯一的计价指标。

（1）代码结构。

工料机代码采用 5 层 10 位字母数字混合型代码，代码结构见图 3-2。

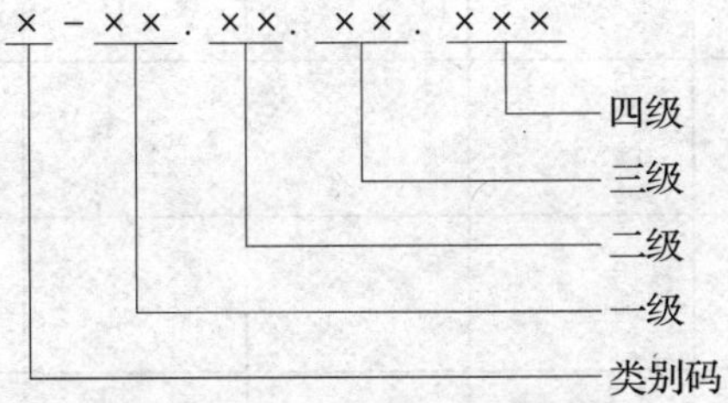

图 3-2　工料机代码结构

（2）代码规则。

类别码由一位字母组成，“R”代表人工费指标，“C”代表材料设备费指标，“J”代表机械费指标；一级至三级代码由两位数字组成，每一级可表示 99 类工料机类型，代码从“01”至“99”；第四级由三位数字组成，可表示 999 种工料机类型，代码从“001”至“999”；代码统一表示为 10 位字母和数字组合，当某层出现空位时，以“00”或“000”作为该层的空位补齐码。

（五）分类编码管理

对于城市轨道交通新增的分类与编码，应依据本标准的分类方法与原则，根据其专业、系统类别等属性，在已有分类代码的基础上扩展编码，见表 3-1、表 3-2。

表 3-1　指标代码表（节选）

编码	一级	二级	三级	四级	五级	六级
10-21.00.00.00.00.00	交通建筑					
10-21.30.00.00.00.00		城市轨道交通				
10-21.30.01.00.00.00			车站			
10-21.30.01.01.00.00				地下车站		
10-21.30.01.01.01.00					车站主体	

续表 3-1

编码	一级	二级	三级	四级	五级	六级
10-21.30.01.01.01.01						明挖地下连续墙围护
10-21.30.01.01.01.02						明挖灌注桩排桩围护墙
10-21.30.01.01.01.03						明挖咬合式排桩围护
10-21.30.01.01.01.04						明挖锚索及土钉墙围护
10-21.30.01.01.01.05						盖挖地下连续墙围护
10-21.30.01.01.01.06						盖挖灌注桩排桩围护墙
10-21.30.01.01.01.07						暗挖（洞桩法 PBA）
10-21.30.01.01.01.08						无柱式车站（连续墙围护）
10-21.30.01.01.01.09						装配式车站（桩锚围护）
10-21.30.01.01.02.00					出入口通道	
10-21.30.01.01.02.01						明挖型钢水泥土搅拌墙
10-21.30.01.01.02.02						明挖灌注桩排桩围护墙
10-21.30.01.01.02.03						明挖咬合式排桩围护
10-21.30.01.01.02.04						明挖土钉墙围护
10-21.30.01.01.02.05						明挖地连墙围护
10-21.30.01.01.02.06						暗挖出入口（CRD 交叉中隔壁法）
10-21.30.01.01.03.00					风道	

续表 3–1

编码	一级	二级	三级	四级	五级	六级
10–21.30.01.01.03.01						明挖型钢水泥土搅拌墙
10–21.30.01.01.03.02						明挖灌注桩排桩围护墙
10–21.30.01.01.03.03						明挖咬合式排桩围护
10–21.30.01.01.03.04						明挖土钉墙围护
10–21.30.01.01.03.05						明挖地连墙围护
10–21.30.01.01.03.06						暗挖风道（CRD 交叉中隔壁法）
10–21.30.01.02.00.00				高架及地面车站		
10–21.30.01.02.01.00					高架车站	
10–21.30.01.02.01.01						混凝土结构
10–21.30.01.02.01.02						钢结构
10–21.30.01.02.01.03						地基基础
10–21.30.01.02.02.00					地面车站	
10–21.30.01.02.02.01						混凝土结构
10–21.30.01.02.02.02						钢结构
10–21.30.01.02.02.03						地基基础
10–21.30.01.03.00.00				明挖车站		
10–21.30.01.03.01.00					土方	
10–21.30.01.03.01.01						明挖土方
10–21.30.01.03.01.02						大型支撑明挖土方
10–21.30.01.03.01.03						土方回填
10–21.30.01.03.01.04						明挖石方
10–21.30.01.03.02.00					围护结构	

续表 3–1

编码	一级	二级	三级	四级	五级	六级
10–21.30.01.03.02.01						地下连续墙围护
10–21.30.01.03.02.02						灌注桩排桩围护墙
10–21.30.01.03.02.03						咬合式排桩围护
10–21.30.01.03.02.04						型钢水泥土搅拌墙（SMW 工法桩）
10–21.30.01.03.02.05						双轮铣成槽连续墙围护
10–21.30.01.03.02.06						土钉墙
10–21.30.01.03.02.07						砂浆锚杆
10–21.30.01.03.02.08						预应力锚杆钢绞线
10–21.30.01.03.02.09						预应力锚杆钢筋
10–21.30.01.03.02.10						大型钢支撑
10–21.30.01.03.02.11						混凝土支撑
10–21.30.01.03.03.00					主体结构	
10–21.30.01.03.03.01						钢筋混凝土结构
10–21.30.01.04.00.00				盖挖车站		
10–21.30.01.04.01.00					土方	
10–21.30.01.04.01.01						盖挖土方
10–21.30.01.04.01.02						盖挖石方
10–21.30.01.04.02.00					结构	
10–21.30.01.04.02.01						钢筋混凝土结构
10–21.30.01.05.00.00				暗挖车站		

续表 3-1

编码	一级	二级	三级	四级	五级	六级
10–21.30.01.05.01.00					土方	
10–21.30.01.05.01.01						暗挖土方
10–21.30.01.05.02.00					结构	
10–21.30.01.05.02.01						初衬结构
10–21.30.01.05.02.02						二衬结构
10–21.30.01.06.00.00				加固费用		
10–21.30.01.06.01.00					水泥粉煤灰碎石桩	
10–21.30.01.06.02.00					水泥土搅拌桩	
10–21.30.01.06.03.00					双重管旋喷桩	
10–21.30.01.06.04.00					冻结法地基加固	
10–21.30.02.00.00.00			区间			
10–21.30.02.01.00.00				地下区间		
10–21.30.02.01.01.00					明挖区间	
10–21.30.02.01.01.01						正线灌注桩排桩围护墙
10–21.30.02.01.01.02						正线地下连续墙围护
10–21.30.02.01.01.03						正线咬合式排桩围护
10–21.30.02.01.01.04						正线型钢水泥土搅拌墙
10–21.30.02.01.01.05						正线土钉墙围护
10–21.30.02.01.02.00					暗挖区间	
10–21.30.02.01.02.01						隧道主体
10–21.30.02.01.02.02						车站临时竖井
10–21.30.02.01.02.03						横通道
10–21.30.02.01.02.04						联络通道

续表 3-1

编码	一级	二级	三级	四级	五级	六级
10–21.30.02.01.02.05						附属设施
10–21.30.02.01.03.00					盾构区间	
10–21.30.02.01.03.01						土压平衡盾构
10–21.30.02.01.03.02						泥水平衡盾构
10–21.30.02.01.03.03						单护盾岩石隧道掘进
10–21.30.02.02.00.00				高架区间		
10–21.30.02.02.01.00					预制简支梁	
10–21.30.02.02.02.00					现浇连续梁	
10–21.30.02.02.03.00					钢－混结合梁	
10–21.30.02.02.04.00					钢梁	
10–21.30.02.02.05.00					U 型梁	
10–21.30.02.03.00.00				地面区间		
10–21.30.02.03.01.00					地面线一般路基	
10–21.30.02.03.02.00					过渡段桥头路基	
10–21.30.02.04.00.00				地下区间		
10–21.30.02.04.01.00					明挖区间	
10–21.30.02.04.01.01						明挖混凝土结构
10–21.30.02.04.02.00					暗挖区间	
10–21.30.02.04.02.01						暗挖土方
10–21.30.02.04.02.02						次坚石挖运
10–21.30.02.04.02.03						普坚石挖运
10–21.30.02.04.02.04						静力爆破次坚石
10–21.30.02.04.02.05						静力爆破普坚石

续表 3-1

编码	一级	二级	三级	四级	五级	六级
10-21.30.02.04.02.06						初期支护混凝土
10-21.30.02.04.02.07						超前支护小导管注浆
10-21.30.02.04.02.08						大管棚
10-21.30.02.04.02.09						二衬混凝土结构
10-21.30.02.04.03.00					盾构区间	
10-21.30.02.04.03.01						盾构机安装拆除
10-21.30.02.04.03.02						土压平衡盾构始发及到达掘进
10-21.30.02.04.03.03						泥水平衡盾构始发及到达掘进
10-21.30.02.04.03.04						单护盾岩石隧道掘进机始发及到达掘进
10-21.30.02.04.03.05						土压平衡盾构正常掘进
10-21.30.02.04.03.06						泥水平衡盾构正常掘进
10-21.30.02.04.03.07						单护盾岩石隧道掘进机正常掘进
10-21.30.02.04.03.08						同步及二次注浆
10-21.30.02.04.03.09						豆砾石填充及灌浆
10-21.30.02.04.03.10						盾构渣土外运

续表 3-1

编码	一级	二级	三级	四级	五级	六级
10–21.30.02.04.03.11						管片相关工程
10–21.30.02.04.03.12						洞口处理
10–21.30.02.04.03.13						钢筋混凝土管片
10–21.30.02.04.03.14						钢管片制作
10–21.30.02.04.03.15						钢管片拆除
10–21.30.02.04.03.16						大盾构内部预制结构
10–21.30.02.05.00.00				高架区间		
10–21.30.02.05.01.00					钻孔灌注桩	
10–21.30.02.05.02.00					承台	
10–21.30.02.05.03.00					墩台	
10–21.30.02.05.04.00					预制简支梁	
10–21.30.02.05.05.00					现浇连续梁	
10–21.30.02.05.06.00					钢－混结合梁	
10–21.30.02.05.07.00					钢梁	
10–21.30.02.05.08.00					U 型梁	
10–21.30.02.05.09.00					桥面铺装及附属设施	
10–21.30.02.06.00.00				地面区间		
10–21.30.02.06.01.00					挖路床土方	
10–21.30.02.06.02.00					填路床土方	
10–21.30.02.06.03.00					钢筋混凝土挡墙	
10–21.30.02.06.04.00					水泥砂浆砌片石挡墙	
10–21.30.02.06.05.00					级配砂石底层	
10–21.30.02.06.06.00					石灰、粉煤灰砂砾底层	

续表 3-1

编码	一级	二级	三级	四级	五级	六级
10–21.30.02.06.07.00					混凝土面层	
10–21.30.02.06.08.00					金属栏杆	
10–21.30.02.06.09.00					坡面防护	
10–21.30.02.06.10.00					排水沟	
10–21.30.02.06.11.00					防护网	
10–21.30.03.00.00.00			轨道			
10–21.30.03.01.00.00				地下线		
10–21.30.03.01.01.00					地下线一般减振段（现浇道床）	
10–21.30.03.01.02.00					地下线一般减振段（预制道床）	
10–21.30.03.01.03.00					地下线中等减振段（现浇道床）	
10–21.30.03.01.04.00					地下线高等减振段（现浇道床）	
10–21.30.03.01.05.00					地下线高等减振段（现浇道床）	
10–21.30.03.01.06.00					地下线特殊减振段（现浇道床）	
10–21.30.03.02.00.00				高架线		
10–21.30.03.02.01.00					高架线一般减振段（现浇道床）	
10–21.30.03.02.02.00					高架线中等减振地段（现浇道床）	
10–21.30.03.02.03.00					高架线高等减振地段（现浇道床）	
10–21.30.03.03.00.00				地面线		
10–21.30.03.03.01.00					地面线一般减振段（现浇道床）	
10–21.30.03.03.02.00					地面线一般减振段（碎石道床）	

表 3–2 工料机代码表（节选）

指标编码	类别	一级	二级	三级	四级
C–01.01.00.001	材料 设备费	混凝土 砂石材料	水泥		水泥（综合）
C–01.01.00.002					普通硅酸盐水泥
C–01.01.00.003					普通硅酸盐水泥 P.O42.5 散装
C–01.01.00.004					普通硅酸盐水泥 P.O42.5 低碱散装
C–01.01.00.005					水泥 42.5#
C–01.01.00.006					白水泥
C–01.01.00.007					乳胶水泥
C–01.01.00.008					素水泥浆
C–01.02.01.001			砂浆	抹灰砂浆	抹灰砂浆 DP–HR
C–01.02.01.002					抹灰砂浆 DP–MR
C–01.02.02.001				抹面砂浆	抹面砂浆 DBI
C–01.02.03.001				砌筑砂浆	砌筑砂浆 DM5.0–HR
C–01.02.03.002					砌筑砂浆 DM5.0–MR
C–01.02.03.003					砌筑砂浆 DM7.5–HR
C–01.02.03.004					砌筑砂浆 DM7.5–MR
C–01.02.03.005					砌筑砂浆 DM10–MR
C–01.03.01.001			混凝土	预拌混凝土	预拌混凝土
C–01.03.01.002					预拌混凝土 C15
C–01.03.01.003					预拌混凝土 C20
C–01.03.01.004					预拌混凝土 C25
C–01.03.01.005					预拌混凝土 C30
C–01.03.01.006					预拌混凝土 C35
C–01.03.01.007					预拌混凝土 C40
C–01.03.01.008					预拌混凝土 C45
C–01.03.01.009					预拌混凝土 C50
C–01.03.01.010					预拌混凝土 C55
C–01.03.02.001				商品混凝土	商品混凝土 C20

续表 3–2

指标编码	类别	一级	二级	三级	四级
C–01.03.02.002					商品混凝土 C25
C–01.03.02.003					商品混凝土 C30
C–01.03.02.004					商品混凝土 C35
C–01.03.02.005					商品混凝土 C40
C–01.03.02.006					商品混凝土 C45
C–01.03.02.007					商品混凝土 C50
C–01.03.02.008					商品混凝土 C15（含泵送费）
C–01.03.02.009					商品混凝土 C25（含泵送费）
C–01.03.02.010					商品混凝土 C30（含泵送费）
C–01.03.02.011					商品混凝土 C35（含泵送费）
C–01.03.03.001				现浇混凝土	现浇混凝土 C25
C–01.03.04.001				抗渗混凝土	抗渗混凝土 C35
C–01.03.04.002					抗渗混凝土 C40
C–01.03.05.001				细石混凝土	细石混凝土 C20
C–01.03.05.002					细石混凝土 C25
C–01.03.06.001				预应力混凝土	预制预应力箱梁 C50
C–01.03.06.002					预制预应力箱梁 C55
C–01.03.07.005				钢纤维混凝土	钢纤维混凝土 C50
C–01.03.07.006					干硬性聚合物混凝土
C–01.04.01.001			土砂灰	土	素土
C–01.04.01.002					膨润土
C–01.04.02.001				砂	细砂
J–01.01.01.001	机械费	土石方机械	路基土石方机械	推挖压机械	推土机（综合）
J–01.01.01.002					挖土机（综合）
J–01.01.01.003					压路机（综合）
J–01.01.01.004					光轮压路机（综合）

续表 3–2

指标编码	类别	一级	二级	三级	四级
J–01.01.01.005					轮式装载机（综合）
J–01.01.01.006					自行式振动压路机（综合）
J–01.01.01.007					履带式推土机 75kW
J–01.01.01.008					履带式推土机 105kW
J–01.01.01.009					履带式沥青混凝土摊铺机
J–01.01.01.010					履带式起重机 15t
J–01.01.01.011					履带式液压抓斗成槽机
J–02.01.01.001		动力机械	动力	电源	交流稳压电源 JH1741/05
J–02.01.01.002					直流稳压电源 WYK–6005
J–03.01.01.001		起重机械	吊装起重机	汽车起重机	吊装机械（综合）
J–03.01.01.002					汽车起重机
J–03.01.01.003					汽车起重机 5t
J–03.01.01.004					汽车起重机 8t
J–03.01.01.005					汽车起重机 10t
J–03.01.01.006					汽车起重机 12t
J–03.01.01.007					汽车起重机 16t
J–03.01.01.008					汽车起重机 20t
J–03.01.01.009					汽车起重机 25t
J–03.01.01.010					汽车起重机 30t
J–03.01.01.011					汽车起重机 40t

第二节　城市轨道交通工程投资估算指标体系数据框架

一、投资估算指标数据归类、治理技术研究

（一）数据模型

数据模型是数据治理中的重要部分，合适、合理、合规的数据模型，能够有效提高数据的合理分布和使用，它包括概念模型、逻辑数据模型和物理数据模型，是数据治理的关键、重点。数据模型也包含三个部分，数据结构、数据操作、数据约束。

（1）数据结构：数据模型中的数据结构主要用来描述数据的类型、内容、性质以及数

据间的联系等。数据结构是数据模型的基础，数据操作和数据约束基本是建立在数据结构之上的。不同的数据结构有不同的操作和约束。

（2）数据操作：数据模型中的数据操作主要用来描述在相应的数据结构上的操作类型和操作方式。

（3）数据约束：数据模型中的数据约束主要用来描述数据结构内数据间的语法、词义联系、他们之间的制约和依存关系，以及数据动态变化的规则，以保证数据的正确、有效和相容。

（二）元数据管理

元数据分为业务元数据、技术元数据和操作元数据，三者之间关系紧密。

业务元数据指导技术元数据，技术元数据以业务元数据为参考进行设计，操作元数据为两者的管理提供支撑。

（1）业务元数据：业务元数据是定义和业务相关数据的信息，用于辅助定位、理解及访问信息。业务元数据的范围主要包括：业务指标、业务规则、数据质量规则、专业术语、数据标准、概念数据模型、实体/属性、逻辑数据模型等。

（2）技术元数据：可以分成结构性技术元数据和关联性技术元数据。结构性技术元数据提供了在信息技术的基础架构中对数据的说明，如数据的存放位置、数据的存储类型、数据的血缘关系等。关联性技术元数据描述了数据之间的关联和数据在信息技术环境之中的流转情况。技术元数据的范围主要包括：技术规则（计算/统计/转换/汇总）、数据质量规则技术描述、字段、衍生字段、事实/维度、统计指标、表/视图/文件/接口、报表/多维分析、数据库/视图组/文件组/接口组、源代码/程序、系统、软件、硬件等。技术元数据一般以已有的业务元数据作为参考设计的。

（3）操作元数据：操作元数据主要指与元数据管理相关的组织、岗位、职责、流程，以及系统日常运行产生的操作数据。操作元数据管理的内容主要包括：与元数据管理相关的组织、岗位、职责、流程、项目、版本，以及系统生产运行中的操作记录，如运行记录、应用程序、运行作业。

（三）数据标准

数据标准是建立的一套符合自身实际，涵盖定义、操作、应用多层次数据的标准化体系。它包括基础标准和指标标准（或称应用标准）。与数据治理其他核心领域具有一定的交叉，比如元数据标准、数据交换和传输标准、数据质量标准等。

（四）数据质量管理

数据质量管理已经成为数据治理的有机组成部分。高质量的数据是建设工程进行分析决策、业务发展规划的重要基础，只有建立完整的数据质量体系，才能有效提升建设工程数据整体质量，从而更好地为数据服务，提供更为精准的决策分析数据。

二、投资估算指标体系数据框架搭建研究

（一）前后端开发框架概述

1. 前端开发语言概述

城市轨道交通工程投资估算平台的前端网页展示部分以 HTML+CSS+JS 语言为开发基础，使用 WebStorm 工具进行开发，使用 layui 前端 UI 框架，构建前台简洁大方的界面。

HTML 的全称是 Hyper Text Markup Language，即超文本标记语言。HTML+CSS+JS 的分工体现了软件分层的理念。功能分配是：HTML 负责描述内容，CSS 负责描述元素的样式，JS 则负责实现网页的动作。三者配合可以较为容易地编写网页。Layui 是一套开源的 Web UI 解决方案，采用自身经典的模块化规范，并遵循原生 HTML/CSS/JS 的开发方式，常适合网页界面的快速开发。

2. Java 语言、Spring 框架及 SpringBoot 框架概述

城市轨道交通工程投资估算系统后台开发使用 Java 语言为开发基础，使用 IDEA 开发工具进行开发，应用 Springboot 框架构建后台系统。后台实现对数据库的操作，实现计算、统计、管理和保存相关数据，成为前端网页与数据库的连接桥梁。

Spring 框架是 Java 平台上的一种开源应用框架，提供具有控制反转特性的容器，其在 Java 应用中的频繁使用让它备受青睐，以至于后来让它作为 EJB（Enterprise Java Beans）模型的补充，甚至是替补。Spring 框架为开发提供了一系列的解决方案，比如利用控制反转的核心特性，并通过依赖注入实现控制反转来实现管理对象生命周期容器化，利用面向切面编程进行声明式的事务管理，整合多种持久化技术管理数据访问，提供大量优秀的 Web 框架方便开发等。

（二）程序架构

城市轨道交通工程投资估算系统以《城市轨道交通工程投资估算指标》为基础，以投资估算章节划分为架构，通过数字化技术封装，实现城市轨道交通工程投资估算在线实时编制以及多专业协同设计。可以完成指标数据导入、编辑、查询、工料机单价及计价标准动态调整，从而实现了分项指标和综合指标的实时调整，进而为投资估算协同在线编制创造了条件。

从系统的使用来看，城市轨道交通工程投资估算系统由三部分组成，通过系统的编程可以实现线上动态查看、编辑、修改及计算单张或多张指标表的功能需求，软件平台总体架构图见图 3-3，软件平台使用流程见图 3-4。

1. 人员管理

人员管理界面可进行系统人员的添加、删除和修改，限制系统人员的登录。导出功能实现了系统人员信息全部导出 Excel 并存放至本地磁盘，人员管理界面展示了系统人员的基础信息，便于后续系统的维护及管理。

2. 估算指标

通过编程实现估算指标表的在线编辑、计算及导入导出功能，是整个设计的核心部分。首先通过编程将复杂 Excel 拆解并导入其数据至数据库获得初始数据，然后通过查询数据库存入的各个基础指标表的材料名称及数量，根据材料名称在数据库中存储的单价及固定公式进行费用的计算。与此同时，通过操作者切换单价的版本、更改指标表中材料名称或数量等，可在线重新进行计算。章节及单价表版本选定后点击查询，可查询和计算出多张指标估算表的指标基价，便于操作者进行直观查看。

3. 单价取定表

估算指标表的计算需要该估算指标表的材料数量及单价，该单价基础数据由 Excel 表格批量导入数据存储至数据库。不同版本的单价表中同一材料名称对应单价可能不同，其对应的调节系数也会不同。程序实现在线编辑各个版本中单价，可一次保存多条材料单价生成不同版本的单价表，为指标表计算提供材料单价。

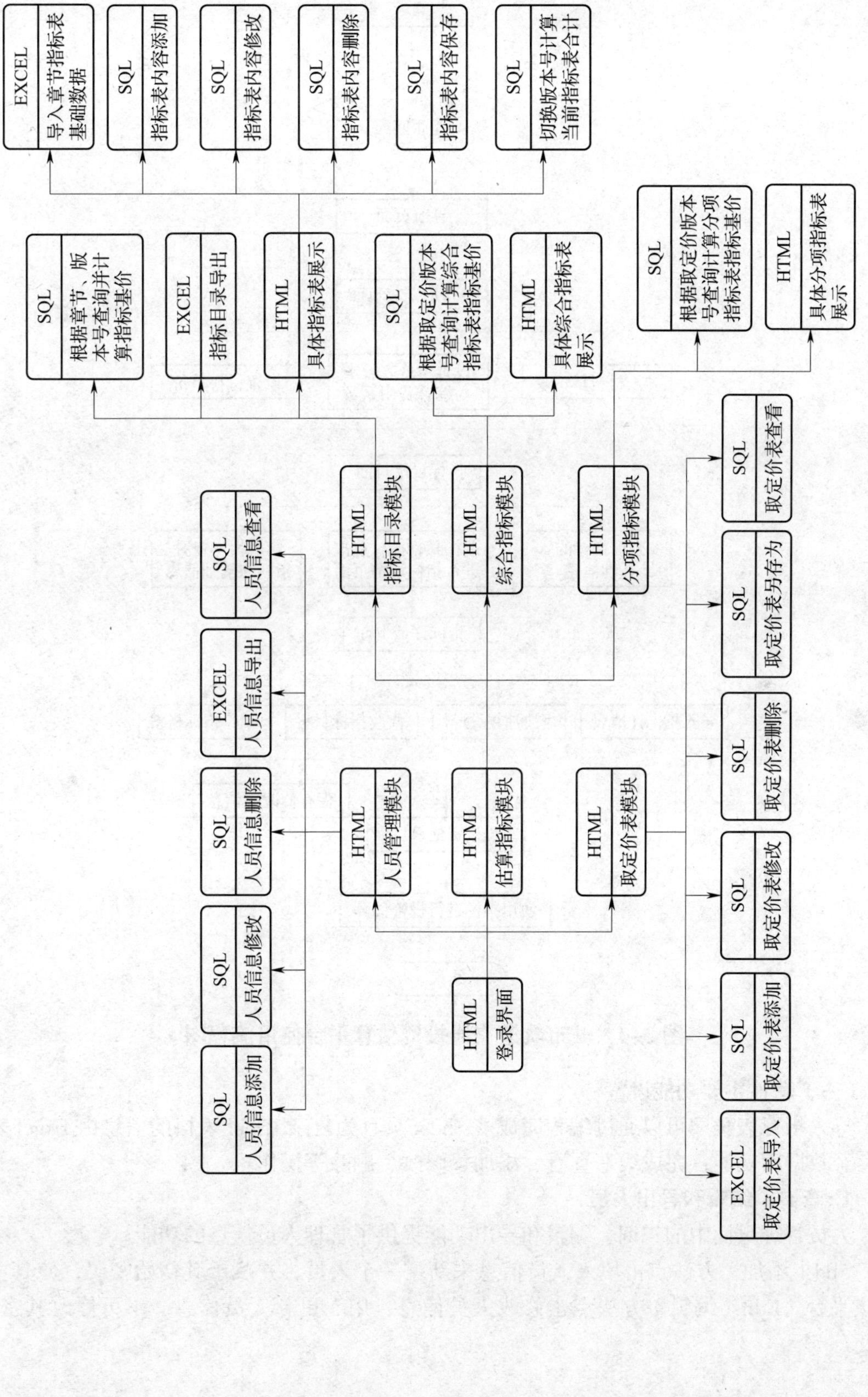
HTML
登录界面
HTML
人员管理模块
HTML
估算指标模块
HTML
取定价表模块
SQL
人员信息添加
SQL
人员信息修改
SQL
人员信息删除
EXCEL
人员信息导出
SQL
人员信息查看
HTML
指标目录模块
HTML
综合指标模块
HTML
分项指标模块
SQL
根据章节、版本号查询并计算指标基价
EXCEL
指标目录导出
HTML
具体指标表展示
SQL
根据取定价版本号查询计算综合指标表指标基价
HTML
具体综合指标表展示
SQL
根据取定价版本号查询计算分项指标表指标基价
HTML
具体分项指标表展示
EXCEL
导入章节指标表基础数据
SQL
指标表内容添加
SQL
指标表内容修改
SQL
指标表内容删除
SQL
指标表内容保存
SQL
切换版本号计算当前指标表合计
EXCEL
取定价表导入
SQL
取定价表添加
SQL
取定价表修改
SQL
取定价表删除
SQL
取定价表另存为
SQL
取定价表查看

图 3-3　总体架构图

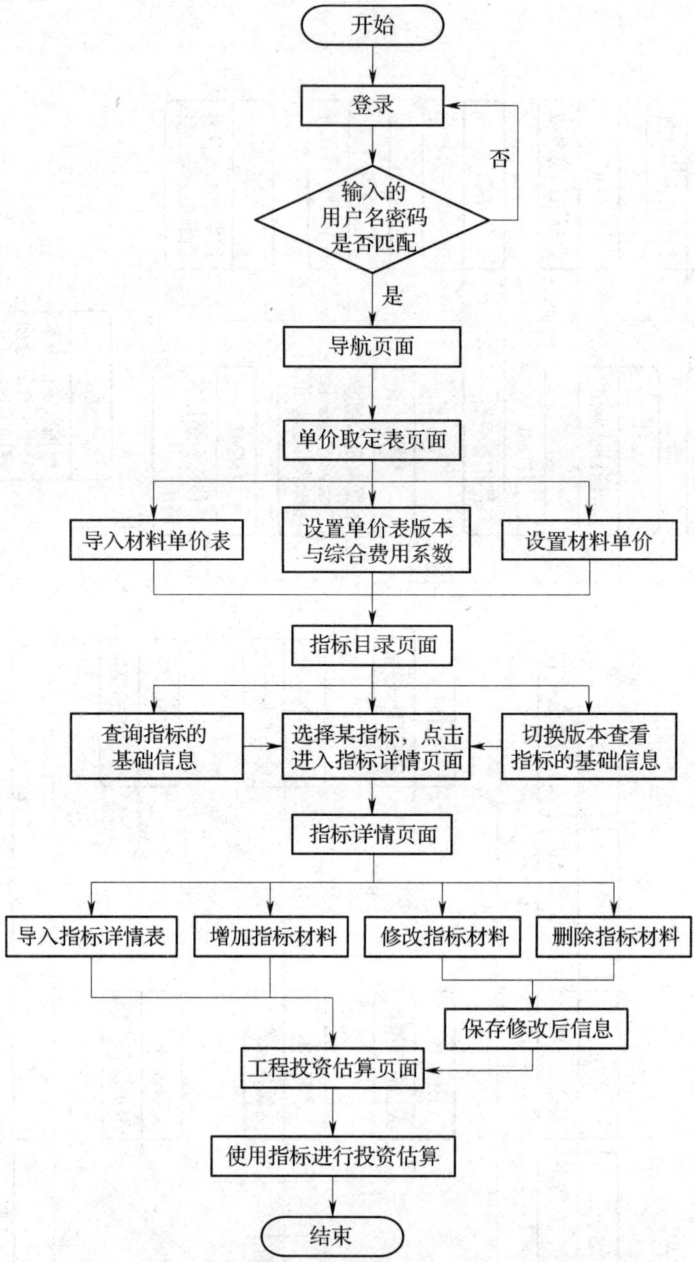

图 3-4 城市轨道交通投资估算平台使用流程图

（三）软件主要功能设置

导入指标表程序可以通过编程完成多 Sheet 页且为复杂 Excel 表格的信息由 Excel 表格保存至数据库功能，完成线上查看、添加、修改、删除等操作。

1. 查询、编辑和导出人员

人员管理页面中的查询、编辑和导出功能提供了管理人员信息的功能。

Add（添加）方法点击填入人员信息来新增一个人员，并赋予其初始密码，使其可登入该平台。Edit（编辑）方法点击修改人员信息，用于更新人员信息，不可修改其密码。

Delete（删除）方法点击删除人员，删除人员后，该人员不可登录该平台。Query（查询）方法按照人员名称模糊查询人员，用于简便管理人员，可快速修改和删除信息。Export(导出）方法点击下载当前页面中的人员信息，下载格式为Excel表格。

2. 章节及单价表版本查询并计算指标目录

指标目录页面中的查询、切换版本功能提供了查看指标目录信息的功能。

Query（查询）方法切换单价表版本和章节进行查询并重新计算，根据指标编号查询该指标表用到的所有材料名称，根据该版本的材料单价及系数进行重新计算该指标表的指标基价，展示到指标目录的指标基价列，便于对比不同单价版本下同一指标表的指标基价。可单独切换单价表版本，可单独选择章节，也可联动查询计算。Export（导出）方法点击下载当前页面中的指标信息，下载格式为Excel表格。

3. 导入、查看和编辑指标表

指标表导入、查看和编辑功能提供了线上访问指标表的功能。

导入一个新章节指标表，或点击已有的指标表，应使用导入或查看的方法。Import(导入）方法可快速将一个或多个指标表的基础数据添加或更新到数据库对应的数据表格中。Add（添加）方法可在已有指标表中添加某项材料名称及数量信息计算并更新该指标表各个合计。Edit（编辑）方法指标表双击已有材料名称在弹出层中修改其数量，计算和更新该指标表各个合计。Delete（删除）方法右击已有材料名称弹窗确定删除该材料名称及数量，重新计算并更新该指标表各个合计。

4. 单价表版本切换查询并计算综合、分项指标表目录

使用Switch（单价表版本切换）方法查询综合、分项指标目录中所有指标表格，根据指标编号查询该指标表用到的所有材料名称，根据该版本的材料单价及系数进行重新计算该指标表的指标基价，展示到综合、分项指标目录的指标基价列，便于对比不同单价版本下同一指标表的指标基价。

5. 导入、查看、另存为和编辑单价取定表

导入一版单价表可快速将几百上千条材料名称、编号、单位、单价等信息，由Excel表格添加到数据库对应表格中，可在Import（导入）弹窗中对该信息的版本号及系数进行规定。

切换单价表版本后点击材料对应的Edit（修改），在弹出层中修改该版本下的某材料对应的编码、材料名称、单位和单价等基础信息。切换单价表版本后点击某材料对应的Delete（删除）后在弹窗中确认，即可将该单价表版本下的该条材料信息删除。切换单价版本后点击Export（导出），即可将该单价版本中数据库所有材料基础信息导出到本地Excel表格中。点击Add（添加）按钮在弹出层中填入版本、编码、材料名称、单位、单价等基础信息，提交后即可为某版本单价添加一条材料信息。点击Save（另存为），弹出层中可规定另存为版本名称及系数，即可保存材料基础信息都相同但对应系数不同的单价版本。

第四章　市域（郊）铁路计价标准及造价指标

第一节　市域（郊）铁路现状分析

纵观世界城市轨道交通发展历程，通常从规划层面将服务于城市的轨道交通线划分为两个层次：一是轨道交通市区线（M 线，R 线）；二是轨道交通市郊线（S 线或市域快速轨道交通线）。其中 M 线要服务于中心城区；R 线又称为市区快线，服务于中心城区与近郊，兼顾中心城区，一般为中心城区轨道线路的延伸；S 线是顺应城市空间结构由单中心向多中心发展，服务于中心城区与新城和远郊组团的快速轨道交通线路。

市域（郊）铁路在国外被证明是支持和引导大城市发展的最佳选择。从国际大城市群市域（郊）铁路发展经验来看，城市群范围内均有十分发达的市域（郊）铁路网络系统与中心城市发达的地铁系统相配合，其线路总长度也往往都远大于地铁网络线路总长度，形成“内轨外铁”的一体化轨道交通网络。世界五大城市群市域（郊）铁路与地铁线路总长度见表 4–1。由表 4–1 可知，五大城市群中市域（郊）铁路占轨道交通线路长度的比例均超过 80%。

表 4–1　世界五大城市群市域（郊）铁路与地铁线路长度及比例

城市	纽约	莫斯科	巴黎	伦敦	东京
地铁（km）	400	327.5	211	414	327
市域铁路（km）	1 632	2 390.2	1 296	3 071	2 013
市域铁路占比（%）	80.3	87.9	85.9	88.1	86

随着经济的快速发展和城市规模的不断扩大，一些主要城市开始由单中心模式向多中心模式发展，引起客流特征和城市公共交通构成的变化。我国传统的以地铁为主的城市轨道交通系统，难以满足城市群发展过程中乘客对于城区与市郊之间、城市与城市之间的出行需求，这种需求需要一种能够有效衔接城市周边与城市中心地区、大运量、快速的城市轨道交通系统来满足。市域（郊）铁路是位于中心城区与其他城镇组团间、组团式城镇间或与大中城市具有同城化需求的城镇间，服务于通勤、通学、通商等规律性客流，具有高速度、公交化等特征的快速客运铁路，是城市综合交通体系的重要组成部分。市域（郊）铁路与城市发展息息相关，对城市政治、经济、文化发展都具有重要保障作用，其越来越受到政府管理部门和行业技术领域专家学者的重视。

2017 年 6 月 20 日，国家发展改革委、住房城乡建设部、交通运输部、国家铁路局和中国铁路总公司联合发布了《关于促进市域（郊）铁路发展的指导意见》（发改基础〔2017〕1173 号）；2020 年 12 月 7 日，国务院办公厅转发了国家发展改革委、交通运输部、国家铁路局、中国国家铁路集团有限公司《关于推动都市圈市域（郊）铁路加快发展的意见》（国办函〔2020〕116号）。这两份直接与市域（郊）铁路密切相关的重要文件均提出，要重点支持京津冀、粤港澳大湾区、长三角、成渝、长江中游等“财力有支撑”“客流有基础”“发展有需求”的地区，规划建设都市圈市域（郊）铁路，强化都市圈内中心城市的城区与周边城镇组团便捷通勤，其他条件适宜地区有序推进。在两份文件中推出了六个区域共计10个示范工程，如表4–2所示。

表4–2　国内市域（郊）铁路示范工程

序号	地区	项目名称	线路长度（km）	车站数	日开行对数
1	北京	副中心线	32.7	5	4
2	北京	S2线	108.3	6	14～18
3	北京	怀柔—密云线	135.6	6	2
4	天津	津蓟线	113	10	6～9
5	天津	京蓟线	82	3	2
6	天津	京津城际延伸线	45	4	28
7	上海	金山线	56.4	8	37
8	浙江	宁波—绍兴线	128	5	8～10.5
9	四川	成灌铁路	94.2	21	33
10	海南	海口市郊列车	38	6	13

各地在陆续开展市域（郊）铁路建设时，需要了解和掌握市域（郊）铁路相关文件的主要内容，以便更好地指导和应用于市域（郊）铁路规划、设计和建设管理过程中。

一、《国务院办公厅转发国家发展改革委等单位关于推动都市圈市域（郊）铁路加快发展意见的通知》（国办函〔2020〕116号）

（1）市域（郊）铁路新建线路单程通行时间宜不超过1h，设计速度宜为100～160km/h，平均站间距原则上不小于3km，早晚高峰发车间隔不超过10min，具体技术标准应根据客流需求、服务范围、工程条件、用地标准等合理确定。

（2）都市圈所在地城市政府是发展市域（郊）铁路的责任主体。对符合市域（郊）铁路功能定位和技术标准相关要求的市域快轨、市域快线、市域铁路等，统筹纳入市域（郊）铁路规划管理。全面放开改造既有铁路开行市域（郊）列车的项目实施条件，城市政府和铁路企业协商决策后即可组织实施。

（3）跨越城市行政区域的规划编制及实施由省级发展改革部门做好统筹。都市圈市域（郊）铁路建设规划的报批和审核，比照城市轨道交通建设规划管理的相关规定执行，并做好与国土空间规划等衔接。

（4）新建市域（郊）铁路项目由省级发展改革部门严格依据国家批准的规划按程序审批（核准），严禁以新建市域（郊）铁路名义变相建设地铁、轻轨项目。加强市域（郊）

铁路与干线铁路、城际铁路、城市轨道交通一体化衔接。

（5）创新铁路企业与地方政府合作方式，通过自主运营、合作运营、委托运营、购买服务等市场化方式，因地制宜、因线施策合理选择市域（郊）铁路运营管理模式，实现互利共赢。

二、《国务院办公厅转发国家发展改革委等单位关于进一步做好铁路规划建设工作意见的通知》（国办函〔2021〕27号）

（1）各地要根据国家级铁路发展规划，按照需求导向、效益为本的原则，编制城际、市域（郊）等区域性铁路发展规划并按程序报批。加强与国家铁路企业的沟通协调，统筹推进干线铁路、城际铁路、市域（郊）铁路和城市轨道交通多网融合、资源共享、支付兼容，具备条件的线路尽快实现安检互信、票制互通。

（2）城际铁路、市域（郊）铁路、支线铁路及铁路专用线以有关地方和企业出资为主，项目建设单位可自主选择建设运营方式。中国国家铁路集团有限公司要为项目建设单位办理与国家铁路接轨手续提供便利条件，及时开展评估论证，在开工前办完接轨手续。

三、《关于促进市域（郊）铁路发展的指导意见》（发改基础〔2017〕1173号）

（1）着力扩大市域（郊）铁路公交化运营服务的有效供给，鼓励发展多层次、多模式、多制式的轨道交通系统，完善城市综合交通运输体系，更好地适应都市圈和城市群发展新要求。

（2）新建市域（郊）铁路的规划应按照项目功能定位、标准制式等纳入相关线网及建设规划，并在规划方案、建设规模、标准制式等方面与国家有关部门做好衔接，按现行规划管理相关规定报批。市域（郊）铁路新建项目由省级政府审批，批复文件抄送国家发展改革委、住房城乡建设部、交通运输部、国家铁路局等相关部门。

（3）新建市域（郊）铁路线路要严格落实城市公交化服务的各项要求，为群众切实提供全程安全、便捷、贴心的运输服务。

（4）积极支持通过企业债券、公司债券、非金融企业债务融资工具等方式融资。鼓励金融租赁公司研发适合市域（郊）铁路特点的金融产品，采用直接租赁、售后回租等形式提供融资服务。

（5）鼓励多种制式，支持技术创新，推进新型装备研发及产业化。鼓励支持地方和企业推进技术与管理创新，建立健全符合我国国情的市域（郊）铁路技术标准体系。

发展市域（郊）铁路是促进都市圈城市协调发展、发挥中心城镇辐射带动作用的重要手段。随着京津冀、长三角、粤港澳等城市群的发展，市域（郊）铁路发展越来越受重视。在市域（郊）铁路工程建设管理过程中，工程造价是制约其发展的一个重要影响因素。工程造价的确定和采用计价标准有直接关系。目前国内缺少直接应用于市域（郊）铁路工程的计价标准，在市域（郊）铁路工程造价确定时，采用城市轨道交通工程计价标准，还是采用铁路工程计价标准，或者采用哪种计价标准更符合工程特点、更加合理可行，是市域（郊）铁路工程建设过程中备受争议也备受各方关注的一个现实问题。开展市域（郊）铁路投融资及管理模式、计价标准和造价指标等研究工作，对于解决市域（郊）铁路工程实际问题、推进市域（郊）铁路工程建设具有重要参考价值和指导意义。

第二节 市域（郊）铁路投融资及管理模式

市域（郊）线规划建设应贯彻“经济可持续”原则，从规划、设计、投融资、建设至运营多方位为实现项目经济可持续创造有利条件，积极引入社会资本参与市域快线建设及运营。

一、责任主体

都市圈所在地城市政府是发展市域（郊）铁路的责任主体。为加强责任主体与有关部门或机构间的权责明晰、协调管理，建议从以下三个方面着手，成立相关主管部门、建设部门。

（1）宜明确政府牵头部门或组织机构，以有效推动前期规划和立项工作。

（2）宜组建或指定建设单位公司，以负责组织市域（郊）铁路的可研和建设工作。

（3）宜成立面向区域、政府层面的，产权清晰、责任明确的专项管理机构，按责权利一致原则组建合作项目公司，开展项目管理工作，以满足市域（郊）铁路跨行政区域、多元化投资的需求。

二、规划审批

（1）跨越城市行政区域的规划编制及实施由省级发展改革部门做好统筹。

（2）新建市域（郊）铁路项目由省级发展改革部门严格依据国家批准的规划按程序审批（核准）。

经统计，各地市域（郊）铁路工程初步设计概算审批牵头单位大致分为以下几类：发改部门（如北京市、重庆市、深圳市、南京市等），建设主管部门（上海市），当地交通主管部门（广州市），也有由政府指定的其他部门进行审批的情况（如郑州轨道办）。各地市域（郊）铁路审批情况详见表 4–3。

表 4–3 各地市域（郊）铁路审批情况表

序号	地区	线路名称	交通类型	管理层级	批复单位		初步设计审批流程
					工可	初步设计	
1	北京	平谷线	市域铁路	市管项目	北京市发展和改革委员会	方案：北京市规划和自然资源委员会；概算：北京市发展和改革委员会	1. 北京市基础设施投资有限公司将初设文件上报北京市规划和自然资源委员会，北京市规划和自然资源委员会委托专家审查初步设计方案； 2. 方案批复后，北京市发展和改革委员会委托咨询公司审查概算； 3. 北京市发展和改革委员会批复初步设计概算

续表 4–3

序号	地区	线路名称	交通类型	管理层级	批复单位		初步设计审批流程
					工可	初步设计	
2	上海	嘉闵线、崇明线	市域铁路	市管项目	上海市发展和改革委员会	上海市住房和城乡建设管理委员会	1. 上海申铁投资有限公司（嘉闵线）、上海申通地铁集团有限公司（崇明线）将初设文件上报上海市住房和城乡建设管理委员会； 2. 上海市住房和城乡建设管理委员会委托上海投资咨询集团有限公司组织专家审查，并由上海市发展和改革委员会会签； 3. 上海市住房和城乡建设管理委员会批复初步设计及概算
3	广州	广花城际、芳白城际	城际铁路	省管项目	广州市发展和改革委员会	广州市交通运输局	1. 广州地铁集团有限公司将初设文件上报广州市交通运输局，广州市交通运输局委托专家审查所有设计方案； 2. 广东省交通运输厅造价事务中心组织概算审查； 3. 广州市交通运输局批复初步设计及概算
4	深圳	深大城际、大鹏支线、前皇、机前	城际铁路	省管项目	深圳市发展和改革委员会	方案：深圳市轨道交通建设指挥部办公室； 概算：深圳市发展和改革委员会	1. 深圳市地铁集团有限公司将初设上报深圳市轨道交通建设指挥部办公室，深圳市轨道交通建设指挥部办公室组织初步设计（初稿）专家预评审会暨深圳市政府预审查会，完成审查后报广东省交通运输厅； 2. 广东省交通运输厅委托鉴定中心审查后，深圳市轨道交通建设指挥部办公室批复初步设计方案； 3. 深圳市发展和改革委员会进行概算审查，批复初步设计概算
		深惠城际	城际铁路	省管项目	广东省发展和改革委员会	广东省交通运输厅	1. 深圳市地铁集团有限公司将初设上报深圳市轨道交通建设指挥部办公室，深圳市轨道交通建设指挥部办公室组织初步设计（初稿）专家预评审会暨深圳市政府预审查会，完成审查后报广东省交通运输厅； 2. 广东省交通运输厅委托鉴定中心审查； 3. 广东省交通运输厅批复初步设计及概算

续表 4–3

序号	地区	线路名称	交通类型	管理层级	批复单位		初步设计审批流程
					工可	初步设计	
5	重庆	璧铜线、江跳线	城际铁路	市管项目	重庆市发展和改革委员会	方案：重庆市住房和城乡建设委员会；概算：重庆市发展和改革委员会	1. 重庆市铁路集团有限公司将初设文件上报重庆市住房和城乡建设委员会； 2. 重庆市住房和城乡建设委员会委托专家审查设计方案，批复方案； 3. 重庆市发展和改革委员会委托咨询公司审查概算，重庆市发展和改革委员会批复初步设计概算
6	南京、马鞍山	宁马城际	城际铁路	省管项目	江苏省发展和改革委员会、安徽省发展和改革委员会	江苏省发展和改革委员会、安徽省发展和改革委员会	1. 南京地铁集团有限公司和马鞍山市楚江城际轨道交通有限公司将初设文件上报江苏省发展和改革委员会、安徽省发展和改革委员会； 2. 江苏省发展和改革委员会、安徽省发展和改革委员会共同委托咨询公司审查； 3. 江苏省发展和改革委员会、安徽省发展和改革委员会分别批复各自省内段初步设计及概算
7	雄安	R1 线	区域快线	省管项目	河北省发展和改革委员会	河北省发展和改革委员会	1. 雄安轨道快线有限责任公司将初设文件上报雄安新区改革发展局，雄安新区改革发展局委托专家审查后报河北省发展和改革委员会； 2. 河北省发展和改革委员会委托咨询单位审查后，河北省发展和改革委员会批复初步设计及概算

三、投融资及管理模式

城际铁路、市域（郊）铁路、支线铁路及铁路专用线以有关地方和企业出资为主，项目建设单位可自主选择建设运营方式。根据统计，市域（郊）铁路投融资模式目前主要以传统的“政府出资 + 债务资金”为主，同时也存在地方政府和社会资本方共同出资的 PPP 模式。

以下整理了国内部分市域（郊）的投融资及建设运营模式。

（一）新建线路模式

1. 上海嘉闵线、崇明线、南汇支线（两港市域铁路）

基本以传统轨道交通模式政府财政出资本金 + 债务资金（银行贷款或地方债）方式，后期由上海申通地铁集团有限公司负责运营。

2. 粤港澳大湾区（新建）城际铁路建设

广东省政府对粤港澳大湾区（新建）城际铁路建设的牵头单位由原广东省铁投集团调整为广州、深圳两市，按照广州都市圈及深圳都市圈项目推动建设，同时新建城际铁路项目省政府不再出资，出资主体分别由广州、深圳市地铁集团牵头，会同沿线各市共同筹措项目资本金。

（1）广州都市圈。政府层面，设立了省政府城际铁路建设指挥部、广州都市圈 7 市联合指挥部、广佛同城化领导小组等机构；企业层面，成立了广佛莞中珠五市企业层面联合项目工作组，对项目规划、立项和建设具体协调（广花城际、芳白城际基本是由社会资本委托广州地铁运营购买服务）。

（2）深圳都市圈。深圳市城际铁路基本采用 PPP 模式，项目资本金比例 50%，由地方政府和社会资本方共同出资，以地方政府出资为主，后期由深圳地铁集团有限公司组建市域线运营公司负责运营。

3. 杭州至海宁城际铁路

采用 PPP 模式，项目资本金比例 50%，资本金中社会资本方出资比例为 65%，政府方出资比例为 35%（运营授权委托浙江省轨道交通运营管理集团有限公司）。

4. 成灌线

由成都铁路局和成都市共同出资建设，项目资本金占总投资的 50%，其中成都铁路局出资 70%，成都市出资 30%，其余资金申请贷款。由成都轨道交通集团与成都铁路局合资的成都市域铁路公司负责建设与管理，由成都铁路局托管运营。2019 年成都站扩能改造完成前，成都市对成灌铁路（含彭州支线）公交化运营现金流亏损进行补贴（铁路局运营，与地方政府签订购买服务协议的方式）。

5. 宁波至余姚城际（新建）

由宁波市及上海铁路局签订了路地双方《既有萧甬铁路开行宁波至余姚城际客车框架协议》，明确由地方以全额资本金方式（宁波和余姚两级政府各承担 50%）成立项目公司——宁波市城际铁路发展有限公司，承担全部既有铁路适应性改造费用及车辆购置费，委托上海铁路局运营管理（铁路局运营，与地方政府签订购买服务协议的方式）。

6. 温州市域 S1 线（新建）

温州市铁路与轨道交通投资集团有限公司与社会投资者合作，共同组建温州幸福轨道交通公司，由其作为项目法人和融资平台，吸引国有资本、企业资本和自然人资本共同参与建设。项目资本金比例为 50%，其中资本金的 50% 由财政出资解决，另外 50% 资本金由企业和自然人出资解决，债务资金通过银行贷款方式筹集（由共同组建温州幸福轨道交通公司负责运营）。

（二）利用既有线路模式

1. 北京市郊 S1 线、S2 线及东北环线

S1 线由北京市政府和国家铁路集团共同出资建设；S2 线由北京市基础设施投资有限

公司、北京铁路局作为北京市政府和国家铁路集团的出资人代表共同出资组建北京城市铁路投资发展有限公司，股比各为50%；东北环线采用PPP模式，北京铁路局以既有铁路作价入股，组建市域（郊）铁路平台公司（利用或改造铁路既有线路模式，由北京铁路局运营，与地方政府签订购买服务协议的方式）。

2. 上海金山铁路（利旧改造）

上海金山铁路是由上海市政府提出改造需求，上海市政府同国家铁路集团签订合作协议，上海铁路局代表国家铁路集团与上海市出资单位共同组建项目公司，并受委托负责运营管理（上海铁路局运营，与地方政府签订购买服务协议的方式）。

各地市域（郊）铁路投融资及管理模式如表4–4所示。

表4–4　各地市域（郊）铁路投融资及管理模式

序号	城市	线路名称	交通类型	投融资方式	管理模式
一、新建线路模式					
1	上海	嘉闵线、崇明线	市域铁路	传统政府出资本金+债务资金	上海申通地铁集团有限公司负责运营
2	广州	广花城际、芳白城际	城际铁路	采用PPP模式，项目资本金比例50%，其中40%由地方政府出资、60%由社会资本方出资	由社会资本方委托广州地铁运营购买服务
3	深圳	深大城际、大鹏支线、前皇、机前	城际铁路	采用PPP模式，项目资本金比例50%，由地方政府和社会资本方共同出资，以地方政府出资为主	深圳地铁集团有限公司组建市域线运营公司负责运营
		深惠城际	城际铁路		
4	杭州	杭州至海宁	城际铁路	采用PPP模式，项目资本金比例50%，社会资本方出资比例为65%，政府方出资比例为35%	浙江杭海城际铁路有限公司，运营授权委托浙江省轨道交通运营管理集团有限公司
5	成都	成灌铁路	市域铁路	成都铁路局出资70%，成都市出资30%，其余资金申请贷款	由成都铁路局托管运营
6	温州	S1/S2/S3	市域铁路	采用PPP模式，其中资本金的50%由财政出资，另外50%由企业和自然人出资解决，债务资金通过银行贷款方式筹集	温州市铁路与轨道交通投资集团有限公司与社会投资者合作，共同组建温州幸福轨道交通公司运营
7	南京、马鞍山	宁马城际	城际铁路	传统政府出资本金+债务资金	南京地铁集团有限公司和马鞍山组建市域公司负责运营

续表 4–4

<table>
<tr><th>序号</th><th>城市</th><th>线路名称</th><th>交通类型</th><th>投融资方式</th><th>管理模式</th></tr>
<tr><td colspan="6">二、利用既有线路模式</td></tr>
<tr><td rowspan="3">1</td><td rowspan="3">北京</td><td>S1 线</td><td>市域铁路</td><td>S1 线由北京市政府和国家铁路集团共同出资建设</td><td rowspan="2">利用国铁既有线路模式；由铁路局运营，与地方政府签订购买服务协议的方式</td></tr>
<tr><td>S2 线</td><td>市域铁路</td><td>S2 线由北京市基础设施投资有限公司、北京铁路局作为北京市政府和原铁道部的出资人代表共同出资组建北京城市铁路投资发展有限公司，股比各为 50%</td></tr>
<tr><td>东北环线</td><td>市域铁路</td><td>采用 PPP 模式，铁路局以既有铁路作价入股，组建市域（郊）铁路平台公司</td><td>PPP 公司具体负责 B 部分项目的投资、融资、建设，既有资产的改造，以及 A 部分、既有资产和 B 部分的运营</td></tr>
<tr><td>2</td><td>上海</td><td>金山线</td><td>市域铁路</td><td>国家铁路集团、上海市政府按 51%、49% 共同出资建设</td><td>由上海铁路局运营，与地方政府签订购买服务协议的方式</td></tr>
</table>

四、小结

（一）投融资及管理模式类型

经研究分析，目前我国市域（郊）铁路投融资及管理模式主要有以下几种类型。

1. 新建项目

（1）政府投资，由政府承担建设项目资本金模式。可将新建项目的规划、融资、设计、建造和运营管理等工作委托给相关企业，并对其相关工作进行监督（如上海嘉闵线、崇明线、南汇支线、南宁宁马城际、北京平谷线）。

（2）政府和社会资本合作模式（PPP）。目前此种方式在近几年实施的项目中采用较多，通常由政府通过公开采购方式引入有投融资、运营能力的社会资本方，政府与中选社会资本方共同设立项目公司，负责项目的投融资、建设、运营、维护等工作。旨在提升基础设施和公共服务供给的数量、质量和效率（如重庆璧铜线、江跳线、天津静海线、杭州、温州、台州等市域线）。

此模式应遵循“利益共享、风险共担”的原则，实现“政府、企业和群众三方共赢”，通常适用于建设期政府财政出资能力有限（但须通过财政承受能力论证，且地方政府 PPP 项目财政支出确有空间），相关企业建设及运营管理能力不足，需要通过 PPP 模式引进先进管理经验，提升所在城市轨道交通行业整体发展水平的情况。此时应优先选择客流较好、内生现金流较好的项目采用 PPP 模式。

（3）其他投融资模式。各地正在积极探索多元化投融资方式，包括基础设施证券投资基金（REITs）、存量项目通过PPP模式变现筹集资金用于新建项目的方式、股权合作并捆绑周边土地综合开发等方式。

2. 利用既有铁路项目

（1）政府购买服务模式。政府购买服务模式指直接利用既有铁路富余能力或利用既有铁路作价入股，地方政府向铁路局等支付委托运营管理费及路网使用费用于购买增开市域快线的运输服务；或利用既有铁路，路地双方成立合资公司，改扩建后，合资公司委托铁路局等运营并支付委托运营管理费及路网使用费的方式。此模式适用于既有铁路沿线具有较强的通勤出行需求，且地方政府对既有铁路无控制权的情况（北京S1线、S2线、东北环线）。

（2）资产租赁模式。资产租赁模式指地方政府通过资产租赁的方式取得既有铁路使用权后，由地方政府的相关企业负责运营管理的方式。此模式适用于地方政府具有轨道交通运营管理能力，既有铁路产权不发生转移或地方政府一次性回购既有铁路产权出资压力较大的情况。

（3）股权回购模式。股权回购模式指地方政府通过股权收购或股权置换等方式获得既有铁路项目所有权，由地方政府的相关企业负责运营管理的方式。此模式适用于地方政府具有轨道交通运营管理能力且财力较为充足的情况（郑州K2线模式）。

（4）其他。如引进除铁路局、地方政府之外的第三方社会资本，还可采用政府和社会资本合作模式（PPP）等。

（二）模式特点

通过分析，目前我国市域（郊）铁路国铁模式具有如下特点：

（1）缺乏竞争力，城区范围内采取高铁通勤方式，客流吸引力不足，线路缺乏竞争力，在政府已难以维系城区范围内城际铁路模式的情况下，进一步增加了政府财政压力。

（2）整体效果不佳，目前国内委托国铁运营的市域（郊）铁路，无论是新建、利旧还是改造，在客流效益、运营成本、社会反响上，整体效果都不太理想。

（3）互联互通实施难度大，因体制、审批权限等问题，大部分城市的城际铁路都是自主建设，且不同产权公司的线路，在接轨站通过列车交权的方式实现跨线运营时，交权时间较长。

（4）难以实现盈利，由于客流、票价等因素制约，本质上仍需政府负责出资还贷，自身的运营难以实现盈利。“政府投资＋银行贷款”的投融资模式，对银行贷款的依赖度较大，模式较为单一，只是将出资期限拉长，用未来的财政收入保障项目的提前建设，潜在效率低。

（5）政府财政压力较大，目前我国市域（郊）铁路基本上都是先期政府直接投资、后期再给予运营补贴的投融资模式，是政府决策、政府投资、政府提供的典型代表。政府作为市域（郊）铁路项目的直接投资主体，其承担的财政压力相对较大。

第三节　市域（郊）铁路造价编制标准

一、编制依据

（一）设计标准

目前我国市域（郊）铁路设计标准，主要有以下三类：

1. 行业标准

（1）《市域（郊）铁路设计规范》（TB 10624—2020）。

（2）《市域快速轨道交通设计标准》（CJJ/T 314—2022）。

2. 地方标准

《上海市域铁路设计规范（试行）》（T/SHJX 002—2018）。

该规范为新建设计速度为200km/h及以下，仅运行动车组列车的标准轨距市域铁路标准。

3. 团体标准

（1）中国土木工程学会，《市域快速轨道交通设计规范》（T/CCES 2—2017）。

（2）中国铁道学会，《市域铁路设计规范》（T/CRSC 0101—2017）。

（3）中国城市轨道交通协会，《市域快轨交通技术规范》（T/CAMET 01001—2019）。

（二）计价依据

目前市域（郊）铁路计价标准主要依据住房城乡建设部、国家铁路局颁发的相关计价文件：

（1）《城市轨道交通工程设计概算编制办法》（建标〔2017〕89号）。

（2）《市政工程投资估算编制办法》（建标〔2007〕164号）。

（3）《市政工程设计概算编制办法》（建标〔2011〕1号）。

（4）《城市轨道交通工程项目建设标准》（建标〔2008〕57号）。

（5）《铁路基本建设工程投资估算预估算编制办法》（国铁科法〔2018〕101号，以下简称"101号文"）。

（6）《铁路基本建设工程投资估算预估算费用定额》（国铁科法〔2018〕102号，以下简称"102号文"）。

（7）《铁路基本建设工程设计概（预）算编制办法》（国铁科法〔2017〕30号，以下简称"30号文"）。

（8）《铁路基本建设工程设计概（预）算费用定额》（国铁科法〔2017〕31号，以下简称"31号文"）。

（9）与工程有关的图纸、技术说明及工程数量。

（10）其他相关文件与资料。

二、计价体系

根据以上文件的采用情况，计价体系大致可以分为以下四种：

（一）铁路工程计价体系

即全部采用铁路工程的编制办法和计价依据体系，采用此种体系的基本以铁路既有线改造、增设左右线、电气化改造等为主，后期为铁路部门运营。例如，市域（郊）铁路磨心坡至合川线项目、环北京城际铁路（廊坊—香河）等，基本沿用国铁的系统，同时车辆以CRH6型动车组为主。该计价体系，在新建线路中较少采用。

（二）铁路编制办法为主导，轨道交通+铁路计价依据综合体系

即采用铁路编制办法，同时综合采用轨道交通和铁路计价依据。此类工程主要为铁路既有线注资，存在与铁路跨线、过轨运营等情况，后期运营由铁路部门负责运营或铁路及地方双方成立联合体公司运营；或由地方建设为主，为了降低造价缓解地方财政压力，部分工程采用铁路计价依据（供电方式以交流 AC25kV，车辆以市域车或动车组为主）。例如，北京市域（郊）铁路东北环线、重庆市域（郊）铁路跳磴至江津线、重庆市域（郊）铁路璧山至铜梁线、市郊铁路重庆中心城区至永川线等工程。

（三）城市轨道编制办法为主导，轨道交通 + 铁路计价依据综合体系

即采用城市轨道交通编制办法，同时综合采用轨道交通和铁路计价依据。此类工程建设以地方为主，但存在铁路接入或铁路注资等情况，同时为了降低造价缓解地方财政压力，部分工程采用铁路计价依据（供电方式以交流 AC25kV，车辆以市域车或动车组为主）。目前广州、深圳、上海多采用该计价体系，例如，广州东至花都天贵线、深圳至惠州城际铁路前海保税区至坪地段、上海轨道交通市域线机场联络线、上海轨道交通市域线嘉闵线、上海南汇支线（两港市域铁路）等工程。

（四）城市轨道计价体系

即全部采用城市轨道交通的编制办法和计价依据体系，此类市域（郊）建设方基本以地方轨道交通公司为主（供电方式直流 1 500V 或交流 AC25kV，车辆以市域车为主）。例如，杭州至海宁城际铁路、台州市域铁路 S1 线一期、温州市域铁路 S2 线、南宁市市域（郊）铁路机场线、宁波至奉化城际铁路、合肥新桥机场 S1 线、杭州至德清市域铁路、南京至马鞍山市域（郊）铁路（南京段）、金华—义乌—东阳城际铁路、雄安新区至北京大兴国际机场快线等工程。

该计价体系是目前国内华东地区新建市域（郊）铁路最为常见的计价方式。

三、计价标准

（一）编制办法

市域（郊）铁路所采用的编制办法，根据情况不同，主要采用铁路、城市轨道两类编制办法。

1. 铁路编制办法为主导的计价体系

以下情况以铁路编制办法（101 号文、30 号文等）为依据：

（1）铁路既有支线铁路、货运铁路的电气化改造。

（2）既有铁路改造、注资，同时存在新建市域部分，与既有铁路存在互联互通运营。

（3）除地下车站或旅客站房（铁路办法也可执行地方计价依据），大部分采用铁路计价依据，尤其是站后系统基本采用铁路的制式和计价依据体系。

（4）后期以铁路方式主导运营，政府给铁路以补贴。

（5）为了有效降低造价，缓解地方财政压力，部分工程采用铁路定额（供电方式以交流 AC25kV 为主，车辆以市域车或动车组为主）。

（6）可研、初设项目的评审、批复须通过鉴定中心和国家铁路局。

因评审、批复较为麻烦，地方对此种模式熟悉度不高，尚未普遍应用。

2. 城市轨道交通编制办法为主导的计价体系

目前华东地区多数新建市域（郊）铁路工程等采用该种方式。

（二）计价依据采用

1. 铁路编制办法为主导的计价体系

主要采用《铁路工程基本定额》（TZJ 2000—2017）等 14 项铁路工程造价标准、《铁路工程补充预算定额（第一册）》（铁总建设〔2017〕324号）、《铁路工程补充预算定额（第二册）》（铁总建设〔2019〕26号）、《铁路工程概算定额（第一册　路基工程）》（TZJ 2101—2018）等13项铁路工程造价标准。

各地也因实际情况不同，结合采用当地城市轨道交通计价依据，但因目前尚无标准约定，各地采用情况各不相同，详见表4–5。

表4–5　部分市域（郊）铁路计价依据采用情况表

序号	项目名称	铁路部分	地下段及其他	站房及房建部分
1	北京铁路枢纽东北环增建二线及相关工程可行性研究	除站房、车辆段等工程外，其余全部采用铁路定额	地下车站范围基坑开挖、地下结构、装修等	根据101号文、30号文规定：旅客站房级站房综合楼的房屋工程等可采用工程所在地的地区统一定额编制，本项目的地面车站、高架车站、车辆段全部采用2016年《北京市建设工程计价依据——概算定额》对应的市政、房建定额
2	新建市域（郊）铁路（轨道交通延长线）跳磴至江津线工程	采用定额： （1）改移道路、公路桥采用交通部2007年第33号公布的《公路工程预算定额》（JTG/T B06–02—2007）及《铁路路基工程预算定额》（铁建设〔2010〕223号）等29项计价标准的通知，缺项者采用类似定额补充。 （2）路基、桥涵、隧道、轨道等工程：根据工程数量，采用《铁路路基工程预算定额》（铁建设〔2010〕223号）等29项计价标准的通知进行编制，缺项者采用类似定额补充。 （3）车辆段：线下土建部分根据工程数量，采用《铁路路基工程预算定额》（铁建设〔2010〕223号）等29项计价标准的通知进行编制，缺项者采用类似定额补充。 （4）补充定额的采用对现行定额中的缺项部分，参照现行定额使用情况及编制说明和有关规定，根据调查、收集的资料补充单价分析	采用定额： （1）车站（不含高架车站上部房屋）及配套的风、水、电工程、通信、信号、信息、屏蔽门、电扶梯、直流牵引供电：参照“城市轨道定额”进行编制，取费执行“轨道费用定额”“城市轨道编制办法”。 （2）工艺设备部分参考市场信息	采用定额： （1）高架车站上部房屋：根据工程数量，房屋建筑采用重庆市建设委员会颁布的《重庆市建筑工程概算定额》（渝建发〔2006〕48号），取费执行相关配套费用定额，缺项部分采用2008年的《重庆市建筑工程计价定额》。 （2）车辆段：房屋（含车站装修工程）：根据工程数量，房屋建筑采用重庆市建设委员会颁布的《重庆市建筑工程概算定额》（渝建发〔2006〕48号），取费执行相关配套费用定额，缺项部分采用2008年的《重庆市建筑工程计价定额》

续表 4–5

序号	项目名称	铁路部分	地下段及其他	站房及房建部分
3	市域（郊）铁路璧山至铜梁线工程初步设计	（1）改移道路公桥根据交通运输部公告2018年86号《公路工程预算定额》（JTG/T 3832—2018）及《铁路工程基本定额》（国铁科法〔2017〕33号）等14项计价标准的通知进行编制。 （2）路基、桥涵、隧道、轨道、停车场（含轨道等，不含生产及办公房屋、工艺设备及附属工程中的室外安装工程）等站前工程，根据工程数量，采用《铁路工程基本定额》（国铁科法〔2017〕33号）等14项计价标准的通知进行编制，缺项者采用类似定额补充	通信、信号、供电、综合监控、FASBAS、安防及门禁、暖通、给排水与消防、自动售检票、车站（土建、装饰及车站辅助设备）、运营控制中心、停车场（仅含生产及办公房屋、工艺设备及附属工程中的室外安装工程）、人防等站后工程，根据工程数量，采用2018年《重庆市城市轨道交通工程计价定额》（渝建〔2018〕200号）测算指标编制	通信、信号、供电、综合监控、FASBAS、安防及门禁、暖通、给排水与消防、自动售检票、车站（土建、装饰及车站辅助设备）、运营控制中心、停车场（仅含生产及办公房屋、工艺设备及附属工程中的室外安装工程）、人防等站后工程，根据工程数量，采用重庆市“2018计价定额”测算指标编制

2. 城市轨道交通编制办法为主导的计价体系

结合各地轨道交通计价标准的计价依据情况，区分地下、地面、安装、市政等专业工程计价依据进行补充完善。经统计，计价依据采用原则大体如下：

（1）地下车站、地下区间结构、高架区间的土建工程、桥建分离高架车站的桥梁部分、路基工程、轨道工程及全线设备系统（除段场外）采用当地轨道交通计价标准（地下车站和地下明暗挖区间、全线的设备系统应优先采用轨道交通；山岭隧道、高架桥、路基工程根据设计标准可参照当地市政计价标准）。

（2）高架车站（桥建合一）、桥建分离高架车站的上部结构、地面车站的房屋建筑结构工程，优先采用当地现行的建筑工程计价标准。

（3）地面建筑物（车辆基地、主变电所、运营控制中心）、构筑物等房屋建筑工程，采用当地现行的建筑工程计价标准。

（4）建筑装饰工程，采用当地现行的建筑装饰工程计价标准。

（5）配套市政设施，道路工程、车辆基地站场土石方工程、室外给排水管网工程、燃气工程、路灯工程、交通设施工程、电力管道（含外电）、给排水管线改迁、燃气管线改迁、通信管道、20kV及以下电力改迁工程等采用当地现行的市政工程计价标准。

（6）检修工艺设备工程，除高架、地面车站以外的地面房屋常规机电安装工程采用当地现行的安装工程计价标准。

（7）园林建筑、绿化工程，采用当地现行的园林建筑绿化工程计价标准。

（8）主变电所变配电工程、35kV及以上电力电缆改迁及恢复工程、通信电缆和光缆改迁和恢复工程，在当地相关计价标准尚未发布前，暂采用相关部委发布的计价标准。

（三）工料机价格选用及取费问题

铁路信息价都是按季度出刊，而地方信息价大部分以月出刊，人工费和材料价存在一定的偏差，采用铁路和城市轨道混用的体系，存在同工不同酬、同材不同价的问题。

目前大部分地方市域线采用铁路与城市轨道混用时，为了避免同一材料不同价格的问题，就是采用铁路计价依据也大部分采用当地信息价，不再参考铁路信息价，也避免后期调差原则和方式的不统一问题。但人工费与对应计价依据配套，不能采用铁路计价依据而选用当地人工。同工不同酬的问题目前暂时无法解决（铁路信息价基本以铁路内部集采为主，如项目建设管理为地方，很难以铁路价格实际购买）。

工程建设其他费如按铁路编制办法计取，结尾费用不能分段计取，例如建设单位管理费不能根据地下段和地面段分开计算，利息也不能根据工期分段分开计取等。

四、编制范围及单元划分

（一）铁路编制办法为主导的计价体系

根据《铁路基本建设工程投资估算预估算编制办法》（国铁科法〔2018〕101号）、《铁路基本建设工程设计概（预）算编制办法》（国铁科法〔2017〕30号）等相关要求，划分编制单元范围，结合综合估算章节表的要求，分工程类别编制。

其中技术复杂的特大桥、大桥、中桥（指最大基础水深在10m以上的桥梁或有正交异性板钢梁等特殊结构的桥梁）；机车库、县级及以上旅客站房（含站房综合楼）等大型房屋以及投资较大、工程复杂的新技术工点等，应按工点分别编制单项估算。

（二）城市轨道交通编制办法为主导的计价体系

根据《城市轨道交通工程设计概算编制办法》（建标〔2017〕89号）相关要求，并参考有关地区城市轨道概算编制规定，结合项目特点、设计分工和项目建设管理的需要，在基本规定的基础上对估概算编制单元划分进行调整。

第四节　市域（郊）铁路造价指标分析

一、投资控制

根据《国务院办公厅转发国家发展改革委等单位关于推动都市圈市域（郊）铁路加快发展意见的通知》（国办函〔2020〕116号）和《国务院办公厅转发国家发展改革委等单位关于进一步做好铁路规划建设工作意见的通告》（国办函〔2021〕27号）：

（1）市域（郊）铁路新建线路单程通行时间宜不超过1h，设计速度宜为100~160km/h，平均站间距原则上不小于3km。

（2）合理确定新线敷设方式，原则上以地面建设为主，困难路段可考虑采用高架方式，进出枢纽的个别路段可研究采用地下方式。从严控制工程造价，新建线路直接工程费用一般不高于同一地区轻轨工程费用的75%。

（3）新建城际铁路、市域（郊）铁路的功能定位、建设标准等发生重大变化，或线路里程、直接工程费用（扣除物价上涨因素）等与建设规划相比增幅超过20%的，要履行建设规划调整程序。

（4）城际铁路、市域（郊）铁路、支线铁路及铁路专用线以有关地方和企业出资为主，项目建设单位可自主选择建设运营方式。中国国家铁路集团有限公司要为项目建设单位办理与国家铁路接轨手续提供便利条件，及时开展评估论证，在开工前办完接轨手续。

二、经济指标分析

为全面分析市域（郊）铁路造价指标情况，根据所收集资料，按铁路系统和城市轨道系统分别分析了各项经济指标：

（一）铁路系统

1. 样本点

选取了重庆市域（郊）铁路（轨道交通延长线）跳磴至江津线工程、重庆市域（郊）铁路［轨市域（郊）铁路］璧山至铜梁线工程以及北京铁路枢纽东北环增建二线及相关工程，共三条线路。

2. 项目概况

三条线的敷设方式：地面＋高架占比将近80%，地下段占比将近20%，同时车站间距比较远，平均间距在4公里以上，正线公里车站规模不大，平均在2 300m^2/正线公里左右。

车辆以双流车、城际快线车、市域车为主，速度目标值在140～200km/h。

3. 造价指标

线路工程投资总指标基本在3.2亿元/正线公里以内（有特殊情况基本是占用国铁既有线的征拆费用占比过大），静态投资平均指标基本在2.8亿元/正线公里以内，静态投资＋车辆平均指标基本控制在3.0亿元/正线公里以内。

各项目造价指标具体情况，详见表4–6。

（二）城市轨道系统

1. 样本点

选取了台州市域铁路S1线一期工程、天津中心城区至静海市域（郊）铁路首开段工程、温州市域铁路S2线工程、合肥新桥机场S1线工程、南京至马鞍山市域（郊）铁路（南京段）、上海南汇支线（两港市域铁路）工程，共六条线路。

2. 项目概况

六条线路敷设方式：高架段占比都在50%～60%，站间距4.0km以上，车站面积基本控制在4 500m^2/正线公里以内。

车辆以市域B型车和市域D型车为主，速度目标值120～200km/h。

3. 造价指标

线路工程投资总指标基本在4.6亿元/正线公里以内；直接工程费指标平均控制在2.8亿元/正线公里以内；直接工程费＋车辆费基本控制在3.0亿元/正线公里以内。

各项目造价指标具体情况，详见表4–7。

表 4–6　市域（郊）铁路（铁路）造价指标分析表

序号	项目名称	市域（郊）铁路（轨道交通延长线）跳磴至江津线工程概算	市域（郊）铁路［轨市域（郊）铁路］璧山至铜梁线工程概算	北京铁路枢纽东北环增建二线及相关工程可研
1	工程数量（线路长度，正线公里）	28.22	37.50	58.99
（1）	其中：高架线长度（km）/ 占线路长度比例（%）	20.25/72	17.253/46.01	2.496/4.2
（2）	其中：地面线长度（km）/ 占线路长度比例（%）	2.17/8	10.711/28.56	49.45/83.74
（3）	其中：地下线及隧道长度（km）/ 占线路长度比例（%）	5.8/21	9.537/25.43	7.045/11.9
2	车站数量（座）/ 车站总面积（m^2）/ 平均车站面积（m^2）	6 /47 126/7 854	9 /219 855.84/15 704	15 /111 426/53 959
	其中：正线公里车站面积（m^2）	1 948.26	2 151.36	2 803.61
3	平均站间距（km）	4.70	4.17	3.93
4	项目总投资（亿元）	88.04	92.28	219.94
5	技术经济指标（亿元）	3.12	2.46	3.73
（1）	其中：工程费用技术经济指标			
（2）	其中：静态投资技术经济指标	2.74	2.27	3.37
（3）	静态投资 + 车辆	3.00	2.33	3.61
6	车辆	山地 As 双流制型车 6–6–7 辆编组	200km/h 城际快线车	200km/h 市域 D 型车（C2）
7	数据阶段	2019 年 8 月，概算数据	2020 年 9 月，概算编制期	2022 年 6 月，上报可行性研究

续表 4–6

序号	项目名称	单位	市域（郊）铁路（轨道交通延长线）跳磴至江津线工程概算			市域（郊）铁路［轨市域（郊）铁路］璧山至铜梁线工程概算			北京铁路枢纽东北环增建二线及相关工程可研		
			工程数量	概算金额（万元）	技术经济指标（万元）	工程数量	概算金额（万元）	技术经济指标（万元）	工程数量	估算金额（万元）	技术经济指标（万元）
	第一部分：静态投资	正线公里	28.22	773 986.43	27 426.88	37.50	849 963.13	22 665.68	58.99	1 985 522.60	33 658.63
	第二部分：动态投资	正线公里	28.22	32 248.32	1 142.75	37.50	47 427.94	1 264.75	58.99	70 170.35	1 189.53
	第三部分：机车车辆购置费	正线公里	28.22	73 800.00	2 615.17	37.50	25 200.00	672.00	58.99	143 040.00	2 424.82
	第四部分：铺底流动资金	正线公里	28.22	338.64	12.00	37.50	240.00	6.40	58.99	708.56	12.01
	估（概）算总额	正线公里	28.22	880 373.39	31 196.80	37.50	922 831.07	24 608.83	58.99	2 199 441.51	37 284.99

注：1. 本表中的数据为四舍五入后的数值，下同；

2. 技术经济指标表示单位工程数量的估（概）算金额，下同。

表 4–7 市域（郊）铁路（城市轨道）造价指标分析表

序号	项目名称	台州市域铁路 S1 线	天津中心城区至静海市域（郊）铁路首开段工程	温州 S2 线
1	工程数量（线路长度，正线公里）	51.84	13.40	63.63
（1）	其中：高架线长度（km）/ 占线路长度比例（%）	29.221/54.4	11.28/84.2	52.613/82.67
（2）	其中：地面线长度（km）/ 占线路长度比例（%）		1.38/10.3	1.51/2.37
（3）	其中：地下线及隧道长度（km）/ 占线路长度比例（%）	17.214/33.2	0.74/5.5	9.514/14.95
2	车站数量（座）/ 车站总面积（m^2）/ 平均车站面积（m^2）	15 /251 002.5/16 733.5	3 /54 845.4/18 281.8	20 /218 041.3/10 902.07
	其中：正线公里车站面积（m^2）	4 841.87	4 092.94	3 426.71
3	平均站间距（km）	3.46	4.47	3.27
4	项目总投资（亿元）	223.34	59.89	261.90
5	技术经济指标（亿元）	4.31	4.47	4.12
（1）	其中：工程费用技术经济指标	2.67	3.02	2.35
（2）	其中：直接工程投资指标（含车辆）	2.92	3.26	2.59
6	车辆	140km/h 市域 D 型车	120km/h 市域 B 型车（CBTC）	140km/h 市域 D 型车
7	数据阶段	2016 年 10 月，初步设计已批复	2021 年 7 月，初步设计已批复	2021 年 9 月，初步设计已批复

续表 4–7

序号	项目名称	单位	台州市域铁路 S1 线			天津中心城区至静海市域（郊）铁路首开段工程			温州 S2 线		
			工程数量	概算金额（万元）	技术经济指标（万元）	工程数量	概算金额（万元）	技术经济指标（万元）	工程数量	概算金额（万元）	技术经济指标（万元）
第一部分：工程费用		正线公里	51.84	1 383 873.18	26 695.08	13.40	404 742.73	30 204.68	63.63	1 492 247.18	23 451.94
第二部分：工程建设其他费用		正线公里	51.84	493 362.57	9 517.02	13.40	112 108.59	8 366.31	63.63	731 651.68	11 498.53
第三部分：预备费		正线公里	51.84	93 861.79	1 810.61	13.40	25 842.57	1 928.55	63.63	111 194.94	1 747.52
第四部分：专项费用		正线公里	51.84	262 337.00	5 060.51	13.40	56 167.00	4 191.57	63.63	283 943.00	4 462.41
1	车辆购置费	辆		132 300.00	—	40	32 000.00	800	37	155 400.00	4 200.00
2	建设期贷款利息	正线公里	51.84	128 777.00	2 484.12	13.40	23 767.00	1 773.66	63.63	127 063.00	1 996.90
3	铺底流动资金	辆		1 260.00	—	40.00	400.00	10.00	37.00	1 480.00	40.00
概算总额		正线公里	51.84	2 233 434.54	43 083.23	13.40	598 860.89	44 691.11	63.63	2 619 036.80	41 160.41

续表 4–7

序号	项目名称	合肥新桥机场 S1 线工程	南京至马鞍山市域（郊）铁路（南京段）	南汇支线（两港市域铁路）工程
1	工程数量（线路长度，正线公里）	47.5	26.51	34.86
（1）	其中：高架线长度（km）/ 占线路长度比例（%）	23.77/50.04	14.52/54.8	27.65/79.3
（2）	其中：地面线长度（km）/ 占线路长度比例（%）		1.036/3.9	0.09/0.3
（3）	其中：地下线及隧道长度（km）/ 占线路长度比例（%）	23.71/49.92	10.95/41.3	7.12/20.4
2	车站数量（座）/ 车站总面积（m^2）/ 平均车站面积（m^2）	14 /219 855.84/15 704	8 /118 872.3/14 859	6 /157 022.0/26 170.3
	其中：正线公里车站面积	4 628.54	4 484.06	4 504.36
3	平均站间距（km）	3.650	3.31	5.81
4	项目总投资（亿元）	231.05	151.37	138.52
5	技术经济指标（亿元）	4.86	5.71	3.97
（1）	其中：工程费用技术经济指标	2.98	3.29	2.41
（2）	其中：直接工程投资指标（含车辆）	3.14	3.44	2.41
6	车辆	120km/h 市域 B 型车（CBTC）	120km/h 市域 B 型车（CBTC）	160km/h 市域动车组（CTCS2+ATO）
7	数据阶段	2021 年 10 月，初步设计已批复	2021 年 12 月，初步设计已批复	2021 年 12 月，初步设计已批复

续表 4–7

序号	项目名称	单位	合肥新桥机场 S1 线工程			南京至马鞍山市域（郊）铁路（南京段）			南汇支线（两港市域铁路）工程		
			工程数量	概算金额（万元）	技术经济指标（万元）	工程数量	概算金额（万元）	技术经济指标（万元）	工程数量	概算金额（万元）	技术经济指标（万元）
第一部分：工程费用		正线公里	47.50	1 417 121.03	29 834.13	26.51	872 165.55	32 899.49	34.86	838 927.56	24 065.62
第二部分：工程建设其他费用		正线公里	47.50	590 166.25	12 424.55	26.51	453 662.02	17 112.86	34.86	373 799.58	10 722.88
第三部分：预备费		正线公里	47.50	100 364.36	2 112.90	26.51	66 291.38	2 500.62	34.86	49 565.84	1 421.85
第四部分：专项费用		正线公里	47.50	202 845.75	4 270.44	26.51	121 557.00	4 585.33	34.86	49 920.00	1 432.01
1	车辆购置费	辆	84	73 080	870	52	40 040	770	32	49 600	1 550
2	建设期贷款利息	正线公里	47.50	128 925.75	2 714.23	26.51	80 997.00	3 055.34			
3	铺底流动资金	辆	84.00	840.00	10.00	52.00	520.00	10.00	32.00	320.00	10.00
概算总额		正线公里	47.50	2 310 497.39	48 642.050 3	26.51	1 513 675.95	57 098.30	34.86	519 590.98	14 905.08

第五节 相关建议

（1）建议以下情况，投资估算编制办法和初设概算编制办法采用以铁路工程的101号文、102号文、30号文、31号文以及与之配套的计价依据体系为主：

1）项目以铁路既有线改造、增设左右线、电气化改造、既有线注资、存在与国铁跨线、过轨运营；

2）各系统设计标准沿用铁路制式、车辆制式基本以高铁CRH动车组；

3）后期运营以铁路部门为主导。

（2）建议以下情况，投资估算和初设概算采用以城市轨道交通编制办法及计价体系为主：

1）项目以地方政府出资为主，同时车辆制式为市域车，后期运营以地方轨道公司或组建地方市域运营公司；

2）设计标准主要以城市轨道标准，同时部分工程（如山岭隧道、高架桥、路基等）为了降低投资、缓解地方财政压力等可采用此体系。

（3）建议根据项目具体情况，从顶层设计统一设计标准：

目前市域（郊）线设计标准较多，同时更新也快，有行业标准、团体标准、地方标准等多种设计规范和标准，应该由顶层设计对市域（郊）做统一的标准设计。

（4）建议市域（郊）铁路的投资经济性以总投资为综合考虑对象，根据文件要求市域（郊）线以地面线为准，困难路段可设高架，中心地段采用地下。

从投资控制角度，地面线相比较经济，但同时地面线会涉及大量征地、房屋拆迁和管线改移等因素，也可能存在高架比地面更经济的情况，因此，市域（郊）铁路的投资经济性不能只关注直接工程费，应该从全费用综合考虑，同时还应考虑地面线占用公路资源方面等因素。

（5）建议从站间距、目标时速等技术层面合理控制投资：

1）站间距、正线公里面积对线路造价影响较大，从理论上说站间距在满足客流需求条件下应越大越好，正线公里面积在满足设计规范和管理要求情况下应越小越好。

2）在满足速度目标值，以及与其他线路互联互通的情况下，建议尽量选择适用小直径区间的车辆，以节约土建投资。

第五章　城市轨道交通工程不同地区造价指标

针对国内七大片区（东北、西北、华北、华中、西南、华东及华南）的主要城市，编制组精选了20多条城市轨道交通示范项目，对其主要的项目特征、各章节综合造价指标及分项造价指标进行了各层级的分类统计，分析出不同地区典型城市轨道线路的造价指标基本情况，形成了造价指标分析表。

造价指标分析表由项目特征、综合造价指标和分项造价指标三部分组成。项目特征部分根据各项目情况描述，综合造价指标和分项造价指标中各章节造价指标统计部分根据各项目特点分析计算。其中，车站、区间等涉及的工点内容较多，编制组选择了有典型性、代表性的工点进行统计分析。造价指标分析表中其他费用比例为占工程费用比例，建设期贷款利息比例为占总投资比例。

各项目造价指标分析详见表5-1～表5-23。

表5-1　造价指标分析汇总表

序号	片区	项目编号
1	东北	示例项目1～示例项目4
2	西北	示例项目5
3	华北	示例项目6～示例项目8
4	华中	示例项目9、示例项目10
5	西南	示例项目11、示例项目12
6	华东	示例项目13～示例项目19
7	华南	示例项目20～示例项目22

表5-2　造价指标分析表（东北地区，示例项目1）

项目特征			
序号	统计项目	特征描述	备注
1	项目名称	东北地区，示例项目1	
2	设计阶段	初步设计	
3	编制期时间	2015年7月	
4	线路长度（正线公里）	32.180	
5	敷设方式	全地下	
6	车站设置（座）	30	
7	平均站间距（km）	1.073	
8	车辆基地设置	1段	
9	速度目标值（km/h）	80	

续表 5–2

项目特征				
序号	统计项目		特征描述	备注
10	工程费技术经济指标（亿元 / 正线公里）		4.41	
11	全费用技术经济指标（亿元 / 正线公里）		8.13	
12	初期配车	车型	B 型车	
13		编组	6 辆编组，54 列 /324 辆	
14	人工及主要材料单价	人工 土建（元 / 工日）	70	
		人工 安装（元 / 工日）	70	
		混凝土 C40（元 /m^3）	410	
		钢筋 HRB400（元 /t）	3 236	
		水泥 42.5（元 /t）	426	

综合造价指标					
章节	工程及费用名称	数量（正线公里）	指标（万元）	投资（万元）	备注
一	第一部分　工程费用	32.180	44 056.80	1 417 747.80	
1	车站	32.180	16 344.25	525 958.00	
2	区间	32.180	10 709.74	344 639.50	
3	轨道	32.180	1 996.28	64 240.40	
4	通信	32.180	1 357.20	43 674.70	
5	信号	32.180	1 475.17	47 471.10	
6	供电	32.180	4 363.61	140 421.10	
7	综合监控	32.180	0.00	0.00	
8	火灾自动报警、环境与设备	32.180	539.79	17 370.60	
9	安防与门禁	32.180	182.10	5 859.90	
10	通风、空调与采暖	32.180	788.06	25 359.80	
11	给水排水与消防	32.180	760.24	24 464.60	
12	自动售检票（AFC）	32.180	547.37	17 614.50	
13	站内客运设备、站台门	32.180	1 394.03	44 859.80	
14	运营控制中心	32.180	264.63	8 515.70	
15	车辆基地	32.180	2 972.89	95 667.50	
16	人防	32.180	361.42	11 630.60	
二	第二部分　工程建设其他费用	32.180	18 351.49	590 550.80	
三	第三部分　预备费	32.180	3 120.41	100 414.90	
四	第四部分　专项费用	32.180	15 777.68	507 725.90	
投资总额		32.180	81 306.38	2 616 439.40	

续表 5–2

分项造价指标								
章节	工程及费用名称			工程数量	单位	指标（万元）*	投资（万元）	备注
一	第一部分　工程费用			32.180	正线公里	44 056.80	1 417 747.80	
1	车站	车站		32.180	正线公里	16 344.25	525 958.00	
		地下车站（典型）	工法	明挖				
			层数	2				
			建筑面积（m^2）	11 091				
			基坑深度（m）	18.55				
			车站指标	11 090.56	m^2	1.32	14 683.20	
			（一）土建工程	6 686.16	m^2	1.11	7 415.90	
			1. 围护结构	11 612.99	m^3	0.30	3 529.30	
			地下连续墙	11 612.99	m^3	0.30	3 529.30	
			2. 土石方、支撑、降水	62 797.94	m^3	0.02	1 357.10	
			（1）土石方	62 797.94	m^3	0.01	552.50	
			（2）钢支撑		万元		651.10	
			（3）降水		万元		153.50	
			3. 主体结构	11 960.95	m^3	0.21	2 529.50	
			（1）主体结构	11 960.95	m^3	0.19	2 270.40	
			（2）防水	10 973.57	m^2	0.02	259.10	
			（二）建筑装饰工程	9 437.89	m^2	0.11	1 036.10	
			（三）附属工程	4 404.40	m^2	1.41	6 231.20	除土建、装修外其他
2	区间	区间		32.180	正线公里	10 709.74	344 639.50	
		地下区间（典型）	盾构区间	583.55	双延米	10.19	5 945.60	
			盾构类型	普通土压平衡盾构，内径 5.5m，外径 6.2m				注明普通盾构、复合盾构、泥水盾构或 TBM，管片内径 / 外径
			管片厚度（mm）	350.00				

续表 5–2

分项造价指标								
章节	工程及费用名称			工程数量	单位	指标（万元）*	投资（万元）	备注
一	第一部分 工程费用			32.180	正线公里	44 056.80	1 417 747.80	
2	区间	地下区间（典型）	管片宽度（m）	1.50				
			1. 盾构掘进（含吊装、拆等）	1 167.10	m	2.32	2 709.32	
			土压盾构掘进	1 167.10	m	2.32	2 709.32	
			2. 管片	7 741.53	m^3	0.20	1 568.90	
			3. 进出洞加固	1 167.10	m	0.66	767.80	
			4. 同步及二次注浆	1 167.10	m	0.36	424.88	单位含量按单延米统计
			5. 其他	1 167.10	m	0.41	474.70	除以上内容外，不含风险源加固
3	轨道	轨道形式						道床形式等
		轨道		32.180	正线公里	1 996.28	64 240.40	
		正线	1. 铺轨	70.752	铺轨公里	562.31	39 784.50	
			（1）一般段	31.884	铺轨公里	264.06	8 419.30	
			（2）中等减振段	16.661	铺轨公里	345.38	5 754.40	
			（3）高等减振段	9.353	铺轨公里	869.67	8 134.00	含减振垫
			（4）特殊减振段	12.854	铺轨公里	1 359.64	17 476.80	含钢弹簧隔振器
			2. 铺道床（现浇 / 预制）	70.752	铺轨公里	172.79	12 224.90	注明现浇道床还是预制道床
			（1）一般段	31.884	铺轨公里	113.44	3 616.80	现浇
			（2）中等减振段	16.661	铺轨公里	113.43	1 889.90	现浇
			（3）高等减振段	9.353	铺轨公里	244.30	2 284.90	现浇
			（4）特殊减振段	12.854	铺轨公里	344.90	4 433.30	现浇

续表 5–2

分项造价指标								
章节	工程及费用名称			工程数量	单位	指标（万元）*	投资（万元）	备注
一	第一部分　工程费用			32.180	正线公里	44 056.80	1 417 747.80	
3	轨道	正线	3. 铺道岔	42	组	50.90	2 137.80	
			（1）单开道岔	39	组	39.06	1 523.40	
			（2）特种道岔	3	组	204.80	614.40	
		车辆基地铺轨	1. 铺轨	22.152	铺轨公里	190.45	4 218.90	
			2. 铺道床	37 727.00	m^3	0.03	1 114.10	
			（1）无砟道床	6 762.00	m^3	0.06	427.10	
			（2）粒料道床	30 965.00	m^3	0.02	687.00	
			3. 铺道岔	63	组	27.26	1 717.10	
			（1）单开道岔	62	组	25.09	1 555.40	
			（2）特种道岔	1	组	161.70	161.70	
		线路有关工程		92.904	铺轨公里	24.32	2 259.40	
4	通信	通信		32.180	正线公里	1 357.20	43 674.70	
		1. 专用通信系统		32.180	正线公里	852.56	27 435.40	
		2. 公安通信系统		32.180	正线公里	315.50	10 152.90	
		3. 乘客资讯系统		32.180	正线公里	189.14	6 086.40	
5	信号	信号		32.180	正线公里	1 475.17	47 471.10	
		1. 正线		32.180	正线公里	812.66	26 151.50	
		2. 运营控制中心		1	处	2 018.20	2 018.20	
		3. 车辆段			万元		2 585.80	
		4. 停车场						
		5. 试车线		1	条	1 209.60	1 209.60	
		6. 车载设备		54	列	261.60	14 126.60	
		7. 维修与培训中心		1	处	1 067.60	1 067.60	
		8. 其他		32.180	正线公里	9.69	311.80	

续表 5–2

分项造价指标								
章节	工程及费用名称			工程数量	单位	指标（万元）*	投资（万元）	备注
一	第一部分　工程费用			32.180	正线公里	44 056.80	1 417 747.80	
6	供电	供电		32.180	正线公里	4 363.61	140 421.10	
		主变电站	1. 主变电站	2	座	2 075.60	4 151.20	
			变电工程	2	座	2 075.60	4 151.20	
			2. 电力进线		万元		7 546.90	
		变电所	1. 牵引降压混合变电所	13	座	1 654.88	21 513.40	
			2. 降压所	19	座	658.69	12 515.20	
			3. 跟随所	3	座	243.10	729.30	
			4. 其他	1	座	359.60	359.60	开闭所
		环网电缆	环网电缆	32.180	正线公里	464.53	14 948.60	
			环网电缆	295.40	条公里	50.60	14 948.60	
		牵引网（接触轨）	架空接触网	105.48	条公里	169.62	17 891.50	
			（1）正线	78.78	条公里	168.53	13 276.40	
			（2）车辆段	26.70	条公里	172.85	4 615.10	
		杂散电流防护与接地系统	1. 杂散电流防护	32.180	正线公里	70.54	2 270.10	
			2. 接地系统	30	处	89.45	2 683.60	
		供电车间及其他系统		1	处	2 251.70	2 251.70	
		动力与照明	动力与照明	32.180	正线公里	1 562.32	50 275.40	
			（1）车站	419 828.45	m^2	0.10	42 582.60	
			（2）区间	25.070	正线公里	306.85	7 692.80	

续表 5–2

分项造价指标								
章节	工程及费用名称			工程数量	单位	指标（万元）*	投资（万元）	备注
一	第一部分　工程费用			32.180	正线公里	44 056.80	1 417 747.80	
7	综合监控	综合监控						
		1. 车站						
		2. 运营控制中心						
		3. 车辆段						
8	防灾报警、环境与设备监控	防灾报警、环境与设备监控		32.180	正线公里	539.79	17 370.60	
		火灾自动报警（FAS）	火灾自动报警（FAS）	32.180	正线公里	280.08	9 012.90	
			（1）车站	30	站	262.08	7 862.40	
			（2）运营控制中心	1	处	339.00	339.00	
			（3）车辆段	1	处	811.50	811.50	
		环境与设备监控（BAS）	环境与设备监控（BAS）	32.180	正线公里	259.72	8 357.80	
			（1）车站	30	站	272.98	8 189.40	
			（2）运营控制中心	1	处	168.40	168.40	
			（3）车辆段					
9	安防及门禁	安防及门禁		32.180	正线公里	182.10	5 859.90	
		1. 安防系统		32.180	正线公里	120.16	3 866.90	
		2. 门禁系统		32.180	正线公里	61.93	1 993.00	
10	通风、空调与采暖	通风、空调与采暖		32.180	正线公里	788.06	25 359.80	
		1. 车站		30	站	829.41	24 882.20	
		2. 区间		32.180	正线公里	14.84	477.60	

续表 5–2

分项造价指标								
章节	工程及费用名称			工程数量	单位	指标（万元）*	投资（万元）	备注
一	第一部分　工程费用			32.180	正线公里	44 056.80	1 417 747.80	
11	给水排水与消防	给水排水与消防		32.180	正线公里	760.24	24 464.60	
		车站给水排水与消防	车站给水排水与消防	30	站	621.45	18 643.60	
			（1）给水	30	站	449.46	13 483.80	含市政管网接驳
			（2）市政管网接驳					
			（3）自动灭火系统	30	站	171.99	5 159.80	
		区间给水排水与消防		32.180	正线公里	180.89	5 821.00	
12	自动售检票	自动售检票		32.180	正线公里	547.37	17 614.50	
		1. 车站		30	站	532.10	15 962.93	
		2. 运营控制中心		1	处	1 651.60	1 651.60	
		3. 清分系统						
13	站内客运设备、站台门	站内客运设备、站台门		32.180	正线公里	1 394.03	44 859.80	
		站内客运设备	站内客运设备	32.180	正线公里	953.37	30 679.40	
			（1）自动扶梯	312	部	91.91	28 674.60	
			（2）电梯	32	部	35.52	1 136.50	
			（3）轮椅升降台	31	站	28.01	868.30	
		站台门		30	站	472.68	14 180.40	
14	运营控制中心	运营控制中心		32.180	正线公里	264.63	8 515.70	
		1. 房屋		8 190.62	m^2	1.02	8 335.00	包含结构装饰，风、水、电，应急指挥中心
		2. 附属工程					180.70	

续表 5–2

分项造价指标						
章节	工程及费用名称	工程数量	单位	指标（万元）*	投资（万元）	备注
一	第一部分　工程费用	32.180	正线公里	44 056.80	1 417 747.80	
15	车辆基地	32.180	正线公里	2 972.89	95 667.50	
	1. 生产及办公房屋	132 234.44	m^2	0.40	53 098.40	包含风、水、电等
	2. 工艺设备		万元		17 822.80	
	3. 附属工程		万元		20 954.30	
16	人防	32.180	正线公里	361.42	11 630.60	
	人防	30	站	387.69	11 630.60	
二	第二部分　工程建设其他费用	32.180	正线公里	18 351.49	590 550.80	
1	前期工程费	32.180	正线公里	7 187.18	231 283.50	
	1. 征地	737.38	亩	47.10	34 728.40	
	2. 拆迁	86 201.53	m^2	1.99	171 727.00	
	3. 其他前期	32.180	正线公里	771.54	24 828.10	
2	其他费用	32.180	正线公里	11 164.30	359 267.30	
三	第三部分　预备费用	32.180	正线公里	3 120.41	100 414.90	5.00%
四	第四部分　专项费用	32.180	正线公里	15 777.68	507 725.90	
1	车辆购置费	324	辆	650.00	210 600.00	地铁 B 型车
2	建设期贷款利息	32.180	正线公里	9 132.56	293 885.90	11.23%
3	铺底流动资金	330	辆	9.82	3 240.00	
	投资总额	32.180	正线公里	81 306.38	2 616 439.40	

注：* 指标表示单位工程数量的投资金额，单位为“万元”，下同。

表 5–3 造价指标分析表（东北地区，示例项目 2）

项目特征			
序号	统计项目	特征描述	备注
1	项目名称	东北地区，示例项目 2	
2	设计阶段	初步设计	
3	编制期时间	2022 年 11 月	
4	线路长度（正线公里）	6.963	
5	敷设方式	全地下	
6	车站设置（座）	6	
7	平均站间距（km）	1.144	
8	车辆基地设置	不增设场段	
9	速度目标值（km/h）	100	
10	工程费技术经济指标（亿元 / 正线公里）	5.43	
11	全费用技术经济指标（亿元 / 正线公里）	9.56	
12	初期配车 车型	B 型车	
13	初期配车 编组	6 辆编组，13 列 /78 辆	
14	人工及主要材料单价 人工 土建（元 / 工日）	160	
	人工 安装（元 / 工日）	160	
	混凝土 C40（元 /m^3）	504.85	
	钢筋 HRB400（元 /t）	4 628.32	
	水泥 42.5（元 /t）	477.88	

综合造价指标					
章节	工程及费用名称	数量（正线公里）	指标（万元）*	投资（万元）	备注
一	第一部分 工程费用	6.963	54 303.74	378 116.97	
1	车站	6.963	24 999.96	174 074.75	
2	区间	6.963	10 374.85	72 240.06	
3	轨道	6.963	1 268.99	8 835.99	
4	通信	6.963	2 604.39	18 134.39	
5	信号	6.963	1 669.61	11 625.48	
6	供电	6.963	5 281.62	36 775.95	
7	综合监控	6.963	559.94	3 898.84	

续表 5-3

综合造价指标					
章节	工程及费用名称	数量（正线公里）	指标（万元）*	投资（万元）	备注
一	第一部分　工程费用	6.963	54 303.74	378 116.97	
8	火灾自动报警、环境与设备	6.963	661.16	4 603.63	
9	安防与门禁	6.963	253.06	1 762.08	
10	通风、空调与采暖	6.963	1 026.03	7 144.24	
11	给水排水与消防	6.963	1 275.42	8 880.72	
12	自动售检票（AFC）	6.963	1 008.90	7 024.94	
13	站内客运设备、站台门	6.963	1 575.02	10 966.90	
14	运营控制中心	6.963	28.72	200.00	
15	车辆基地	6.963	1 228.36	8 553.06	
16	人防	6.963	487.71	3 395.93	
二	第二部分　工程建设其他费用	6.963	23 468.85	163 413.59	
三	第三部分　预备费	6.963	3 888.63	27 076.53	
四	第四部分　专项费用	6.963	13 904.41	96 816.37	
	投资总额	6.963	95 565.63	665 423.47	

<table>
<tr><td colspan="9">分项造价指标</td></tr>
<tr><td>章节</td><td colspan="3">工程及费用名称</td><td>工程数量</td><td>单位</td><td>指标（万元）*</td><td>投资（万元）</td><td>备注</td></tr>
<tr><td>一</td><td colspan="3">第一部分　工程费用</td><td>6.963</td><td>正线公里</td><td>54 303.74</td><td>378 116.97</td><td></td></tr>
<tr><td rowspan="14">1</td><td rowspan="14">车站</td><td colspan="2">车站</td><td>6.963</td><td>正线公里</td><td>24 999.96</td><td>174 074.75</td><td></td></tr>
<tr><td rowspan="13">地下车站（典型）</td><td>工法</td><td colspan="4">明挖</td><td></td></tr>
<tr><td>层数</td><td colspan="4">2</td><td></td></tr>
<tr><td>建筑面积（m^2）</td><td colspan="4">27 452</td><td></td></tr>
<tr><td>基坑深度（m）</td><td colspan="4">17.70</td><td></td></tr>
<tr><td>车站指标</td><td>16 445.84</td><td>m^2</td><td>1.57</td><td>25 773.16</td><td></td></tr>
<tr><td>（一）土建工程</td><td>10 043.52</td><td>m^2</td><td>1.34</td><td>13 506.23</td><td></td></tr>
<tr><td>1. 围护结构</td><td>6 436.44</td><td>m^3</td><td>0.45</td><td>2 903.53</td><td></td></tr>
<tr><td>钻孔灌注桩</td><td>6 436.44</td><td>m^3</td><td>0.45</td><td>2 903.53</td><td></td></tr>
<tr><td>2. 土石方、支撑、降水</td><td>135 170.75</td><td>m^3</td><td>0.028</td><td>3 737.87</td><td></td></tr>
<tr><td>（1）土石方</td><td>135 170.75</td><td>m^3</td><td>0.02</td><td>2 103.03</td><td></td></tr>
<tr><td>（2）钢支撑</td><td>2 444.900</td><td>t</td><td>0.47</td><td>1 149.52</td><td></td></tr>
</table>

续表 5–3

分项造价指标								
章节	工程及费用名称			工程数量	单位	指标（万元）*	投资（万元）	备注
一	第一部分　工程费用			6.963	正线公里	54 303.74	378 116.97	
1	车站	地下车站（典型）	（3）混凝土支撑	27.73	m^3	0.35	9.69	
			（4）临时立柱	7.00	t	17.20	120.43	
			（5）降水	88	根	4.04	355.20	
			3. 主体结构	20 944.64	m^3	0.33	6 864.83	
			（1）主体结构	20 944.64	m^3	0.30	6 295.20	
			（2）防水	30 232.36	m^2	0.02	569.64	
			（二）出入口、风道土建工程	6 402.32	m^2	1.33	8 507.40	
			（三）建筑装饰工程	16 445.84	m^2	0.11	1 743.65	
			（四）附属工程	16 445.84	m^2	0.12	2 015.87	除土建、装修外其他
2	区间		区间	6.963	正线公里	10 374.85	72 240.06	
		地下区间（典型）	盾构区间	728.21	双延米	12.69	9 239.30	
			盾构类型	土压；内径 5.5m/ 外径 6.2m				注明普通盾构、复合盾构、泥水盾构或 TBM，管片内径 / 外径
			管片厚度（mm）	350.00				
			管片宽度（m）	1.50				
			盾构法	728.21	双延米	12.69	9 239.30	
			1. 盾构掘进（含吊装、掉拆等）	728.21	双延米	6.31	4 595.91	
			土压盾构掘进	1 456.42	m	3.16	4 595.91	
			2. 管片	9 452.65	m^3	0.31	2 925.02	
			3. 进出洞加固	1 456.42	m	0.38	551.95	
			4. 其他	1 456.42	m	0.80	1 166.42	除以上内容外，不含风险源加固

续表 5-3

分项造价指标								
章节	工程及费用名称			工程数量	单位	指标（万元）[*]	投资（万元）	备注
一	第一部分　工程费用			6.963	正线公里	54 303.74	378 116.97	
3	轨道	轨道形式		现浇道床				道床形式等
		轨道		6.963	正线公里	1 268.99	8 835.99	
		正线	1. 铺轨	14.43	铺轨公里	294.33	4 246.84	
			（1）一般段	14.43	铺轨公里	294.33	4 246.84	
			（2）中等减振段					
			（3）高等减振段					
			（4）特殊减振段					
			2. 铺道床（现浇 / 预制）	25 766.00	m^3	0.12	3 175.89	整体道床
			（1）一般段	25 766.00	m^3	0.12	3 175.89	
			（2）中等减振段					
			（3）高等减振段					
			（4）特殊减振段					
			3. 铺道岔	11	组	54.50	599.52	
			（1）单开道岔	10	组	38.71	387.11	
			（2）特种道岔	1	组	212.41	212.41	
		车辆段铺轨	1. 铺轨	0.035	铺轨公里	214.86	7.52	拆除、铺轨及调标准轨费用
			2. 拆除	0.035	铺轨公里	10.86	0.38	
			3. 道床及调标准轨	0.863	m^3	3.29	2.84	

续表 5-3

分项造价指标								
章节	工程及费用名称			工程数量	单位	指标（万元）	投资（万元）	备注
一	第一部分　工程费用			6.963	正线公里	54 303.74	378 116.97	
3	轨道	停车场铺轨	1. 铺轨					
3	轨道	停车场铺轨	2. 铺道床					
3	轨道	停车场铺轨	（1）无砟道床					
3	轨道	停车场铺轨	（2）粒料道床					
3	轨道	停车场铺轨	3. 铺道岔					
3	轨道	停车场铺轨	（1）单开道岔					
3	轨道	停车场铺轨	（2）特种道岔					
3	轨道	线路有关工程		14.46	铺轨公里	55.52	803.00	
4	通信	通信		6.963	正线公里	2 604.39	18 134.39	
4	通信	1. 专用通信系统		6.963	正线公里	1 154.02	8 035.44	
4	通信	2. 公安通信系统		6.963	正线公里	309.99	2 158.44	
4	通信	3. 智慧化（云平台、智能运维）		6.963	正线公里	1 140.39	7 940.51	
5	信号	信号		6.963	正线公里	1 669.61	11 625.48	本线路为延长线，因此信号专业不涉及控制中心投资
5	信号	1. 正线		6.963	正线公里	841.94	5 862.40	
5	信号	2. 车载设备		13	列	260.19	3 382.52	
5	信号	3. 其他		6.963	正线公里	341.89	2 380.57	既有升级改造

续表 5–3

分项造价指标								
章节	工程及费用名称			工程数量	单位	指标（万元）*	投资（万元）	备注
一	第一部分　工程费用			6.963	正线公里	54 303.74	378 116.97	
6	供电	供电		6.963	正线公里	5 281.62	36 775.95	
6	供电	主变电站	其他	6.963	正线公里	359.04	2 500.00	扩容改造
6	供电	变电所	1. 牵引降压混合变电所	3	座	1 701.61	5 104.84	
6	供电	变电所	2. 降压所	3	座	720.51	2 161.52	
6	供电	变电所	3. 其他		万元		519.40	变电所运维管理
6	供电	环网电缆	环网电缆	6.963	正线公里	550.05	3 829.97	
6	供电	环网电缆	环网电缆	70.00	条公里	54.71	3 829.97	
6	供电	牵引网（接触轨）	架空接触网	17.20	条公里	181.82	3 127.34	
6	供电	牵引网（接触轨）	正线	17.20	条公里	181.82	3 127.34	
6	供电	电力监控（SCADA）		6.963	正线公里	130.85	911.09	
6	供电	杂散电流防护与接地系统	1. 杂散电流防护	6.963	正线公里	83.68	582.66	
6	供电	杂散电流防护与接地系统	2. 接地系统	6	处	64.24	385.42	
6	供电	供电车间及其他系统		1	处	3 618.45	3 618.45	
6	供电	动力与照明	动力与照明	6.963	正线公里	2 015.69	14 035.25	
6	供电	动力与照明	（1）车站	106 537.90	m^2	0.11	11 213.24	
6	供电	动力与照明	（2）区间	6.96	正线公里	405.29	2 822.01	

续表 5–3

<table>
<tr><th colspan="9">分项造价指标</th></tr>
<tr><th>章节</th><th colspan="3">工程及费用名称</th><th>工程数量</th><th>单位</th><th>指标（万元）*</th><th>投资（万元）</th><th>备注</th></tr>
<tr><td>一</td><td colspan="3">第一部分　工程费用</td><td>6.963</td><td>正线公里</td><td>54 303.74</td><td>378 116.97</td><td></td></tr>
<tr><td rowspan="4">7</td><td rowspan="4">综合监控</td><td colspan="2">综合监控</td><td>6.963</td><td>正线公里</td><td>559.94</td><td>3 898.84</td><td></td></tr>
<tr><td colspan="2">1. 车站</td><td>6</td><td>站</td><td>249.90</td><td>1 499.38</td><td></td></tr>
<tr><td colspan="2">2. 运营控制中心</td><td>1</td><td>处</td><td>433.22</td><td>433.22</td><td></td></tr>
<tr><td colspan="2">3. 其他</td><td>6.963</td><td>正线公里</td><td>282.38</td><td>1 966.24</td><td>扩容、接入及改造等</td></tr>
<tr><td rowspan="8">8</td><td rowspan="8">防灾报警、环境与设备监控</td><td colspan="2">防灾报警、环境与设备监控</td><td>6.963</td><td>正线公里</td><td>661.16</td><td>4 603.63</td><td></td></tr>
<tr><td rowspan="4">火灾自动报警（FAS）</td><td>火灾自动报警（FAS）</td><td>6.963</td><td>正线公里</td><td>402.05</td><td>2 799.51</td><td></td></tr>
<tr><td>（1）车站</td><td>6</td><td>站</td><td>285.04</td><td>1 710.26</td><td></td></tr>
<tr><td>（2）运营控制中心</td><td>1</td><td>处</td><td>628.50</td><td>628.50</td><td>维修、培训、中央级接入及改造</td></tr>
<tr><td>（3）区间</td><td>6.963</td><td>正线公里</td><td>66.17</td><td>460.76</td><td></td></tr>
<tr><td rowspan="3">环境与设备监控（BAS）</td><td>环境与设备监控（BAS）</td><td>6.963</td><td>正线公里</td><td>259.10</td><td>1 804.13</td><td></td></tr>
<tr><td>（1）车站</td><td>6</td><td>站</td><td>274.70</td><td>1 648.23</td><td></td></tr>
<tr><td>（2）地下区间</td><td>6.963</td><td>正线公里</td><td>22.39</td><td>155.90</td><td></td></tr>
<tr><td rowspan="4">9</td><td rowspan="4">安防及门禁</td><td colspan="2">安防及门禁</td><td>6.963</td><td>正线公里</td><td>253.06</td><td>1 762.08</td><td></td></tr>
<tr><td colspan="2">1. 安防系统</td><td>6.963</td><td>正线公里</td><td>0.00</td><td>0.00</td><td></td></tr>
<tr><td colspan="2">2. 门禁系统</td><td>6.963</td><td>正线公里</td><td>105.15</td><td>732.13</td><td></td></tr>
<tr><td colspan="2">3. 安检系统</td><td>14</td><td>处</td><td>73.57</td><td>1 029.95</td><td></td></tr>
</table>

续表 5–3

<table>
<tr><th colspan="9">分项造价指标</th></tr>
<tr><th>章节</th><th colspan="3">工程及费用名称</th><th>工程数量</th><th>单位</th><th>指标（万元）*</th><th>投资（万元）</th><th>备注</th></tr>
<tr><td>一</td><td colspan="3">第一部分　工程费用</td><td>6.963</td><td>正线公里</td><td>54 303.74</td><td>378 116.97</td><td></td></tr>
<tr><td rowspan="2">10</td><td rowspan="2">通风、空调与采暖</td><td colspan="2">通风、空调与采暖</td><td>6.963</td><td>正线公里</td><td>1 026.03</td><td>7 144.24</td><td></td></tr>
<tr><td colspan="2">车站</td><td>6</td><td>站</td><td>1 190.71</td><td>7 144.24</td><td></td></tr>
<tr><td rowspan="4">11</td><td rowspan="4">给水排水与消防</td><td colspan="2">给水排水与消防</td><td>6.963</td><td>正线公里</td><td>1 275.42</td><td>8 880.72</td><td></td></tr>
<tr><td colspan="2">1. 车站给水排水与消防</td><td>6</td><td>站</td><td>1 060.39</td><td>6 362.32</td><td></td></tr>
<tr><td colspan="2">2. 自动灭火系统</td><td>6</td><td>站</td><td>223.71</td><td>1 342.26</td><td>气灭管网 + 控制</td></tr>
<tr><td colspan="2">3. 区间给水排水与消防</td><td>6.963</td><td>正线公里</td><td>168.91</td><td>1 176.15</td><td></td></tr>
<tr><td rowspan="3">12</td><td rowspan="3">自动售检票</td><td colspan="2">自动售检票</td><td>6.963</td><td>正线公里</td><td>1 008.90</td><td>7 024.94</td><td></td></tr>
<tr><td colspan="2">1. 车站</td><td>6</td><td>站</td><td>704.77</td><td>4 228.65</td><td></td></tr>
<tr><td colspan="2">2. 其他</td><td>6.963</td><td>正线公里</td><td>401.59</td><td>2 796.30</td><td></td></tr>
<tr><td rowspan="5">13</td><td rowspan="5">站内客运设备、站台门</td><td colspan="2">站内客运设备、站台门</td><td>6.963</td><td>正线公里</td><td>1 575.02</td><td>10 966.90</td><td></td></tr>
<tr><td rowspan="3">站内客运设备</td><td>站内客运设备</td><td>6.963</td><td>正线公里</td><td>1 059.60</td><td>7 378.01</td><td></td></tr>
<tr><td>（1）自动扶梯</td><td>71</td><td>部</td><td>94.17</td><td>6 685.76</td><td>含智能运维</td></tr>
<tr><td>（2）电梯</td><td>12</td><td>部</td><td>57.69</td><td>692.24</td><td>含智能运维</td></tr>
<tr><td colspan="2">站台门</td><td>6</td><td>站</td><td>598.15</td><td>3 588.89</td><td>含智能运维</td></tr>
<tr><td rowspan="4">14</td><td rowspan="4">运营控制中心</td><td colspan="2">运营控制中心</td><td>6.963</td><td>正线公里</td><td>28.72</td><td>200.00</td><td>该费用为控制中心接入改造费用</td></tr>
<tr><td colspan="2">1. 房屋</td><td></td><td></td><td></td><td></td><td></td></tr>
<tr><td colspan="2">2. 附属工程</td><td></td><td></td><td></td><td></td><td></td></tr>
<tr><td colspan="2">3. 接入改造费用</td><td></td><td></td><td></td><td></td><td></td></tr>
</table>

续表 5-3

分项造价指标							
章节	工程及费用名称		工程数量	单位	指标（万元）*	投资（万元）	备注
一	第一部分　工程费用		6.963	正线公里	54 303.74	378 116.97	
15	车辆基地	车辆基地	6.963	正线公里	1 228.36	8 553.06	
		1. 生产及办公房屋	6 462.12	m^2	0.59	3 831.06	新建档案馆，含风、水、电及档案馆设备
		2. 工艺设备		万元		4 200.00	
		3. 车辆架修执行智能一体化平台		万元		522.00	
16	人防	人防	6.963	正线公里	487.71	3 395.93	
		人防	6	站	565.99	3 395.93	
二	第二部分　工程建设其他费用		6.963	正线公里	23 468.85	163 413.59	
1	前期工程费	前期工程费	6.963	正线公里	13 944.02	97 092.20	
		1. 征地	22.22	亩	30.00	666.64	
		2. 拆迁	55 825.00	m^2	0.30	16 641.70	
		3. 其他前期	6.963	正线公里	11 458.26	79 783.86	
2	其他费用		6.963	正线公里	9 524.83	66 321.40	17.54%
三	第三部分　预备费用		6.963	正线公里	3 888.63	27 076.53	5.00%
四	第四部分　专项费用		6.963	正线公里	13 904.41	96 816.37	
1	车辆购置费		78	辆	680.00	53 040.00	地铁 B 型车，含智能运维
2	建设期贷款利息		6.963	正线公里	5 834.61	40 626.37	6.11%
3	铺底流动资金		78	辆	10.00	780.00	
4	其他		6.963	正线公里	340.37	2 370.00	既有车辆改造
投资总额			6.963	正线公里	95 565.63	665 423.47	

表 5–4　造价指标分析表（东北地区，示例项目 3）

<table>
<tr><td colspan="7">项目特征</td></tr>
<tr><td>序号</td><td colspan="2">统计项目</td><td colspan="3">特征描述</td><td>备注</td></tr>
<tr><td>1</td><td colspan="2">项目名称</td><td colspan="3">东北地区，示例项目 3</td><td></td></tr>
<tr><td>2</td><td colspan="2">设计阶段</td><td colspan="3">初步设计</td><td></td></tr>
<tr><td>3</td><td colspan="2">编制期时间</td><td colspan="3">2020 年 7 月</td><td></td></tr>
<tr><td>4</td><td colspan="2">线路长度（正线公里）</td><td colspan="3">34.510</td><td></td></tr>
<tr><td>5</td><td colspan="2">敷设方式</td><td colspan="3">全地下</td><td></td></tr>
<tr><td>6</td><td colspan="2">车站设置（座）</td><td colspan="3">29</td><td></td></tr>
<tr><td>7</td><td colspan="2">平均站间距（km）</td><td colspan="3">1.235</td><td></td></tr>
<tr><td>8</td><td colspan="2">车辆基地设置</td><td colspan="3">1 场 1 段</td><td></td></tr>
<tr><td>9</td><td colspan="2">速度目标值（km/h）</td><td colspan="3">80</td><td></td></tr>
<tr><td>10</td><td colspan="2">工程费技术经济指标
（亿元 / 正线公里）</td><td colspan="3">5.09</td><td></td></tr>
<tr><td>11</td><td colspan="2">全费用技术经济指标
（亿元 / 正线公里）</td><td colspan="3">7.88</td><td></td></tr>
<tr><td>12</td><td rowspan="2">初期
配车</td><td>车型</td><td colspan="3">B 型车</td><td></td></tr>
<tr><td>13</td><td>编组</td><td colspan="3">6 辆编组，43 列 /258 辆</td><td></td></tr>
<tr><td rowspan="5">14</td><td rowspan="5">人工及
主要材料
单价</td><td>人工　土建（元 / 工日）</td><td colspan="3">130</td><td></td></tr>
<tr><td>人工　安装（元 / 工日）</td><td colspan="3">130</td><td></td></tr>
<tr><td>混凝土　C40（元 /m³）</td><td colspan="3">386</td><td></td></tr>
<tr><td>钢筋　HRB400（元 /t）</td><td colspan="3">3 610</td><td></td></tr>
<tr><td>水泥　42.5（元 /t）</td><td colspan="3">335</td><td></td></tr>
<tr><td colspan="7">综合造价指标</td></tr>
<tr><td>章节</td><td colspan="2">工程及费用名称</td><td>数量
（正线公里）</td><td>指标
（万元）*</td><td>投资
（万元）</td><td>备注</td></tr>
<tr><td>一</td><td colspan="2">第一部分　工程费用</td><td>34.51</td><td>50 901.53</td><td>1 756 611.87</td><td></td></tr>
<tr><td>1</td><td colspan="2">车站</td><td>34.51</td><td>16 960.10</td><td>585 293.20</td><td></td></tr>
<tr><td>2</td><td colspan="2">区间</td><td>34.51</td><td>13 325.14</td><td>459 850.74</td><td></td></tr>
<tr><td>3</td><td colspan="2">轨道</td><td>34.51</td><td>2 640.41</td><td>91 120.72</td><td></td></tr>
<tr><td>4</td><td colspan="2">通信</td><td>34.51</td><td>1 479.33</td><td>51 051.66</td><td></td></tr>
<tr><td>5</td><td colspan="2">信号</td><td>34.51</td><td>1 484.83</td><td>51 241.59</td><td></td></tr>
<tr><td>6</td><td colspan="2">供电</td><td>34.51</td><td>5 362.94</td><td>185 074.94</td><td></td></tr>
<tr><td>7</td><td colspan="2">综合监控</td><td>34.51</td><td>302.36</td><td>10 434.36</td><td></td></tr>
<tr><td>8</td><td colspan="2">火灾自动报警、环境与设备监控</td><td>34.51</td><td>600.23</td><td>20 714.07</td><td></td></tr>
</table>

续表 5–4

<table>
<tr><td colspan="9">综合造价指标</td></tr>
<tr><td>章节</td><td colspan="3">工程及费用名称</td><td colspan="2">数量（正线公里）</td><td>指标（万元）*</td><td>投资（万元）</td><td>备注</td></tr>
<tr><td>一</td><td colspan="3">第一部分　工程费用</td><td colspan="2">34.51</td><td>50 901.53</td><td>1 756 611.87</td><td></td></tr>
<tr><td>9</td><td colspan="3">安防与门禁</td><td colspan="2">34.51</td><td>273.22</td><td>9 428.89</td><td></td></tr>
<tr><td>10</td><td colspan="3">通风、空调与采暖</td><td colspan="2">34.51</td><td>968.66</td><td>33 428.40</td><td></td></tr>
<tr><td>11</td><td colspan="3">给水排水与消防</td><td colspan="2">34.51</td><td>753.55</td><td>26 005.08</td><td></td></tr>
<tr><td>12</td><td colspan="3">自动售检票（AFC）</td><td colspan="2">34.51</td><td>525.68</td><td>18 141.26</td><td></td></tr>
<tr><td>13</td><td colspan="3">站内客运设备、站台门</td><td colspan="2">34.51</td><td>1 398.48</td><td>48 261.60</td><td></td></tr>
<tr><td>14</td><td colspan="3">运营控制中心</td><td colspan="2">34.51</td><td>323.04</td><td>11 148.14</td><td></td></tr>
<tr><td>15</td><td colspan="3">车辆基地</td><td colspan="2">34.51</td><td>4 093.31</td><td>141 260.04</td><td></td></tr>
<tr><td>16</td><td colspan="3">人防</td><td colspan="2">34.51</td><td>410.23</td><td>14 157.18</td><td></td></tr>
<tr><td>二</td><td colspan="3">第二部分　工程建设其他费用</td><td colspan="2">34.51</td><td>13 482.08</td><td>465 266.48</td><td></td></tr>
<tr><td>三</td><td colspan="3">第三部分　预备费</td><td colspan="2">34.51</td><td>3 219.18</td><td>111 093.91</td><td></td></tr>
<tr><td>四</td><td colspan="3">第四部分　专项费用</td><td colspan="2">34.51</td><td>11 186.17</td><td>386 034.58</td><td></td></tr>
<tr><td colspan="4">投资总额</td><td colspan="2">34.51</td><td>78 788.96</td><td>2 719 006.84</td><td></td></tr>
<tr><td colspan="9">分项造价指标</td></tr>
<tr><td>章节</td><td colspan="3">工程及费用名称</td><td>工程数量</td><td>单位</td><td>指标（万元）*</td><td>投资（万元）</td><td>备注</td></tr>
<tr><td>一</td><td colspan="3">第一部分　工程费用</td><td>34.510</td><td>正线公里</td><td>50 901.53</td><td>1 756 611.87</td><td></td></tr>
<tr><td rowspan="11">1</td><td rowspan="11">车站</td><td colspan="2">车站</td><td>34.510</td><td>正线公里</td><td>16 960.10</td><td>585 293.20</td><td></td></tr>
<tr><td rowspan="10">地下车站（典型）</td><td>工法</td><td colspan="4">明挖</td><td></td></tr>
<tr><td>层数</td><td colspan="4">2</td><td></td></tr>
<tr><td>建筑面积（m^2）</td><td colspan="4">13 661</td><td></td></tr>
<tr><td>基坑深度（m）</td><td colspan="4">19.70</td><td></td></tr>
<tr><td>车站指标</td><td>13 661.32</td><td>m^2</td><td>1.34</td><td>18 339.29</td><td></td></tr>
<tr><td>（一）土建工程</td><td>9 557.00</td><td>m^2</td><td>1.02</td><td>9 745.63</td><td></td></tr>
<tr><td>1. 围护结构</td><td>6 712.22</td><td>m^3</td><td>0.34</td><td>2 268.99</td><td></td></tr>
<tr><td>钻孔灌注桩</td><td>6 712.22</td><td>m^3</td><td>0.34</td><td>2 268.99</td><td></td></tr>
<tr><td>2. 土石方、支撑、降水</td><td>95 570.00</td><td>m^3</td><td>0.024</td><td>2 246.93</td><td></td></tr>
<tr><td>（1）土石方</td><td>95 570.00</td><td>m^3</td><td>0.01</td><td>1 188.79</td><td></td></tr>
</table>

续表 5-4

分项造价指标								
章节	工程及费用名称			工程数量	单位	指标（万元）*	投资（万元）	备注
一	第一部分　工程费用			34.510	正线公里	50 901.53	1 756 611.87	
1	车站	地下车站（典型）	（2）钢支撑	1 827.28	t	0.40	721.88	
			（3）混凝土支撑	2.14	m^3	0.24	0.51	
			（4）降水	52	根	6.46	335.75	
			3. 主体结构	18 592.83	m^3	0.28	5 229.70	
			（1）主体结构	18 592.83	m^3	0.27	4 953.15	
			（2）防水	15 259.44	m^2	0.02	276.55	
			（二）出入口、风道土建工程	4 104.32	m^2	1.19	4 903.78	
			（三）建筑装饰工程	13 084.07	m^2	0.12	1 570.09	
			（四）附属工程	13 661.32	m^2	0.16	2 119.79	除土建、装修外其他
2	区间	区间		34.510	正线公里	13 325.14	459 850.74	
		地下区间（典型）	盾构区间	861.96	双延米	11.51	9 921.21	
			盾构类型	土压；内径 5.5m/ 外径 6.2m				注明普通盾构、复合盾构、泥水盾构或 TBM，管片内径 / 外径
			管片厚度（mm）	350.00				
			管片宽度（m）	1.20				
			盾构法	861.96	双延米	11.51	9 921.21	
			1. 盾构掘进（含吊装、掉拆等）	861.96	双延米	5.90	5 089.20	
			土压盾构掘进	1 723.92	m	2.95	5 089.20	
			2. 管片	11 205.48	m^3	0.30	3 361.64	
			3. 进出洞加固	1 723.92	m	0.36	625.93	
			4. 其他	1 723.92	m	0.49	844.44	除以上内容外，不含风险源加固

续表 5–4

分项造价指标								
章节	工程及费用名称			工程数量	单位	指标（万元）*	投资（万元）	备注
一	第一部分　工程费用			34.510	正线公里	50 901.53	1 756 611.87	
3	轨道	轨道形式		整体道床 + 预制板道床				道床形式等
		轨道		34.510	正线公里	2 640.41	91 120.72	
		正线	1. 铺轨	77.21	铺轨公里	573.47	44 278.27	
			（1）一般段	36.07	铺轨公里	270.54	9 758.48	
			（2）中等减振段	11.37	铺轨公里	381.72	4 340.17	
			（3）高等减振段	12.02	铺轨公里	819.17	9 845.57	含减振垫
			（4）特殊减振段	17.76	铺轨公里	1 144.94	20 334.05	含钢弹簧隔振器
			2. 铺道床（现浇 / 预制）	77.21	铺轨公里	377.30	29 132.04	整体道床
			3. 铺道岔	46	组	81.21	3 735.65	
			（1）单开道岔	41	组	53.42	2 190.17	
			a. 单开道岔（普通道岔）	30	组	39.70	1 191.14	
			b. 单开道岔（特殊减振）	9	组	90.92	818.32	
			c. 减振道岔（减振垫）	2	组	90.36	180.71	
			（2）特种道岔	5	组	309.10	1 545.48	
			a. 特种道岔（普通道岔）	3	组	233.21	699.62	
			b. 特种道岔（特殊减振）	1	组	495.16	495.16	
			c. 普通特种道岔（14m 间距）	1	组	350.70	350.70	

续表 5-4

<table>
<tr><th colspan="9">分项造价指标</th></tr>
<tr><th>章节</th><th colspan="3">工程及费用名称</th><th>工程数量</th><th>单位</th><th>指标（万元）*</th><th>投资（万元）</th><th>备注</th></tr>
<tr><td>一</td><td colspan="3">第一部分　工程费用</td><td>34.510</td><td>正线公里</td><td>50 901.53</td><td>1 756 611.87</td><td></td></tr>
<tr><td rowspan="17">3</td><td rowspan="17">轨道</td><td rowspan="8">车辆段铺轨</td><td>1. 铺轨</td><td>12.34</td><td>铺轨公里</td><td>178.52</td><td>2 203.06</td><td rowspan="8">如场段均有分别统计</td></tr>
<tr><td>2. 铺道床</td><td>23 713.00</td><td>m^3</td><td>0.06</td><td>1 306.18</td></tr>
<tr><td>（1）无砟道床</td><td>3 952.00</td><td>m^3</td><td>0.09</td><td>343.04</td></tr>
<tr><td>（2）粒料道床</td><td>18 741.00</td><td>m^3</td><td>0.04</td><td>732.89</td></tr>
<tr><td>（3）特殊减振地段道床</td><td>1 020.00</td><td>m^3</td><td>0.23</td><td>230.25</td></tr>
<tr><td>3. 铺道岔</td><td>41</td><td>组</td><td>34.25</td><td>1 404.23</td></tr>
<tr><td>（1）单开道岔</td><td>39</td><td>组</td><td>28.17</td><td>1 098.44</td></tr>
<tr><td>（2）特种道岔</td><td>2</td><td>组</td><td>152.90</td><td>305.79</td></tr>
<tr><td rowspan="8">停车场铺轨</td><td>1. 铺轨</td><td>9.64</td><td>铺轨公里</td><td>161.10</td><td>1 552.70</td><td rowspan="8">如场段均有分别统计</td></tr>
<tr><td>2. 铺道床</td><td>13 661.33</td><td>m^3</td><td>0.06</td><td>787.71</td></tr>
<tr><td>（1）无砟道床</td><td>3 330.33</td><td>m^3</td><td>0.11</td><td>376.99</td></tr>
<tr><td>（2）粒料道床</td><td>10 331.00</td><td>m^3</td><td>0.04</td><td>410.72</td></tr>
<tr><td>3. 铺道岔</td><td>32</td><td>组</td><td>39.60</td><td>1 267.24</td></tr>
<tr><td>（1）单开道岔</td><td>29</td><td>组</td><td>27.88</td><td>808.56</td></tr>
<tr><td>（2）特种道岔</td><td>3</td><td>组</td><td>152.89</td><td>458.68</td></tr>
<tr><td colspan="2">线路有关工程</td><td>99.19</td><td>铺轨公里</td><td>54.98</td><td>5 453.61</td><td>线路有关+备品备件+铺轨基地+联络线+电阻+精测网+打磨</td></tr>
<tr><td colspan="9"></td></tr>
<tr><td rowspan="4">4</td><td rowspan="4">通信</td><td colspan="2">通信</td><td>34.510</td><td>正线公里</td><td>1 479.33</td><td>51 051.66</td><td></td></tr>
<tr><td colspan="2">1. 专用通信系统</td><td>34.510</td><td>正线公里</td><td>1 152.31</td><td>39 766.11</td><td></td></tr>
<tr><td colspan="2">2. 安防系统</td><td>34.510</td><td>正线公里</td><td>111.77</td><td>3 857.22</td><td></td></tr>
<tr><td colspan="2">3. 民用通信引入系统</td><td>34.510</td><td>正线公里</td><td>215.25</td><td>7 428.33</td><td></td></tr>
</table>

续表 5-4

分项造价指标								
章节	工程及费用名称			工程数量	单位	指标（万元）*	投资（万元）	备注
一	第一部分　工程费用			34.510	正线公里	50 901.53	1 756 611.87	
5	信号	信号		34.510	正线公里	1 484.83	51 241.59	
		1. 正线		34.510	正线公里	873.93	30 159.33	
		2. 运营控制中心		1	处	2 028.33	2 028.33	
		3. 车辆段		51	联锁道岔	55.37	2 823.93	
		4. 停车场		33	联锁道岔	66.41	2 191.37	
		5. 试车线		1	条	978.87	978.87	1km
		6. 车载设备		43	列	260.07	11 182.89	
		7. 维修与培训中心		2	处	938.44	1 876.87	
6	供电	供电		34.510	正线公里	5 362.94	185 074.94	
		主变电站	1. 主变电站	2	座	6 000.00	12 000.00	
			2. 电力进线	19.30	km	1 000.00	19 300.00	
			3. 其他	34.510	正线公里	2.90	100.00	共享变电所
		变电所	1. 牵引降压混合变电所	17	座	1 840.97	31 296.52	同一单体包含混合降压、牵引变电所
			2. 降压所	14	座	671.15	9 396.10	
			3. 跟随所	4	座	366.78	1 467.10	
		环网电缆	环网电缆	34.510	正线公里	763.10	26 334.63	
			环网电缆	525.40	条公里	50.12	26 334.63	

续表 5–4

分项造价指标								
章节	工程及费用名称			工程数量	单位	指标（万元）*	投资（万元）	备注
一	第一部分　工程费用			34.510	正线公里	50 901.53	1 756 611.87	
6	供电	牵引网（接触轨）	架空接触网	114.30	条公里	162.91	18 620.82	
			（1）正线	78.80	条公里	164.33	12 949.52	
			（2）车辆段	15.50	条公里	159.95	2 479.20	
			（3）停车场	20.00	条公里	159.61	3 192.10	
		电力监控（SCADA）		34.510	正线公里	48.92	1 688.20	
		杂散电流防护与接地系统	1. 杂散电流防护	34.510	正线公里	98.98	3 415.82	
			（1）正线	34.510	正线公里	71.27	2 459.52	
			（2）车辆段	1	处	579.90	579.90	
			（3）停车场	1	处	376.40	376.40	
			2. 接地系统	31	处	51.50	1 596.40	综合接地
		供电车间及其他系统		1	处	6 586.72	6 586.72	
		动力与照明	动力与照明	34.510	正线公里	1 543.69	53 272.63	
			（1）车站	443 773.31	m^2	0.10	45 365.99	
			（2）区间	34.510	正线公里	229.11	7 906.64	

续表 5-4

分项造价指标								
章节	工程及费用名称			工程数量	单位	指标（万元）*	投资（万元）	备注
一	第一部分　工程费用			34.510	正线公里	50 901.53	1 756 611.87	
7	综合监控	综合监控		34.510	正线公里	302.36	10 434.36	
		1. 车站		29	站	279.49	8 105.08	
		2. 运营控制中心		1	处	1 302.24	1 302.24	
		3. 车辆段		1	处	266.85	266.85	
		4. 停车场		1	处	262.34	262.34	
		5. 其他			万元		497.85	维修、培训中心
8	防灾报警、环境与设备监控	防灾报警、环境与设备监控		34.510	正线公里	600.23	20 714.07	
		火灾自动报警（FAS）	火灾自动报警（FAS）	34.510	正线公里	347.12	11 979.17	
			（1）车站	29	站	275.68	7 994.58	
			（2）运营控制中心	1	处	181.47	181.47	含维修培训
			（3）车辆段	1	处	885.90	885.90	
			（4）停车场	1	处	612.16	612.160 0	
			（5）区间	34.510	正线公里	66.79	2 305.06	
		环境与设备监控（BAS）	环境与设备监控（BAS）	34.510	正线公里	253.11	8 734.90	
			（1）车站	29	站	267.21	7 749.05	
			（2）车辆段	1	处	297.12	297.12	
			（3）停车场	1	处	237.08	237.08	
			（4）地下区间	34.510	正线公里	13.09	451.65	

续表 5-4

分项造价指标							
章节	工程及费用名称		工程数量	单位	指标（万元）*	投资（万元）	备注
一	第一部分　工程费用		34.510	正线公里	50 901.53	1 756 611.87	
9	安防及门禁	安防及门禁	34.510	正线公里	273.22	9 428.89	
		1. 安防系统					安防系统列入通信章节
		2. 门禁系统	34.510	正线公里	98.38	3 395.09	
		3. 安检系统	58	处	104.03	6 033.80	
10	通风、空调与采暖	通风、空调与采暖	34.510	正线公里	968.66	33 428.40	
		1. 车站	29	站	962.85	27 922.70	
		2. 区间	34.510	正线公里	24.80	855.70	
		3. 综合支吊架及抗震支吊架	29	站	160.34	4 650.00	
11	给水排水与消防	给水排水与消防	34.510	正线公里	753.55	26 005.08	
		1. 车站给水排水与消防	29	站	540.27	15 667.97	
		2. 自动灭火系统	33	处	201.37	6 645.09	
		3. 区间给水排水与消防	34.510	正线公里	106.98	3 692.02	
12	自动售检票	自动售检票	34.510	正线公里	525.68	18 141.26	
		1. 车站	29	站	581.34	16 858.80	
		2. 运营控制中心	1	处	625.94	625.94	
		3. 车辆段	1	处	284.43	284.43	
		4. 其他	34.510	正线公里	10.78	372.09	维修及培训中心

续表 5-4

<table>
<tr><th colspan="9">分项造价指标</th></tr>
<tr><th>章节</th><th colspan="3">工程及费用名称</th><th>工程数量</th><th>单位</th><th>指标（万元）*</th><th>投资（万元）</th><th>备注</th></tr>
<tr><td>一</td><td colspan="3">第一部分 工程费用</td><td>34.510</td><td>正线公里</td><td>50 901.53</td><td>1 756 611.87</td><td></td></tr>
<tr><td rowspan="5">13</td><td rowspan="5">站内客运设备、站台门</td><td colspan="2">站内客运设备、站台门</td><td>34.510</td><td>正线公里</td><td>1 398.48</td><td>48 261.60</td><td></td></tr>
<tr><td rowspan="3">站内客运设备</td><td>站内客运设备</td><td>34.510</td><td>正线公里</td><td>1 036.86</td><td>35 781.92</td><td></td></tr>
<tr><td>（1）自动扶梯</td><td>346</td><td>部</td><td>95.63</td><td>33 086.68</td><td></td></tr>
<tr><td>（2）电梯</td><td>58</td><td>部</td><td>46.47</td><td>2 695.24</td><td></td></tr>
<tr><td colspan="2">站台门</td><td>29</td><td>站</td><td>430.33</td><td>12 479.68</td><td></td></tr>
<tr><td rowspan="3">14</td><td rowspan="3">运营控制中心</td><td colspan="2">运营控制中心</td><td>34.510</td><td>正线公里</td><td>323.04</td><td>11 148.14</td><td>无费用分摊</td></tr>
<tr><td colspan="2">1. 运营控制中心改造</td><td></td><td>万元</td><td></td><td>2 000.00</td><td></td></tr>
<tr><td colspan="2">2. 智慧地铁</td><td></td><td>万元</td><td></td><td>9 148.14</td><td></td></tr>
<tr><td rowspan="9">15</td><td rowspan="9">车辆基地</td><td colspan="2">车辆基地</td><td>34.510</td><td>正线公里</td><td>4 093.31</td><td>141 260.04</td><td></td></tr>
<tr><td rowspan="4">首府新区车辆段</td><td>车辆基地</td><td>34.510</td><td>正线公里</td><td>2 735.18</td><td>94 390.91</td><td></td></tr>
<tr><td>（1）生产及办公房屋</td><td>94 538.46</td><td>m^2</td><td>0.50</td><td>47 346.61</td><td>包含风、水、电等</td></tr>
<tr><td>（2）工艺设备</td><td></td><td>万元</td><td></td><td>18 421.44</td><td></td></tr>
<tr><td>（3）附属工程</td><td></td><td>万元</td><td></td><td>28 622.86</td><td></td></tr>
<tr><td rowspan="4">迎春街停车场</td><td>车辆基地</td><td>34.510</td><td>正线公里</td><td>1 358.13</td><td>46 869.13</td><td></td></tr>
<tr><td>（1）生产及办公房屋</td><td>58 764.57</td><td>m^2</td><td>0.45</td><td>26 236.04</td><td>包含风、水、电等</td></tr>
<tr><td>（2）工艺设备</td><td></td><td>万元</td><td></td><td>2 449.08</td><td></td></tr>
<tr><td>（3）附属工程</td><td></td><td>万元</td><td></td><td>18 184.01</td><td></td></tr>
</table>

续表 5–4

分项造价指标							
章节	工程及费用名称		工程数量	单位	指标（万元）*	投资（万元）	备注
一	第一部分　工程费用		34.510	正线公里	50 901.53	1 756 611.87	
16	人防	人防	34.510	正线公里	410.23	14 157.18	
		1. 人防	29	站	369.68	10 720.63	车站＋门框封堵＋防护设备辅助安装
		2. 防淹门	29	处	118.50	3 436.55	
二	第二部分　工程建设其他费用		34.510	正线公里	13 482.08	465 266.48	
1	前期工程费	前期工程费	34.510	正线公里	7 073.97	244 122.76	
		1. 征地	715.54	亩	12.98	9 285.64	
		2. 拆迁	93 964.88	m^2	1.31	123 278.79	
		3. 其他前期	34.510	正线公里	3 232.64	111 558.33	
2	其他费用		34.510	正线公里	6 408.11	221 143.72	12.59%
三	第三部分　预备费用		34.510	正线公里	3 219.18	111 093.91	5.00%
四	第四部分　专项费用		34.510	正线公里	11 186.17	386 034.58	
1	车辆购置费		258	辆	670.00	172 860.00	地铁 B 型车
2	建设期贷款利息		34.510	正线公里	6 102.42	210 594.58	7.75%
3	铺底流动资金		258	辆	10.00	2 580.00	
	投资总额		34.510	正线公里	78 788.96	2 719 006.84	

表 5–5 造价指标分析表（东北地区，示例项目 4）

<table>
<tr><td colspan="7">项目特征</td></tr>
<tr><td>序号</td><td colspan="2">统计项目</td><td colspan="3">特征描述</td><td>备注</td></tr>
<tr><td>1</td><td colspan="2">项目名称</td><td colspan="3">东北地区，示例项目 4</td><td></td></tr>
<tr><td>2</td><td colspan="2">设计阶段</td><td colspan="3">初步设计</td><td></td></tr>
<tr><td>3</td><td colspan="2">编制期时间</td><td colspan="3">2020 年第一季度</td><td></td></tr>
<tr><td>4</td><td colspan="2">线路长度（正线公里）</td><td colspan="3">23.013</td><td></td></tr>
<tr><td>5</td><td colspan="2">敷设方式</td><td colspan="3">全地下</td><td></td></tr>
<tr><td>6</td><td colspan="2">车站设置（座）</td><td colspan="3">17</td><td></td></tr>
<tr><td>7</td><td colspan="2">平均站间距（km）</td><td colspan="3">1.354</td><td></td></tr>
<tr><td>8</td><td colspan="2">车辆基地设置</td><td colspan="3">1 段</td><td></td></tr>
<tr><td>9</td><td colspan="2">速度目标值（km/h）</td><td colspan="3">80</td><td></td></tr>
<tr><td>10</td><td colspan="2">工程费技术经济指标
（亿元 / 正线公里）</td><td colspan="3">5.15</td><td></td></tr>
<tr><td>11</td><td colspan="2">全费用技术经济指标
（亿元 / 正线公里）</td><td colspan="3">8.46</td><td></td></tr>
<tr><td>12</td><td rowspan="2">初期
配车</td><td>车型</td><td colspan="3">B 型车</td><td></td></tr>
<tr><td>13</td><td>编组</td><td colspan="3">6 辆编组，23 列 /138 辆</td><td></td></tr>
<tr><td rowspan="5">14</td><td rowspan="5">人工及主
要材料
单价</td><td>人工 土建（元 / 工日）</td><td colspan="3">85</td><td></td></tr>
<tr><td>人工 安装（元 / 工日）</td><td colspan="3">90</td><td></td></tr>
<tr><td>混凝土 C40（元 /m³）</td><td colspan="3">515</td><td></td></tr>
<tr><td>钢筋 HRB400（元 /t）</td><td colspan="3">3 287</td><td></td></tr>
<tr><td>水泥 42.5（元 /t）</td><td colspan="3">531</td><td></td></tr>
<tr><td colspan="7">综合造价指标</td></tr>
<tr><td>章节</td><td colspan="2">工程及费用名称</td><td>数量
（正线公里）</td><td>指标
（万元）*</td><td>投资
（万元）</td><td>备注</td></tr>
<tr><td>一</td><td colspan="2">第一部分 工程费用</td><td>23.013</td><td>51 531.37</td><td>1 185 891.47</td><td></td></tr>
<tr><td>1</td><td colspan="2">车站</td><td>23.013</td><td>18 096.87</td><td>416 463.31</td><td></td></tr>
<tr><td>2</td><td colspan="2">区间</td><td>23.013</td><td>10 990.41</td><td>252 922.40</td><td></td></tr>
<tr><td>3</td><td colspan="2">轨道</td><td>23.013</td><td>1 960.82</td><td>45 124.41</td><td></td></tr>
<tr><td>4</td><td colspan="2">通信</td><td>23.013</td><td>1 511.23</td><td>34 777.95</td><td></td></tr>
<tr><td>5</td><td colspan="2">信号</td><td>23.013</td><td>1 416.66</td><td>32 601.58</td><td></td></tr>
<tr><td>6</td><td colspan="2">供电</td><td>23.013</td><td>5 048.36</td><td>116 178.00</td><td></td></tr>
<tr><td>7</td><td colspan="2">综合监控</td><td>23.013</td><td>296.43</td><td>6 821.70</td><td></td></tr>
<tr><td>8</td><td colspan="2">火灾自动报警、环境与设备</td><td>23.013</td><td>767.23</td><td>17 656.31</td><td></td></tr>
</table>

续表 5–5

综合造价指标					
章节	工程及费用名称	数量（正线公里）	指标（万元）*	投资（万元）	备注
一	第一部分　工程费用	23.013	51 531.37	1 185 891.47	
9	安防与门禁	23.013	293.70	6 758.88	
10	通风、空调与采暖	23.013	896.34	20 627.51	
11	给水排水与消防	23.013	696.01	16 017.28	
12	自动售检票（AFC）	23.013	649.71	14 951.70	
13	站内客运设备、站台门	23.013	1 240.09	28 538.28	
14	运营控制中心	23.013	1 124.23	25 871.87	
15	车辆基地	23.013	6 069.55	139 678.59	
16	人防	23.013	473.72	10 901.70	
二	第二部分　工程建设其他费用	23.013	19 044.88	438 279.88	
三	第三部分　预备费	23.013	3 528.81	81 208.57	
四	第四部分　专项费用	23.013	10 482.04	241 223.23	
	投资总额	23.013	84 587.11	1 946 603.15	

分项造价指标								
章节	工程及费用名称			工程数量	单位	指标（万元）*	投资（万元）	备注
一	第一部分　工程费用			23.013	正线公里	51 531.37	1 185 891.47	
1	车站	车站		23.013	正线公里	18 096.87	416 463.31	
		地下车站（典型）	工法	明挖				
			层数	2				
			建筑面积（m^2）	20 562				
			基坑深度（m）	17.50				
			车站指标	20 562.20	m^2	1.23	25 285.89	
			（一）土建工程	14 483.66	m^2	0.94	13 580.05	
			1. 围护结构	5 546.98	m^3	0.54	2 967.98	
			钻孔灌注桩	5 546.98	m^3	0.54	2 967.98	
			2. 土石方、支撑、降水	131 283.08	m^3	0.02	3 100.41	
			（1）土石方	131 283.08	m^3	0.02	2 045.82	

续表 5–5

分项造价指标								
章节	工程及费用名称			工程数量	单位	指标（万元）*	投资（万元）	备注
一	第一部分　工程费用			23.013	正线公里	51 531.37	1 185 891.47	
1	车站	地下车站（典型）	（2）钢支撑	1 946.250	t	0.35	685.77	
			（3）混凝土支撑	790.07	m^3	0.39	311.28	
			（4）降水	10.000	根	5.75	57.54	
			3. 主体结构	26 950.38	m^3	0.28	7 511.66	
			（1）主体结构	26 950.38	m^3	0.26	7 045.49	
			（2）防水	20 788.10	m^2	0.02	466.17	
			（二）建筑装饰工程	20 562.20	m^2	0.13	2 763.41	
			（三）附属工程	7 660.06	m^2	1.17	8 942.43	除土建、装修外其他
2	区间	区间		23.013	正线公里	10 990.41	252 922.40	
		地下区间（典型）	盾构区间	1 002.05	双延米	11.06	11 080.74	双延米长度
			盾构类型	复合式盾构，内径 5.5m，外径 6.2m				注明普通盾构、复合盾构、泥水盾构或 TBM，管片内径 / 外径
			管片厚度（mm）	350.00				
			1. 盾构掘进（含吊装、掉拆等）	2 004.10	m	2.59	5 194.01	
			土压盾构掘进	2 004.10	m	2.59	5 194.01	
			2. 管片	12 980.51	m^3	0.29	3 764.35	
			3. 进出洞加固					
			4. 同步及二次注浆	2 004.10	m	0.52	1 047.90	单位含量按单延米统计
			5. 其他	2 004.10	m	0.54	1 074.48	除以上内容外，不含风险源加固

续表 5–5

分项造价指标								
章节	工程及费用名称			工程数量	单位	指标（万元）*	投资（万元）	备注
一	第一部分　工程费用			23.013	正线公里	51 531.37	1 185 891.47	
3	轨道	轨道		23.013	正线公里	1 960.82	45 124.41	
		正线	1. 铺轨	47.174	铺轨公里	459.50	21 676.31	
			（1）一般段	31.496	铺轨公里	283.53	8 929.98	
			（2）中等减振段	7.272	铺轨公里	377.21	2 743.10	
			（3）高等减振段	3.418	铺轨公里	951.14	3 251.00	含减振垫
			（4）特殊减振段	4.988	铺轨公里	1 353.69	6 752.23	含钢弹簧隔振器
			2. 铺道床（现浇 / 预制）	47.174	铺轨公里	186.69	8 806.78	注明现浇道床还是预制道床
			（1）一般段	31.496	铺轨公里	152.94	4 817.06	现浇
			（2）中等减振段	7.272	铺轨公里	147.73	1 074.29	现浇
			（3）高等减振段	3.418	铺轨公里	266.55	911.06	现浇
			（4）特殊减振段	4.988	铺轨公里	401.84	2 004.37	现浇
			3. 铺道岔	33	组	53.41	1 762.67	
			（1）单开道岔	29	组	33.65	975.95	
			（2）特种道岔	4	组	196.68	786.72	
		车辆基地铺轨	1. 铺轨	16.323	铺轨公里	305.71	4 990.03	
			2. 铺道床	26 704.03	m^3	0.05	1 214.12	
			（1）无砟道床	7 748.00	m^3	0.08	621.35	
			（2）粒料道床	18 956.03	m^3	0.03	592.77	
			3. 铺道岔	47	组	31.79	1 494.18	
			（1）单开道岔	45	组	26.40	1 187.88	
			（2）特种道岔	2	组	153.15	306.30	
		线路有关工程		63.497	铺轨公里	61.19	3 885.27	

续表 5–5

分项造价指标								
章节	工程及费用名称			工程数量	单位	指标（万元）*	投资（万元）	备注
一	第一部分　工程费用			23.013	正线公里	51 531.37	1 185 891.47	
4	通信	通信		23.013	正线公里	1 511.23	34 777.95	
		1. 专用通信系统		23.013	正线公里	1 247.38	28 706.03	
		2. 公安通信系统		23.013	正线公里	263.85	6 071.92	
5	信号	信号		23.013	正线公里	1 416.66	32 601.58	
		1. 正线		23.013	正线公里	830.85	19 120.43	
		2. 运营控制中心		1	处	1 979.68	1 979.68	
		3. 车辆段			万元		5 805.48	
		4. 车载设备		23	列	247.65	5 695.99	
6	供电	供电		23.013	正线公里	5 048.36	116 178.00	
		主变电站	1. 主变电站	2	座	3 915.00	7 830.00	
			（1）主变电站房屋		万元		2 575.00	
			（2）变电工程	2	座	2 627.50	5 255.00	
			2. 电力进线		万元		13 790.00	
		变电所	1. 牵引降压混合变电所	11	座	1 610.12	17 711.35	
			2. 降压所	7	座	628.37	4 398.60	
			3. 跟随所	3	座	387.10	1 161.29	
		环网电缆	环网电缆	23.013	正线公里	434.26	9 993.74	
			环网电缆	227.00	条公里	44.03	9 993.74	

续表 5–5

分项造价指标								
章节	工程及费用名称			工程数量	单位	指标（万元）*	投资（万元）	备注
一	第一部分　工程费用			23.013	正线公里	51 531.37	1 185 891.47	
6	供电	牵引网（接触轨）	架空接触网	76.55	条公里	166.90	12 776.00	
			（1）正线	55.29	条公里	164.71	9 106.66	
			（2）车辆段	21.26	条公里	172.59	3 669.34	
		电力监控（SCADA）		23.013	正线公里	35.59	819.00	
		杂散电流防护与接地系统	1. 杂散电流防护	23.013	正线公里	61.04	1 404.76	
			2. 接地系统	24	处	92.08	2 209.91	
		供电车间及其他系统		1	处	1 852.37	1 852.37	
		动力与照明	动力与照明	23.013	正线公里	1 562.46	35 956.82	
			（1）车站	310 460.69	m^2	0.10	30 287.61	
			（2）区间	18.819	km	301.25	5 669.21	
7	综合监控	综合监控		23.013	正线公里	296.43	6 821.70	
		1. 车站		17	站	265.82	4 518.96	
		2. 运营控制中心		1	处	1 452.73	1 452.73	
		3. 车辆段		1	处	334.92	334.92	
		4. 其他			万元		515.09	

续表 5–5

<table>
<tr><td colspan="9">分项造价指标</td></tr>
<tr><td>章节</td><td colspan="3">工程及费用名称</td><td>工程数量</td><td>单位</td><td>指标（万元）*</td><td>投资（万元）</td><td>备注</td></tr>
<tr><td>一</td><td colspan="3">第一部分　工程费用</td><td>23.013</td><td>正线公里</td><td>51 531.37</td><td>1 185 891.47</td><td></td></tr>
<tr><td rowspan="11">8</td><td rowspan="11">防灾报警、环境与设备监控</td><td colspan="2">防灾报警、环境与设备监控</td><td>23.013</td><td>正线公里</td><td>767.23</td><td>17 656.31</td><td></td></tr>
<tr><td rowspan="5">火灾自动报警（FAS）</td><td>火灾自动报警（FAS）</td><td>23.013</td><td>正线公里</td><td>447.71</td><td>10 303.04</td><td></td></tr>
<tr><td>（1）车站</td><td>17</td><td>站</td><td>315.68</td><td>5 366.54</td><td></td></tr>
<tr><td>（2）运营控制中心</td><td>1</td><td>处</td><td>173.37</td><td>173.37</td><td></td></tr>
<tr><td>（3）车辆段</td><td>1</td><td>处</td><td>1 092.72</td><td>1 092.72</td><td></td></tr>
<tr><td>（4）其他</td><td></td><td>万元</td><td></td><td>3 670.41</td><td></td></tr>
<tr><td rowspan="5">环境与设备监控（BAS）</td><td>环境与设备监控（BAS）</td><td>23.013</td><td>正线公里</td><td>319.53</td><td>7 353.27</td><td></td></tr>
<tr><td>（1）车站</td><td>17</td><td>站</td><td>317.37</td><td>5 395.33</td><td></td></tr>
<tr><td>（2）运营控制中心</td><td></td><td></td><td></td><td></td><td></td></tr>
<tr><td>（3）车辆段</td><td>1</td><td>处</td><td>1 537.84</td><td>1 537.84</td><td></td></tr>
<tr><td>（4）其他</td><td></td><td>万元</td><td></td><td>420.10</td><td></td></tr>
<tr><td rowspan="3">9</td><td rowspan="3">安防及门禁</td><td colspan="2">安防及门禁</td><td>23.013</td><td>正线公里</td><td>293.70</td><td>6 758.88</td><td></td></tr>
<tr><td colspan="2">1. 安防系统</td><td>23.013</td><td>正线公里</td><td>210.21</td><td>4 837.51</td><td></td></tr>
<tr><td colspan="2">2. 门禁系统</td><td>23.013</td><td>正线公里</td><td>83.49</td><td>1 921.37</td><td></td></tr>
<tr><td rowspan="3">10</td><td rowspan="3">通风、空调与采暖</td><td colspan="2">通风、空调与采暖</td><td>23.013</td><td>正线公里</td><td>896.34</td><td>20 627.51</td><td></td></tr>
<tr><td colspan="2">1. 车站</td><td>17</td><td>站</td><td>1 193.35</td><td>20 287.03</td><td></td></tr>
<tr><td colspan="2">2. 区间</td><td>23.013</td><td>正线公里</td><td>14.80</td><td>340.48</td><td></td></tr>
</table>

续表 5–5

分项造价指标								
章节	工程及费用名称			工程数量	单位	指标（万元）*	投资（万元）	备注
一	第一部分　工程费用			23.013	正线公里	51 531.37	1 185 891.47	
11	给水排水与消防	给水排水与消防		23.013	正线公里	696.01	16 017.28	
		车站给水排水与消防	车站给水排水与消防	17	站	773.48	13 149.12	
			（1）给水	17	站	480.00	8 159.98	
			（2）市政管网接驳	17	站	81.76	1 390.00	
			（3）自动灭火系统	17	站	211.71	3 599.14	
		区间给水排水与消防		18.819	km	152.41	2 868.16	
12	自动售检票	自动售检票		23.013	正线公里	649.71	14 951.70	
		1. 车站		17	站	656.59	11 162.04	
		2. 运营控制中心		1	处	821.45	821.45	
		3. 清分系统			万元		1 212.42	
		4. 其他			万元		1 755.79	
13	站内客运设备、站台门	站内客运设备、站台门		23.013	正线公里	1 240.09	28 538.28	
		站内客运设备	站内客运设备	23.013	正线公里	921.22	21 200.07	
			（1）自动扶梯	213	部	92.36	19 673.03	
			（2）电梯	38	部	40.19	1 527.04	
		站台门		17	站	431.66	7 338.21	
14	运营控制中心	运营控制中心		23.013	正线公里	1 124.23	25 871.87	分劈 5 号线投资、线路运营管理及数据系统

续表 5–5

分项造价指标							
章节	工程及费用名称		工程数量	单位	指标（万元）*	投资（万元）	备注
一	第一部分　工程费用		23.013	正线公里	51 531.37	1 185 891.47	
15	车辆基地	车辆基地	23.013	正线公里	6 069.55	139 678.59	
		1. 生产及办公房屋	126 894.91	m^2	0.48	60 440.54	包含风、水、电等
		2. 工艺设备		万元		20 419.01	
		3. 附属工程		万元		58 819.04	
16	人防	人防	23.013	正线公里	473.72	10 901.70	
		人防	17	站	641.28	10 901.70	
二	第二部分　工程建设其他费用		23.013	正线公里	19 044.88	438 279.88	
1	前期工程费	前期工程费	23.013	正线公里	11 657.43	268 272.54	
		1. 征地	811.64	亩	80.63	65 442.23	
		2. 拆迁	146 068.13	m^2	0.87	126 677.89	
		3. 其他前期	23.013	正线公里	3 309.10	76 152.42	
2	其他费用		23.013	正线公里	7 387.45	170 007.34	14.34%
三	第三部分　预备费用		23.013	正线公里	3 528.81	81 208.57	5.00%
四	第四部分　专项费用		23.013	正线公里	10 482.04	241 223.23	
1	车辆购置费		138	辆	700.00	96 600.00	地铁 B 型车
2	建设期贷款利息		23.013	正线公里	6 224.45	143 243.23	7.36%
3	铺底流动资金		138	辆	10.00	1 380.00	
	投资总额		23.013	正线公里	84 587.11	1 946 603.15	

表 5–6　造价指标分析表（西北地区，示例项目 5）

项目特征					
序号	统计项目		特征描述		备注
1	项目名称		西北地区，示例项目 5		
2	设计阶段		初步设计		
3	编制期时间		2016 年 6 月		
4	线路长度（正线公里）		21.200		
5	敷设方式		全地下		
6	车站设置（座）		18		
7	平均站间距（km）		1.247		
8	车辆基地设置		1 场 1 段		
9	速度目标值（km/h）		100		
10	工程费技术经济指标（亿元 / 正线公里）		5.40		
11	全费用技术经济指标（亿元 / 正线公里）		8.52		
12	初期配车	车型	A 型车		
13		编组	6 辆编组，29 列 /174 辆		
14	人工及主要材料单价	人工 土建（元 / 工日）	85.75		
		人工 安装（元 / 工日）	87.71		
		混凝土 C45（元 /m^3）	364		
		钢筋 HRB300（元 /t）	3 221		
		水泥 32.5（元 /t）	259		
综合造价指标					
章节	工程及费用名称	数量（正线公里）	指标（万元）*	投资（万元）	备注
一	第一部分　工程费用	21.200	54 000.91	1 144 819.39	
1	车站	21.200	16 652.35	353 029.78	
2	区间	21.200	13 536.82	286 980.52	
3	轨道	21.200	2 493.98	52 872.31	
4	通信	21.200	1 927.66	40 866.40	
5	信号	21.200	1 399.29	29 665.01	
6	供电	21.200	5 791.42	122 778.04	
7	综合监控	21.200	345.07	7 315.39	
8	火灾自动报警、环境与设备	21.200	622.38	13 194.49	

续表 5–6

<table>
<tr><td colspan="6">综合造价指标</td></tr>
<tr><td>章节</td><td>工程及费用名称</td><td>数量
（正线公里）</td><td>指标
（万元）*</td><td>投资
（万元）</td><td>备注</td></tr>
<tr><td>一</td><td>第一部分　工程费用</td><td>21.200</td><td>54 000.91</td><td>1 144 819.39</td><td></td></tr>
<tr><td>9</td><td>安防与门禁</td><td>21.200</td><td>1 204.63</td><td>25 538.10</td><td></td></tr>
<tr><td>10</td><td>通风、空调与采暖</td><td>21.200</td><td>1 317.49</td><td>27 930.82</td><td></td></tr>
<tr><td>11</td><td>给水排水与消防</td><td>21.200</td><td>673.40</td><td>14 276.18</td><td></td></tr>
<tr><td>12</td><td>自动售检票（AFC）</td><td>21.200</td><td>604.39</td><td>12 813.09</td><td></td></tr>
<tr><td>13</td><td>站内客运设备、站台门</td><td>21.200</td><td>1 510.72</td><td>32 027.28</td><td></td></tr>
<tr><td>14</td><td>运营控制中心</td><td>21.200</td><td>1 045.00</td><td>22 154.00</td><td></td></tr>
<tr><td>15</td><td>车辆基地</td><td>21.200</td><td>4 412.50</td><td>93 544.97</td><td></td></tr>
<tr><td>16</td><td>人防</td><td>21.200</td><td>463.82</td><td>9 833.02</td><td></td></tr>
<tr><td>二</td><td>第二部分　工程建设其他费用</td><td>21.200</td><td>14 156.88</td><td>300 125.88</td><td></td></tr>
<tr><td>三</td><td>第三部分　预备费</td><td>21.200</td><td>3 407.89</td><td>72 247.26</td><td></td></tr>
<tr><td>四</td><td>第四部分　专项费用</td><td>21.200</td><td>13 670.34</td><td>289 811.28</td><td></td></tr>
<tr><td></td><td>投资总额</td><td>21.200</td><td>85 236.03</td><td>1 807 003.81</td><td></td></tr>
</table>

<table>
<tr><td colspan="9">分项造价指标</td></tr>
<tr><td>章节</td><td colspan="3">工程及费用名称</td><td>工程数量</td><td>单位</td><td>指标（万元）*</td><td>投资（万元）</td><td>备注</td></tr>
<tr><td>一</td><td colspan="3">第一部分　工程费用</td><td>21.200</td><td>正线公里</td><td>54 000.91</td><td>1 144 819.39</td><td></td></tr>
<tr><td rowspan="11">1</td><td rowspan="11">车站</td><td colspan="2">车站</td><td>21.200</td><td>正线公里</td><td>16 652.35</td><td>353 029.78</td><td></td></tr>
<tr><td rowspan="10">地下车站（典型）</td><td>工法</td><td colspan="5">明挖</td></tr>
<tr><td>层数</td><td colspan="5">2</td></tr>
<tr><td>建筑面积（m^2）</td><td colspan="5">14 011</td></tr>
<tr><td>基坑深度（m）</td><td colspan="5">19.80</td></tr>
<tr><td>车站指标</td><td>14 011.37</td><td>m^2</td><td>1.04</td><td>14 628.79</td><td></td></tr>
<tr><td>（一）土建工程</td><td>9 468.98</td><td>m^2</td><td>0.79</td><td>7 503.64</td><td></td></tr>
<tr><td>1. 围护结构</td><td>5 356.31</td><td>m^3</td><td>0.28</td><td>1 522.77</td><td></td></tr>
<tr><td>钻孔灌注桩</td><td>5 356.31</td><td>m^3</td><td>0.28</td><td>1 522.77</td><td></td></tr>
<tr><td>2. 土石方、支撑、降水</td><td>110 835.05</td><td>m^3</td><td>0.023</td><td>2 537.30</td><td></td></tr>
<tr><td>（1）土石方</td><td>110 835.05</td><td>m^3</td><td>0.01</td><td>1 378.63</td><td></td></tr>
</table>

续表 5–6

分项造价指标								
章节	工程及费用名称			工程数量	单位	指标（万元）*	投资（万元）	备注
一	第一部分　工程费用			21.200	正线公里	54 000.91	1 144 819.39	
1	车站	地下车站（典型）	（2）钢支撑	1 962.319	t	0.39	773.42	
			（3）混凝土支撑	247.36	m^3	0.56	139.02	
			（4）降水	36	根	6.84	246.24	
			3. 主体结构	18 824.14	m^3	0.18	3 443.57	
			（1）主体结构	18 824.14	m^3	0.16	3 021.47	混凝土、钢筋等主材价格较低
			（2）防水	20 839.73	m^2	0.02	422.10	
			（二）出入口、风道土建工程	4 542.39	m^2	1.02	4 619.68	
			（三）建筑装饰工程	14 011.37	m^2	0.12	1 689.31	
			（四）附属工程	14 011.37	m^2	0.06	816.16	除土建、装修外其他
2	区间	区间		21.200	正线公里	13 536.82	286 980.52	
		地下区间（典型）	盾构区间	1 646.15	双延米	12.78	21 040.10	
			盾构类型	土压；内径 5.5m/ 外径 6.2m				注明普通盾构、复合盾构、泥水盾构或 TBM，管片内径 / 外径
			管片厚度（mm）	350.00				
			管片宽度（m）	1.50				
			盾构法（万元 / 双延米）	1 646.15	双延米	12.78	21 040.10	
			1. 盾构掘进（含吊装、掉拆等）	1 646.15	双延米	6.45	10 619.07	
			土压盾构掘进	3 292.29	m	3.07	10 116.50	
			2. 管片	21 331.72	m^3	0.35	7 535.62	
			3. 进出洞加固	3 292.29	m	0.02	77.35	
			4. 其他	3 292.29	m	0.85	2 808.06	除以上内容外，不含风险源加固

续表 5-6

<table>
<tr><td colspan="9">分项造价指标</td></tr>
<tr><td>章节</td><td colspan="3">工程及费用名称</td><td>工程数量</td><td>单位</td><td>指标（万元）*</td><td>投资（万元）</td><td>备注</td></tr>
<tr><td>一</td><td colspan="3">第一部分 工程费用</td><td>21.200</td><td>正线公里</td><td>54 000.91</td><td>1 144 819.39</td><td></td></tr>
<tr><td rowspan="11">3</td><td rowspan="11">轨道</td><td colspan="2">轨道形式</td><td colspan="4">整体道床</td><td>道床形式等</td></tr>
<tr><td colspan="2">轨道</td><td>21.200</td><td>正线公里</td><td>2 493.98</td><td>52 872.31</td><td></td></tr>
<tr><td rowspan="9">正线</td><td>1. 铺轨</td><td>50.05</td><td>铺轨公里</td><td>751.47</td><td>37 611.92</td><td></td></tr>
<tr><td>（1）一般段</td><td>30.43</td><td>铺轨公里</td><td>297.21</td><td>9 044.37</td><td>含 2.7km 框架板道床铺轨（过断层段）</td></tr>
<tr><td>（2）中等减振段</td><td>3.48</td><td>铺轨公里</td><td>725.71</td><td>2 525.47</td><td>梯形轨枕 DTVI2 扣件铺轨</td></tr>
<tr><td>（3）高等减振段</td><td>1.00</td><td>铺轨公里</td><td>1 677.61</td><td>1 677.61</td><td>减振垫浮置板段铺轨（小半径中等减振）</td></tr>
<tr><td>（4）特殊减振段</td><td>15.14</td><td>铺轨公里</td><td>1 609.28</td><td>24 364.46</td><td>重量级钢弹簧浮置板铺轨</td></tr>
<tr><td>2. 铺道床（现浇 / 预制）</td><td>74 291.00</td><td>m^3</td><td>0.07</td><td>5 340.00</td><td>整体道床</td></tr>
<tr><td>3. 铺道岔</td><td>28</td><td>组</td><td>47.35</td><td>1 325.84</td><td></td></tr>
<tr><td>（1）单开道岔</td><td>25</td><td>组</td><td>31.33</td><td>783.15</td><td>9 号单开道岔、9 号单开道岔（特殊）</td></tr>
<tr><td>（2）特种道岔</td><td>3</td><td>组</td><td>180.90</td><td>542.69</td><td>9 号 5m 间距交叉渡线道岔</td></tr>
</table>

续表 5–6

分项造价指标								
章节	工程及费用名称			工程数量	单位	指标（万元）*	投资（万元）	备注
一	第一部分　工程费用			21.200	正线公里	54 000.91	1 144 819.39	
3	轨道	车辆段铺轨	1. 铺轨	10.67	铺轨公里	200.63	2 140.03	
			2. 铺道床	14 164.26	m^3	0.02	349.25	
			粒料道床	14 164.26	m^3	0.02	349.25	
			3. 铺道岔	25	组	28.91	722.72	
			（1）单开道岔	24	组	25.00	600.00	
			（2）特种道岔	1	组	122.72	122.72	
		停车场铺轨	1. 铺轨	8.78	铺轨公里	199.57	1 752.43	
			2. 铺道床	10 112.58	m^3	0.03	278.92	
			粒料道床	10 112.58	m^3	0.03	278.92	
			3. 铺道岔	22	组	29.44	647.72	
			（1）单开道岔	21	组	25.00	525.00	
			（2）特种道岔	1	组	122.72	122.72	
		线路有关工程		69.50	铺轨公里	38.90	2 703.48	线路有关＋备品备件＋铺轨基地＋融雪专制
4	通信	通信		21.200	正线公里	1 927.66	40 866.40	
		1. 专用通信系统		21.200	正线公里	1 405.26	29 791.56	
		2. 公安通信系统		21.200	正线公里	215.75	4 573.88	
		3. 民用通信引入系统		21.200	正线公里	245.00	5 194.00	
		4. 政务通信系统		21.200	正线公里	61.65	1 306.96	办公系统

续表 5–6

分项造价指标								
章节	工程及费用名称			工程数量	单位	指标（万元）*	投资（万元）	备注
一	第一部分　工程费用			21.200	正线公里	54 000.91	1 144 819.39	
5	信号	信号		21.200	正线公里	1 399.29	29 665.01	
		1. 正线		21.200	正线公里	637.55	13 516.14	
		2. 运营控制中心		1	处	2 057.25	2 057.25	
		3. 车辆段		30	联锁道岔	63.29	1 898.58	
		4. 停车场		25	联锁道岔	68.27	1 706.73	
		5. 试车线		1	条	753.37	753.37	1km
		6. 车载设备		29	列	284.74	8 257.40	
		7. 维修与培训中心		2	处	737.78	1 475.55	
6	供电	供电		21.200	正线公里	5 791.42	122 778.04	
		主变电站	1. 主变电站	2	座	3 364.00	6 728.00	
			（1）主变电站房屋	4 000.00	m^2	0.48	1 928.00	
			（2）变电工程	2	座	2 400.00	4 800.00	
			2. 电力进线	35.00	km	517.14	18 100.00	
		变电所	1. 牵引降压混合变电所	12	座	1 401.97	16 823.62	
			2. 降压所	8	座	489.08	3 912.66	
			3. 跟随所	5	座	203.41	1 017.07	
		环网电缆	环网电缆	21.200	正线公里	566.55	12 010.80	
			环网电缆	253.80	条公里	47.32	12 010.80	

续表 5-6

分项造价指标								
章节	工程及费用名称			工程数量	单位	指标（万元）*	投资（万元）	备注
一	第一部分　工程费用			21.200	正线公里	54 000.91	1 144 819.39	
6	供电	牵引网（接触轨）	架空接触网	83.00	条公里	168.24	13 963.87	
			（1）正线	58.50	条公里	169.50	9 915.58	
			（2）车辆段	12.50	条公里	169.08	2 113.45	
			（3）停车场	12.00	条公里	161.24	1 934.84	
		电力监控（SCADA）		21.200	正线公里	62.00	1 314.38	
		杂散电流防护与接地系统	1. 杂散电流防护	21.200	正线公里	52.24	1 107.53	
			2. 接地系统	22	处	42.10	926.18	综合接地
		供电车间及其他系统		1	处	8 660.96	8 660.96	供电车间、UPS、再生、地线管理等
		动力与照明	动力与照明	21.200	正线公里	1 802.50	38 212.98	
			（1）车站	340 311.32	m^2	0.09	31 777.16	
			（2）区间	21.20	正线公里	303.58	6 435.82	
7	综合监控	综合监控		21.200	正线公里	345.07	7 315.39	
		1. 车站		18	站	255.52	4 599.30	
		2. 运营控制中心		1	处	1 506.11	1 506.11	
		3. 车辆段		1	处	259.52	259.52	
		4. 停车场		1	处	259.47	259.47	
		5. 其他		21.200	正线公里	57.07	1 209.98	维修、培训中心、网管、工作站

续表 5–6

分项造价指标

章节	工程及费用名称			工程数量	单位	指标（万元）*	投资（万元）	备注
一	第一部分　工程费用			21.200	正线公里	54 000.91	1 144 819.39	
8	防灾报警、环境与设备监控	防灾报警、环境与设备监控		21.200	正线公里	622.38	13 194.49	
8	防灾报警、环境与设备监控	火灾自动报警（FAS）	火灾自动报警（FAS）	21.200	正线公里	369.71	7 837.86	
8	防灾报警、环境与设备监控	火灾自动报警（FAS）	（1）车站	18	站	310.93	5 596.72	
8	防灾报警、环境与设备监控	火灾自动报警（FAS）	（2）运营控制中心	1	处	37.65	37.65	含维修培训
8	防灾报警、环境与设备监控	火灾自动报警（FAS）	（3）车辆段	1	处	531.87	531.87	
8	防灾报警、环境与设备监控	火灾自动报警（FAS）	（4）停车场	1	处	362.17	362.172 9	
8	防灾报警、环境与设备监控	火灾自动报警（FAS）	（5）主变电站	2	处	66.73	133.468 2	
8	防灾报警、环境与设备监控	火灾自动报警（FAS）	（6）区间	21.200	正线公里	55.47	1 175.99	
8	防灾报警、环境与设备监控	环境与设备监控（BAS）	环境与设备监控（BAS）	21.200	正线公里	252.67	5 356.63	
8	防灾报警、环境与设备监控	环境与设备监控（BAS）	（1）车站	18	站	241.08	4 339.43	
8	防灾报警、环境与设备监控	环境与设备监控（BAS）	（2）运营控制中心	1	处	51.81	51.81	
8	防灾报警、环境与设备监控	环境与设备监控（BAS）	（3）车辆段	1	处	178.90	178.90	
8	防灾报警、环境与设备监控	环境与设备监控（BAS）	（4）停车场	1	处	145.51	145.51	
8	防灾报警、环境与设备监控	环境与设备监控（BAS）	（5）主变电所及区间变电所	2	处	34.30	68.60	
8	防灾报警、环境与设备监控	环境与设备监控（BAS）	（6）地下区间	21.200	正线公里	27.00	572.38	

续表 5–6

分项造价指标							
章节	工程及费用名称		工程数量	单位	指标（万元）*	投资（万元）	备注
一	第一部分　工程费用		21.200	正线公里	54 000.91	1 144 819.39	
9	安防及门禁	安防及门禁	21.200	正线公里	1 204.63	25 538.10	
		1. 安防系统	21.200	正线公里	567.93	12 040.04	
		2. 门禁系统	21.200	正线公里	101.37	2 149.12	
		3. 安检系统	80	处	141.86	11 348.94	
10	通风、空调与采暖	通风、空调与采暖	21.200	正线公里	1 317.49	27 930.82	
		1. 车站	18	站	1 357.18	24 429.15	
		2. 区间	21.200	正线公里	165.17	3 501.67	
11	给水排水与消防	给水排水与消防	21.200	正线公里	673.40	14 276.18	
		1. 车站给水排水与消防	18	站	492.92	8 872.61	
		2. 自动灭火系统	18	站	175.51	3 159.12	
		3. 区间给水排水与消防	21.200	正线公里	105.87	2 244.45	
12	自动售检票	自动售检票	21.200	正线公里	604.39	12 813.09	
		1. 车站	17	站	632.32	10 749.43	
		2. 运营控制中心	1	处	1 578.72	1 578.72	
		3. 清分系统	1	处	100.00	100.00	
		4. 车辆段	1	处	384.94	384.94	

续表 5–6

分项造价指标								
章节	工程及费用名称			工程数量	单位	指标（万元）*	投资（万元）	备注
一	第一部分　工程费用			21.200	正线公里	54 000.91	1 144 819.39	
13	站内客运设备、站台门	站内客运设备、站台门		21.200	正线公里	1 510.72	32 027.28	
		站内客运设备	站内客运设备	21.200	正线公里	1 102.67	23 376.65	
			（1）自动扶梯	232	部	94.13	21 838.01	
			（2）电梯	35	部	43.96	1 538.63	
		站台门		17	站	508.86	8 650.64	
14	运营控制中心	运营控制中心		21.200	正线公里	1 045.00	22 154.00	
		1. 房屋		15 000.00	m^2	1.09	16 350.00	3 号线一期工程控制中心分摊投资，包含土建，含风、水、电
		2. 附属工程			万元		5 804.00	TCC 指挥、控制中心大屏、调度台
15	车辆基地	车辆基地		21.200	正线公里	4 412.50	93 544.97	
		百园路车辆基地	车辆基地	21.200	正线公里	2 402.49	50 932.73	
			（1）生产及办公房屋	68 336.82	m^2	0.43	29 475.96	包含风、水、电等
			（2）工艺设备		万元		11 971.80	
			（3）附属工程		万元		9 484.98	

续表 5-6

分项造价指标								
章节	工程及费用名称			工程数量	单位	指标（万元）*	投资（万元）	备注
一	第一部分 工程费用			21.200	正线公里	54 000.91	1 144 819.39	
15	车辆基地	仓房沟停车场	车辆基地	21.200	正线公里	2 010.01	42 612.23	
			（1）生产及办公房屋	55 948.36	m^2	0.50	27 745.11	包含风、水、电等
			（2）工艺设备		万元		2 309.85	
			（3）附属工程		万元		12 557.27	
16	人防	人防		21.200	正线公里	463.82	9 833.02	
		人防		15	站	655.53	9 833.02	
二	第二部分 工程建设其他费用			21.200	正线公里	14 156.88	300 125.88	
1	前期工程费	前期工程费		21.200	正线公里	5 350.50	113 430.56	
		1. 征地		701.94	亩	20.00	14 038.72	
		2. 拆迁		106 900.37	m^2	0.72	76 909.24	
		3. 其他前期		21.200	正线公里	1 060.50	22 482.61	
2	其他费用			21.200	正线公里	8 806.38	186 695.31	16.31%
三	第三部分 预备费用			21.200	正线公里	3 407.89	72 247.26	5.00%
四	第四部分 专项费用			21.200	正线公里	13 670.34	289 811.28	
1	车辆购置费			174	辆	830.00	144 420.00	地铁 A 型车
2	建设期贷款利息			21.200	正线公里	6 776.00	143 651.28	7.95%
3	铺底流动资金			174	辆	10.00	1 740.00	
	投资总额			21.200	正线公里	85 236.03	1 807 003.81	

表 5–7　造价指标分析表（华北地区，示例项目 6）

<table>
<tr><td colspan="6">项目特征</td></tr>
<tr><td>序号</td><td colspan="2">统计项目</td><td colspan="2">特征描述</td><td>备注</td></tr>
<tr><td>1</td><td colspan="2">项目名称</td><td colspan="2">华北地区，示例项目 6</td><td></td></tr>
<tr><td>2</td><td colspan="2">设计阶段</td><td colspan="2">初步设计</td><td></td></tr>
<tr><td>3</td><td colspan="2">编制期时间</td><td colspan="2">2017 年 8 月</td><td></td></tr>
<tr><td>4</td><td colspan="2">线路长度（正线公里）</td><td colspan="2">16.700</td><td></td></tr>
<tr><td>5</td><td colspan="2">敷设方式</td><td colspan="2">全地下</td><td></td></tr>
<tr><td>6</td><td colspan="2">车站设置（座）</td><td colspan="2">9</td><td></td></tr>
<tr><td>7</td><td colspan="2">平均站间距（km）</td><td colspan="2">1.856</td><td></td></tr>
<tr><td>8</td><td colspan="2">车辆基地设置</td><td colspan="2">1 段</td><td></td></tr>
<tr><td>9</td><td colspan="2">速度目标值（km/h）</td><td colspan="2">80</td><td></td></tr>
<tr><td>10</td><td colspan="2">工程费技术经济指标（亿元 / 正线公里）</td><td colspan="2">5.29</td><td></td></tr>
<tr><td>11</td><td colspan="2">全费用技术经济指标（亿元 / 正线公里）</td><td colspan="2">8.50</td><td></td></tr>
<tr><td>12</td><td rowspan="2">初期配车</td><td>车型</td><td colspan="2">B 型车</td><td></td></tr>
<tr><td>13</td><td>编组</td><td colspan="2">8 辆编组，33 列 /264 辆</td><td></td></tr>
<tr><td rowspan="5">14</td><td rowspan="5">人工及主要材料单价</td><td>人工　土建（元 / 工日）</td><td colspan="2">103</td><td></td></tr>
<tr><td>人工　安装（元 / 工日）</td><td colspan="2">110</td><td></td></tr>
<tr><td>混凝土　C45（元 /m³）</td><td colspan="2">427.2</td><td></td></tr>
<tr><td>钢筋　HRB300（元 /t）</td><td colspan="2">3 932</td><td></td></tr>
<tr><td>水泥　32.5（元 /t）</td><td colspan="2">420</td><td></td></tr>
</table>

<table>
<tr><td colspan="6">综合造价指标</td></tr>
<tr><td>章节</td><td>工程及费用名称</td><td>数量（正线公里）</td><td>指标（万元）*</td><td>投资（万元）</td><td>备注</td></tr>
<tr><td>一</td><td>第一部分　工程费用</td><td>16.700</td><td>52 859.71</td><td>882 757.11</td><td></td></tr>
<tr><td>1</td><td>车站</td><td>16.700</td><td>16 191.07</td><td>270 390.82</td><td></td></tr>
<tr><td>2</td><td>区间</td><td>16.700</td><td>11 284.76</td><td>188 455.51</td><td></td></tr>
<tr><td>3</td><td>轨道</td><td>16.700</td><td>2 845.86</td><td>47 525.87</td><td></td></tr>
<tr><td>4</td><td>通信</td><td>16.700</td><td>1 606.88</td><td>26 834.87</td><td></td></tr>
<tr><td>5</td><td>信号</td><td>16.700</td><td>1 570.79</td><td>26 232.11</td><td></td></tr>
<tr><td>6</td><td>供电</td><td>16.700</td><td>7 125.43</td><td>118 994.76</td><td></td></tr>
<tr><td>7</td><td>综合监控</td><td>16.700</td><td>177.64</td><td>2 966.59</td><td></td></tr>
<tr><td>8</td><td>火灾自动报警、环境与设备</td><td>16.700</td><td>757.93</td><td>12 657.51</td><td></td></tr>
</table>

续表 5–7

<table>
<tr><td colspan="6">综合造价指标</td></tr>
<tr><td>章节</td><td>工程及费用名称</td><td>数量（正线公里）</td><td>指标（万元）*</td><td>投资（万元）</td><td>备注</td></tr>
<tr><td>一</td><td>第一部分　工程费用</td><td>16.700</td><td>52 859.71</td><td>882 757.11</td><td></td></tr>
<tr><td>9</td><td>安防与门禁</td><td>16.700</td><td>473.22</td><td>7 902.81</td><td></td></tr>
<tr><td>10</td><td>通风、空调与采暖</td><td>16.700</td><td>981.72</td><td>16 394.72</td><td></td></tr>
<tr><td>11</td><td>给水排水与消防</td><td>16.700</td><td>648.58</td><td>10 831.32</td><td></td></tr>
<tr><td>12</td><td>自动售检票（AFC）</td><td>16.700</td><td>535.35</td><td>8 940.41</td><td></td></tr>
<tr><td>13</td><td>站内客运设备、站台门</td><td>16.700</td><td>1 068.92</td><td>17 850.90</td><td></td></tr>
<tr><td>14</td><td>办公自动化</td><td>16.700</td><td>60.24</td><td>1 006.07</td><td></td></tr>
<tr><td>15</td><td>运营控制中心</td><td>16.700</td><td>135.68</td><td>2 265.80</td><td></td></tr>
<tr><td>16</td><td>车辆基地</td><td>16.700</td><td>6 784.56</td><td>113 302.15</td><td></td></tr>
<tr><td>17</td><td>人防</td><td>16.700</td><td>545.20</td><td>9 104.89</td><td></td></tr>
<tr><td>18</td><td>既有线车辆改造</td><td>16.700</td><td>65.87</td><td>1 100.00</td><td></td></tr>
<tr><td>二</td><td>第二部分　工程建设其他费用</td><td>16.700</td><td>13 535.69</td><td>226 045.98</td><td></td></tr>
<tr><td>三</td><td>第三部分　预备费</td><td>16.700</td><td>3 104.91</td><td>51 851.97</td><td></td></tr>
<tr><td>四</td><td>第四部分　专项费用</td><td>16.700</td><td>15 486.17</td><td>258 619.00</td><td></td></tr>
<tr><td colspan="2">投资总额</td><td>16.700</td><td>84 986.47</td><td>1 419 274.06</td><td></td></tr>
</table>

<table>
<tr><td colspan="9">分项造价指标</td></tr>
<tr><td>章节</td><td colspan="3">工程及费用名称</td><td>工程数量</td><td>单位</td><td>指标（万元）*</td><td>投资（万元）</td><td>备注</td></tr>
<tr><td>一</td><td colspan="3">第一部分　工程费用</td><td>16.700</td><td>正线公里</td><td>52 859.71</td><td>882 757.11</td><td></td></tr>
<tr><td rowspan="10">1</td><td rowspan="10">车站</td><td colspan="2">车站</td><td>16.700</td><td>正线公里</td><td>16 191.07</td><td>270 390.82</td><td></td></tr>
<tr><td rowspan="9">地下车站（典型）</td><td>工法</td><td colspan="4">明挖</td><td></td></tr>
<tr><td>层数</td><td colspan="4">3</td><td></td></tr>
<tr><td>建筑面积（m²）</td><td colspan="4">16 991.73</td><td></td></tr>
<tr><td>基坑深度（m）</td><td colspan="4">34.31</td><td></td></tr>
<tr><td>车站指标</td><td>16 991.73</td><td>m²</td><td>1.23</td><td>20 964.23</td><td></td></tr>
<tr><td>（一）土建工程</td><td>16 991.73</td><td>m²</td><td>1.10</td><td>18 657.22</td><td></td></tr>
<tr><td>1. 围护结构</td><td>10 628.86</td><td>m³</td><td>0.41</td><td>4 357.83</td><td></td></tr>
<tr><td>钻孔灌注桩</td><td>10 628.86</td><td>m³</td><td>0.41</td><td>4 357.83</td><td></td></tr>
</table>

续表 5-7

分项造价指标								
章节	工程及费用名称			工程数量	单位	指标（万元）*	投资（万元）	备注
一	第一部分　工程费用			16.700	正线公里	52 859.71	882 757.11	
1	车站	地下车站（典型）	2. 土石方、支撑、降水	162 512.96	m^3	0.03	4 451.43	
			（1）土石方	162 512.96	m^3	0.01	1 625.13	
			（2）钢支撑	3 414.60	t	0.42	1 434.13	
			（3）降水	127	根	10.96	1 392.17	
			3. 主体结构	32 461.96	m^3	0.30	9 847.96	
			（1）主体结构	32 461.96	m^3	0.28	9 089.35	
			（2）防水	39 926.77	m^2	0.02	758.61	
			（二）建筑装饰工程	16 991.73	m^2	0.12	2 039.01	
			（三）附属工程	16 991.73	m^2	0.02	268.00	除土建、装修外其他
2	区间	区间		16.700	正线公里	11 284.76	188 455.51	
		地下区间（典型）	（一）盾构区间	3 081.10	m	5.22	16 093.28	
			盾构类型	土压平衡盾构，管片内径 5.4m/ 外径 6.0m				注明普通盾构、复合盾构、泥水盾构或 TBM，管片内径 / 外径
			管片厚度（mm）	300.00				
			管片宽度（m）	1.20				
			1. 盾构掘进（含吊装、掉拆等）	3 081.10	m	2.51	7 735.24	
			土压盾构掘进	3 081.10	m	2.51	7 735.24	
			2. 管片	16 720.29	m^3	0.40	6 688.12	
			3. 进出洞加固	3 081.10	m	0.17	514.93	
			4. 同步及二次注浆	3 081.10	m	0.29	879.39	单位含量按单延米统计

续表 5–7

分项造价指标								
章节	工程及费用名称			工程数量	单位	指标（万元）*	投资（万元）	备注
一	第一部分 工程费用			16.700	正线公里	52 859.71	882 757.11	
2	区间	地下区间（典型）	5. 其他	3 081.10	m	0.09	275.60	除以上内容外，不含风险源加固
			（二）明挖区间	146.00	m	12.73	1 859.12	
			基坑宽度（m）	12.66				
			基坑深度（m）	10.94				
			1. 围护结构	1 014.00	m^3	0.43	432.75	
			（1）钻孔灌注桩（万元 /m^3）	1 014.00	m^3	0.39	397.69	
			（2）土钉墙（万元 /m^2）	811.00	m^2	0.04	35.07	
			2. 土石方、支撑、降水	27 992.00	m^3	0.01	392.93	
			（1）土石方	27 992.00	m^3	0.01	258.00	
			（2）钢支撑	314.00	t	0.43	134.93	
			3. 主体结构	3 568.00	m^3	0.29	1 033.44	
			（1）主体结构	3 568.00	m^3	0.27	967.00	
			（2）防水	3 322.00	m^2	0.02	66.44	
3	轨道	轨道形式		长枕式整体道床				道床形式等
		轨道		16.700	正线公里	2 845.86	47 525.87	
		正线	1. 铺轨	38.12	铺轨公里	567.21	21 623.11	
			（1）一般段	29.10	铺轨公里	343.35	9 990.24	
			（2）高等减振段	5.73	铺轨公里	1 070.24	6 134.59	梯形轨枕减振
			（3）特殊减振段	3.29	铺轨公里	1 669.18	5 498.28	含钢弹簧隔振器

续表 5–7

分项造价指标								
章节	工程及费用名称			工程数量	单位	指标（万元）*	投资（万元）	备注
一	第一部分　工程费用			16.700	正线公里	52 859.71	882 757.11	
3	轨道	正线	2. 铺道床（现浇 / 预制）	61 140.00	m^3	0.14	8 767.80	现浇
			（1）一般段	45 368.00	m^3	0.13	5 809.37	现浇
			（2）高等减振段	8 641.00	m^3	0.13	1 119.81	现浇
			（3）特殊减振段	7 131.00	m^3	0.26	1 838.62	现浇
			3. 铺道岔	23	组	65.28	1 501.34	
			（1）单开道岔	21	组	40.30	846.21	9 号单开道岔 +12 号单开道岔
			（2）特种道岔	2	组	327.57	655.13	9 号特种道岔 +12 号特种道岔
		车辆基地铺轨	1. 铺轨	13.23	铺轨公里	169.04	2 235.57	
			2. 铺道床	39 346.00	m^3	0.18	6 993.07	
			（1）无砟道床（减振）	24 371.00	m^3	0.27	6 571.88	
			（2）粒料道床	14 975.00	m^3	0.03	421.19	
			3. 铺道岔	29	组	40.62	1 178.05	
			（1）单开道岔	27	组	31.17	841.65	
			（2）特种道岔	2	组	168.20	336.40	
		线路有关工程		51.35	铺轨公里	20.96	1 076.13	
		铺轨基地		4	处	150.00	600.00	
		区间疏散平台		29 590.00	单延米	0.12	3 550.80	

续表 5–7

<table>
<tr><th colspan="9">分项造价指标</th></tr>
<tr><th>章节</th><th colspan="3">工程及费用名称</th><th>工程数量</th><th>单位</th><th>指标（万元）*</th><th>投资（万元）</th><th>备注</th></tr>
<tr><td>一</td><td colspan="3">第一部分　工程费用</td><td>16.700</td><td>正线公里</td><td>52 859.71</td><td>882 757.11</td><td></td></tr>
<tr><td rowspan="5">4</td><td rowspan="5">通信</td><td colspan="2">通信</td><td>16.700</td><td>正线公里</td><td>1 606.88</td><td>26 834.87</td><td></td></tr>
<tr><td colspan="2">1. 专用通信系统</td><td>16.700</td><td>正线公里</td><td>974.76</td><td>16 278.46</td><td></td></tr>
<tr><td colspan="2">2. 公安通信系统</td><td>16.700</td><td>正线公里</td><td>193.97</td><td>3 239.28</td><td></td></tr>
<tr><td colspan="2">3. 政务通信系统</td><td>16.700</td><td>正线公里</td><td>53.75</td><td>897.61</td><td></td></tr>
<tr><td colspan="2">4. 乘客信息系统（PIS）</td><td>16.700</td><td>正线公里</td><td>384.40</td><td>6 419.52</td><td></td></tr>
<tr><td rowspan="8">5</td><td rowspan="8">信号</td><td colspan="2">信号</td><td>16.700</td><td>正线公里</td><td>1 570.79</td><td>26 232.11</td><td></td></tr>
<tr><td colspan="2">1. 正线</td><td>16.700</td><td>正线公里</td><td>689.72</td><td>11 518.25</td><td></td></tr>
<tr><td colspan="2">2. 运营控制中心</td><td>1</td><td>处</td><td>607.25</td><td>607.25</td><td>控制中心升级改造</td></tr>
<tr><td colspan="2">3. 车辆段</td><td>35</td><td>联锁道岔</td><td>80.91</td><td>2 831.97</td><td></td></tr>
<tr><td colspan="2">4. 试车线</td><td>1</td><td>条</td><td>1 079.77</td><td>1 079.77</td><td></td></tr>
<tr><td colspan="2">5. 车载设备</td><td>33</td><td>列</td><td>294.14</td><td>9 706.68</td><td></td></tr>
<tr><td colspan="2">6. 维修与培训中心</td><td>1</td><td>处</td><td>213.34</td><td>213.34</td><td></td></tr>
<tr><td colspan="2">7. 其他</td><td>16.700</td><td>正线公里</td><td>16.46</td><td>274.85</td><td>既有线路改造</td></tr>
<tr><td rowspan="6">6</td><td rowspan="6">供电</td><td colspan="2">供电系统</td><td>16.700</td><td>正线公里</td><td>7 125.43</td><td>118 994.76</td><td></td></tr>
<tr><td rowspan="2">外部电源</td><td>1. 分散供电</td><td>6</td><td>处</td><td>8 025.00</td><td>48 150.00</td><td></td></tr>
<tr><td>2. 110kV 变电站</td><td>1</td><td>处</td><td>5 575.00</td><td>5 575.00</td><td>两线分摊后费用</td></tr>
<tr><td rowspan="3">变电所（万元/座）</td><td>1. 牵引降压混合变电所</td><td>9</td><td>座</td><td>1 496.67</td><td>13 470.02</td><td></td></tr>
<tr><td>2. 降压所</td><td>1</td><td>座</td><td>485.31</td><td>485.31</td><td></td></tr>
<tr><td>3. 跟随所</td><td>5</td><td>座</td><td>339.00</td><td>1 695.01</td><td></td></tr>
</table>

续表 5-7

分项造价指标								
章节	工程及费用名称			工程数量	单位	指标（万元）*	投资（万元）	备注
一	第一部分　工程费用			16.700	正线公里	52 859.71	882 757.11	
6	供电	环网电缆	环网电缆	16.700	正线公里	303.65	5 070.99	
			环网电缆	45.37	条公里	111.77	5 070.99	北京地区轨道交通环网中压网络常用为 10kV
		牵引网（接触轨）	接触轨	48.38	条公里	239.89	11 606.10	
			（1）正线	37.80	条公里	223.98	8 466.27	
			（2）车辆段	10.58	条公里	296.77	3 139.83	
		电力监控（SCADA）		16.700	正线公里	51.60	861.71	
		杂散电流防护与接地系统	1. 杂散电流防护	16.700	正线公里	68.64	1 146.34	
			（1）正线	16.700	正线公里	54.93	917.40	
			（2）车辆段	1	处	228.94	228.94	
			2. 接地系统	12	处	54.98	659.70	
		供电车间及其他系统		1	处	506.80	506.80	
		再生电能利用装置		8	处	261.03	2 088.27	
		车站及车站及车辆基地 UPS 电源系统		10	处	227.07	2 270.67	
		动力与照明	动力与照明	16.700	正线公里	1 439.94	24 047.03	
			（1）车站	203 527.00	m^2	0.08	16 577.34	
			（2）区间	16.700	正线公里	447.29	7 469.69	

续表 5–7

分项造价指标							
章节	工程及费用名称			工程数量	单位	指标（万元）*	投资（万元）	备注
一	第一部分　工程费用			16.700	正线公里	52 859.71	882 757.11	
7	综合监控	综合监控		16.700	正线公里	177.64	2 966.59	
		1. 车站		9	站	197.73	1 779.57	
		2. 运营控制中心		1	处	636.02	636.02	
		3. 车辆段		1	处	311.46	311.46	
		4. 既有系统升级改造		16.700	正线公里	14.34	239.54	
8	防灾报警、环境与设备监控	防灾报警、环境与设备监控		16.700	正线公里	757.93	12 657.51	
		火灾自动报警（FAS）	火灾自动报警（FAS）	16.700	正线公里	542.21	9 054.90	
			（1）车站	9	站	396.75	3 570.76	
			（2）运营控制中心	1	处	222.10	222.10	
			（3）车辆段	1	处	1 036.45	1 036.45	
			（4）变电所	3	处	27.12	81.35	
			（5）区间	16.700	正线公里	225.42	3 764.57	
			（6）气体灭火控制系统	9	站	42.19	379.67	
		环境与设备监控（BAS）	环境与设备监控（BAS）	16.700	正线公里	215.73	3 602.61	
			（1）车站	9	站	288.83	2 599.44	
			（2）车辆段	1	处	232.86	232.86	
			（3）区间	16.700	正线公里	46.13	770.31	
9	安防及门禁	安防及门禁		16.700	正线公里	473.22	7 902.81	
		1. 安防系统		16.700	正线公里	32.01	534.52	
		2. 门禁系统		16.700	正线公里	68.35	1 141.50	
		3. 安检系统		58	处	107.36	6 226.79	

续表 5–7

分项造价指标								
章节	工程及费用名称			工程数量	单位	指标（万元）*	投资（万元）	备注
一	第一部分　工程费用			16.700	正线公里	52 859.71	882 757.11	
10	通风、空调与采暖	通风、空调与采暖		16.700	正线公里	981.72	16 394.72	
		1. 车站		9	站	1 594.08	14 346.69	
		2. 区间		16.700	正线公里	49.07	819.52	
		3. 风水联动系统		9	站	136.50	1 228.51	
11	给水排水与消防	给水排水与消防		16.700	正线公里	648.58	10 831.32	
		车站给水排水与消防	车站给水排水与消防	9	站	953.69	8 583.17	
			（1）给水	9	站	100.60	905.40	
			（2）排水	9	站	164.62	1 481.58	
			（3）消防	9	站	192.06	1 728.51	
			（4）市政管网接驳	9	站	352.94	3 176.44	含外部管线
			（5）自动灭火系统	9	站	143.47	1 291.24	
		区间给水排水与消防		16.700	正线公里	134.62	2 248.15	
12	自动售检票	自动售检票		16.700	正线公里	535.35	8 940.41	
		1. 车站		9	站	894.24	8 048.19	
		2. 运营控制中心		1	处	291.45	291.45	
		3. MLC 接入费		1	处	150.00	150.00	
		4. 线路数据汇聚节点接入费		1	处	100.00	100.00	
		5. 维修（培训）中心扩容		1	处	350.77	350.77	

续表 5-7

分项造价指标								
章节	工程及费用名称			工程数量	单位	指标（万元）*	投资（万元）	备注
一	第一部分　工程费用			16.700	正线公里	52 859.71	882 757.11	
13	站内客运设备、站台门	站内客运设备、站台门		16.700	正线公里	1 068.92	17 850.90	
		站内客运设备	站内客运设备	16.700	正线公里	750.69	12 536.47	
			（1）自动扶梯	125	部	89.95	11 244.14	
			（2）电梯	29	部	44.56	1 292.33	
		站台门		9	站	590.49	5 314.43	
14	办公自动化	办公自动化		16.700	正线公里	60.24	1 006.07	
		1. 车站		9	站	37.18	334.58	
		2. OA 中心		1	处	82.40	82.40	
		3. 车辆段		1	处	489.09	489.09	
		4. 轨道交通资产管理平台接入费		1	处	100.00	100.00	
15	运营控制中心	运营控制中心		16.700	正线公里	135.68	2 265.80	
		ACC/TCC 接入费用		1	处	2 265.80	2 265.80	
16	车辆基地	车辆基地		16.700	正线公里	6 784.56	113 302.15	
		1. 生产及办公房屋		142 534.00	m^2	0.39	55 703.62	包含风、水、电等
		2. 工艺设备			万元		14 076.48	包含锅炉房工艺设备系统及水处理设备
		3. 附属工程			万元		43 522.05	

续表 5–7

<table>
<tr><th colspan="8">分项造价指标</th></tr>
<tr><th>章节</th><th colspan="2">工程及费用名称</th><th>工程数量</th><th>单位</th><th>指标（万元）*</th><th>投资（万元）</th><th>备注</th></tr>
<tr><td>一</td><td colspan="2">第一部分　工程费用</td><td>16.700</td><td>正线公里</td><td>52 859.71</td><td>882 757.11</td><td></td></tr>
<tr><td rowspan="4">17</td><td rowspan="4">人防</td><td>人防</td><td>16.700</td><td>正线公里</td><td>545.20</td><td>9 104.89</td><td></td></tr>
<tr><td>1. 车站人防</td><td>8</td><td>站</td><td>715.10</td><td>5 720.79</td><td>其中 1 站不设置人防</td></tr>
<tr><td>2. 人防集中信号显示</td><td>8</td><td>站</td><td>122.70</td><td>981.62</td><td></td></tr>
<tr><td>3. 区间人防</td><td>16.700</td><td>正线公里</td><td>143.86</td><td>2 402.48</td><td></td></tr>
<tr><td>18</td><td>既有线路车辆改造</td><td>既有线路车辆改造</td><td>16.700</td><td>正线公里</td><td>65.87</td><td>1 100.00</td><td></td></tr>
<tr><td>二</td><td colspan="2">第二部分　工程建设其他费用</td><td>16.700</td><td>正线公里</td><td>13 535.69</td><td>226 045.98</td><td></td></tr>
<tr><td rowspan="4">1</td><td rowspan="4">前期工程费</td><td>前期工程费</td><td>16.700</td><td>正线公里</td><td>7 502.09</td><td>125 284.94</td><td></td></tr>
<tr><td>1. 征地</td><td>150.61</td><td>亩</td><td>152.41</td><td>22 955.00</td><td>数量及费用为本线与区级政府协议分摊后数据</td></tr>
<tr><td>2. 拆迁</td><td>2 506.50</td><td>m^2</td><td>3.75</td><td>9 394.10</td><td>数量及费用为本线与区级政府协议分摊后数据</td></tr>
<tr><td>3. 其他前期</td><td>16.700</td><td>正线公里</td><td>3 697.85</td><td>92 935.84</td><td></td></tr>
<tr><td>2</td><td colspan="2">其他费用</td><td>16.700</td><td>正线公里</td><td>6 033.60</td><td>100 761.04</td><td>11.41%</td></tr>
<tr><td>三</td><td colspan="2">第三部分　预备费用</td><td>16.700</td><td>正线公里</td><td>3 104.91</td><td>51 851.97</td><td>5.00%</td></tr>
<tr><td>四</td><td colspan="2">第四部分　专项费用</td><td>16.700</td><td>正线公里</td><td>15 486.17</td><td>258 619.00</td><td></td></tr>
<tr><td>1</td><td colspan="2">车辆购置费</td><td>264</td><td>辆</td><td>650.00</td><td>171 600.00</td><td>地铁 B 型车</td></tr>
<tr><td>2</td><td colspan="2">建设期贷款利息</td><td>16.700</td><td>正线公里</td><td>5 052.63</td><td>84 379.00</td><td>5.95%</td></tr>
<tr><td>3</td><td colspan="2">铺底流动资金</td><td>264</td><td>辆</td><td>10.00</td><td>2 640.00</td><td></td></tr>
<tr><td colspan="3">投资总额</td><td>16.700</td><td>正线公里</td><td>84 986.47</td><td>1 419 274.06</td><td></td></tr>
</table>

表 5-8　造价指标分析表（华北地区，示例项目 7）

<table>
<tr><td colspan="6">项目特征</td></tr>
<tr><td>序号</td><td colspan="2">统计项目</td><td colspan="2">特征描述</td><td>备注</td></tr>
<tr><td>1</td><td colspan="2">项目名称</td><td colspan="2">华北地区，示例项目 7</td><td></td></tr>
<tr><td>2</td><td colspan="2">设计阶段</td><td colspan="2">初步设计</td><td></td></tr>
<tr><td>3</td><td colspan="2">编制期时间</td><td colspan="2">2016 年第 6 期</td><td></td></tr>
<tr><td>4</td><td colspan="2">线路长度（正线公里）</td><td colspan="2">22.600</td><td></td></tr>
<tr><td>5</td><td colspan="2">敷设方式</td><td colspan="2">全地下</td><td></td></tr>
<tr><td>6</td><td colspan="2">车站设置（座）</td><td colspan="2">21</td><td></td></tr>
<tr><td>7</td><td colspan="2">平均站间距（km）</td><td colspan="2">1.076</td><td></td></tr>
<tr><td>8</td><td colspan="2">车辆基地设置</td><td colspan="2">1 段</td><td></td></tr>
<tr><td>9</td><td colspan="2">速度目标值（km/h）</td><td colspan="2">80</td><td></td></tr>
<tr><td>10</td><td colspan="2">工程费技术经济指标
（亿元 / 正线公里）</td><td colspan="2">6.30</td><td></td></tr>
<tr><td>11</td><td colspan="2">全费用技术经济指标
（亿元 / 正线公里）</td><td colspan="2">11.33</td><td></td></tr>
<tr><td>12</td><td rowspan="2">初期
配车</td><td>车型</td><td colspan="2">B 型车</td><td></td></tr>
<tr><td>13</td><td>编组</td><td colspan="2">6 辆编组，23 列 /138 辆</td><td></td></tr>
<tr><td rowspan="5">14</td><td rowspan="5">人工及主
要材料
单价</td><td>人工　土建（元 / 工日）</td><td colspan="2" rowspan="2">一类工：133.92 元 / 工日；二类工：107.42 元 / 工日；三类工：85.1 元 / 工日</td><td></td></tr>
<tr><td>人工　安装（元 / 工日）</td><td></td></tr>
<tr><td>混凝土　C45（元 /m³）</td><td colspan="2">414.24</td><td></td></tr>
<tr><td>钢筋　HRB300（元 /t）</td><td colspan="2">2 847.63</td><td></td></tr>
<tr><td>水泥　32.5（元 /t）</td><td colspan="2">401.45</td><td></td></tr>
<tr><td colspan="6">综合造价指标</td></tr>
<tr><td>章节</td><td colspan="2">工程及费用名称</td><td>数量
（正线公里）</td><td>指标
（万元）*</td><td>投资
（万元）</td><td>备注</td></tr>
<tr><td>一</td><td colspan="2">第一部分　工程费用</td><td>22.600</td><td>62 997.38</td><td>1 423 740.70</td><td></td></tr>
<tr><td>1</td><td colspan="2">车站</td><td>22.600</td><td>30 695.19</td><td>693 711.30</td><td></td></tr>
<tr><td>2</td><td colspan="2">区间</td><td>22.600</td><td>11 616.18</td><td>262 525.70</td><td></td></tr>
<tr><td>3</td><td colspan="2">轨道</td><td>22.600</td><td>2 349.75</td><td>53 104.40</td><td></td></tr>
<tr><td>4</td><td colspan="2">通信</td><td>22.600</td><td>1 096.04</td><td>24 770.40</td><td></td></tr>
<tr><td>5</td><td colspan="2">信号</td><td>22.600</td><td>1 390.02</td><td>31 414.50</td><td></td></tr>
<tr><td>6</td><td colspan="2">供电</td><td>22.600</td><td>5 793.92</td><td>130 942.50</td><td></td></tr>
<tr><td>7</td><td colspan="2">综合监控</td><td>22.600</td><td>295.96</td><td>6 688.60</td><td></td></tr>
<tr><td>8</td><td colspan="2">火灾自动报警、环境与设备</td><td>22.600</td><td>531.92</td><td>12 021.30</td><td></td></tr>
</table>

续表 5–8

综合造价指标					
章节	工程及费用名称	数量（正线公里）	指标（万元）*	投资（万元）	备注
一	第一部分　工程费用	22.600	62 997.38	1 423 740.70	
9	安防与门禁	22.600	617.29	13 950.80	
10	通风、空调与采暖	22.600	1 312.99	29 673.50	
11	给水排水与消防	22.600	845.24	19 102.40	
12	自动售检票（AFC）	22.600	711.66	16 083.50	
13	站内客运设备、站台门	22.600	1 582.33	35 760.70	
14	运营控制中心	22.600	176.99	4 000.00	
15	车辆基地	22.600	3 436.76	77 670.70	
16	人防	22.600	545.15	12 320.40	
二	第二部分　工程建设其他费用	22.600	34 393.08	777 283.50	
三	第三部分　预备费	22.600	4 869.52	110 051.20	
四	第四部分　专项费用	22.600	11 024.26	249 148.20	
投资总额		22.600	113 284.23	2 560 223.60	

分项造价指标								
章节	工程及费用名称			工程数量	单位	指标（万元）*	投资（万元）	备注
一	第一部分　工程费用			22.600	正线公里	62 997.38	1 423 740.75	
1	车站	车站		22.600	正线公里	30 695.19	693 711.30	
		地下车站（典型）	工法	明挖 + 局部盖挖顺作法				
			层数	2				
			建筑面积（m^2）	17 652.00				
			基坑深度（m）	17.24				
			车站指标	17 652.00	m^2	1.57	27 789.35	
			（一）土建工程	17 652.00	m^2	1.43	25 215.85	含出入口、风道地面建筑
			1. 围护结构	17 652.00	m^3	0.57	10 046.20	万元 /m^2
			（1）地下连续墙	22 625.81	m^3	0.36	8 242.60	

续表 5–8

分项造价指标								
章节	工程及费用名称			工程数量	单位	指标（万元）*	投资（万元）	备注
一	第一部分　工程费用			22.600	正线公里	62 997.38	1 423 740.75	
1	车站	地下车站（典型）	（2）钻孔灌注桩	4 804.67	m^3	0.38	1 803.60	钻孔桩 + 搅拌桩止水帷幕
			2. 土石方、支撑、降水	154 052.44	m^3	0.03	4 690.66	
			（1）土石方	154 052.44	m^3	0.013	1 950.99	
			（2）钢支撑	3 706.19	t	0.51	1 875.85	含格构柱及基础
			（3）混凝土支撑	1 598.66	m^3	0.26	420.16	
			（4）降水	90	根	4.93	443.67	
			3. 主体结构	35 704.96	m^3	0.26	9 131.39	
			（1）主体结构	35 704.96	m^3	0.24	8 456.42	
			（2）防水	24 806.15	m^2	0.027	674.97	
			4. 地基加固	17 652.00	m^2	0.05	967.60	万元 /m^2 新增开项
			（1）旋喷桩	7 500.32	m	0.07	527.16	新增开项 *D*800mm
			（2）水泥搅拌桩	10 023.19	m^3	0.04	440.44	新增开项
			（二）建筑装饰工程	17 652.00	m^2	0.13	2 218.20	
			（三）附属工程	17 652.00	m^2	0.02	355.30	除土建、装修外其他
2	区间	区间		22.600	正线公里	11 616.18	262 525.70	
		路基段（典型）	路基段	334.70	双延米	3.32	1 111.20	出入线段地面段
		地下区间（典型）	（一）盾构区间	975.60	双延米	13.03	12 710.70	三经路站至六经路站区间
			盾构类型	土压平衡盾构，管片外径 6.2m，内径 5.5m				注明普通盾构、复合盾构、泥水盾构或 TBM，管片内径 / 外径

续表 5-8

分项造价指标								
章节	工程及费用名称			工程数量	单位	指标（万元）*	投资（万元）	备注
一	第一部分　工程费用			22.600	正线公里	62 997.38	1 423 740.75	
2	区间	地下区间（典型）	管片厚度（mm）	350.00				
			管片宽度（m）	正常段：1.5；曲线半径≤ 450 : 1.2				
			1. 盾构掘进（含吊装、掉拆等）					
			土压盾构掘进	1 951.20	m	2.52	4 916.64	按单延米统计指标
			2. 管片	6.43	m^3	0.38	4 815.30	单位含量按单延米统计
			3. 进出洞加固	1 951.20	m	0.19	367.03	
			4. 同步及二次注浆		万元		862.96	
			5. 其他	1 951.20	m	0.64	1 258.20	联络通道、施工监测等，不含风险源加固
			（二）明挖区间	379.80	双延米	29.67	11 270.30	出入段线明挖区间
			1. 围护结构					
			（1）地下连续墙	12 209.90	m^3	0.36	4 448.00	
			（2）其他围护结构 –SMW	5 832.49	m^3	0.12	677.00	
			2. 土石方、支撑、降水	62 693.48	m^3	0.025	1 566.97	
			（1）土石方	62 693.48	m^3	0.014	872.39	
			（2）钢支撑	434.33	t	0.87	378.94	
			（3）混凝土支撑	1 372.91	m^3	0.11	156.87	
			（4）降水	25	根	6.35	158.77	
			3. 主体结构	15 404.80	m^3	0.24	3 624.49	
			（1）主体结构	15 404.80	m^3	0.21	3 233.01	
			（2）防水	13 718.12	m^2	0.029	391.48	

续表 5-8

分项造价指标								
章节	工程及费用名称			工程数量	单位	指标（万元）*	投资（万元）	备注
一	第一部分　工程费用			22.600	正线公里	62 997.38	1 423 740.75	
3	轨道	轨道形式		地下线与车辆段库内线采用砼整体道床，库外线采用碎石道床				道床形式等
		轨道		22.600	正线公里	349.75	53 104.45	
		正线	1. 铺轨	49.720	铺轨公里	302.70	15 050.33	
			（1）一般段	29.110	铺轨公里	295.95	8 615.25	
			（2）中等减振段	4.840	铺轨公里	384.71	1 861.99	
			（3）高等减振段	5.160	铺轨公里	299.71	1 546.49	不含减振垫
			（4）特殊减振段	10.610	铺轨公里	285.26	3 026.60	不含钢弹簧隔振器
			2. 铺道床（现浇/预制）	49.720	铺轨公里	548.38	27 265.29	C35 混凝土现浇道床
			（1）一般段	29.110	铺轨公里	142.40	4 145.39	
			（2）中等减振段	4.840	铺轨公里	138.09	668.36	
			（3）高等减振段	5.160	铺轨公里	1 110.60	5 730.70	含减振垫
			（4）特殊减振段	10.610	铺轨公里	1 575.95	16 720.84	含钢弹簧隔振器
			3. 铺道岔	36	组	75.62	2 722.47	
			（1）单开道岔	32	组	42.05	1 345.75	
			（2）特种道岔	4	组	197.98	791.93	
			（3）道岔道床	5 437.00	m^3	0.11	584.79	
		车辆基地铺轨	1. 铺轨（万元/铺轨公里）（含道床）	11.990	铺轨公里	242.65	2 909.40	
			2. 铺道岔	37	组	33.64	1 244.60	
		线路有关工程	线路有关工程	61.710	铺轨公里	50.44	3 112.36	
		铺轨基地	铺轨基地	4	处	200.00	800.00	

续表 5-8

分项造价指标								
章节	工程及费用名称			工程数量	单位	指标（万元）*	投资（万元）	备注
一	第一部分　工程费用			22.600	正线公里	62 997.38	1 423 740.75	
4	通信	通信		22.600	正线公里	1 096.04	24 770.40	
		专用通信系统		22.600	正线公里	1 096.04	24 770.40	
5	信号	信号		22.600	正线公里	1 390.02	31 414.50	
		1. 正线		22.600	正线公里	940.21	21 248.70	含车载设备
		2. 运营控制中心		1	处	2 040.40	2 040.40	
		3. 车辆段		39	联锁道岔	157.49	6 142.30	含试车线
		4. 其他（万元 / 正线公里）		22.600	正线公里	87.75	1 983.10	备用控制中心
6	供电	供电		22.600	正线公里	5 793.92	130 942.50	
		主变电站	1. 主变电站	1	座	6 850.40	6 850.40	
			（1）主变电站房屋		万元		1 891.30	
			（2）变电工程	1	座	4 959.10	4 959.10	
			2. 电力进线	17.200	km	870.97	14 980.70	
			110kV 输电线路	17.200	km	870.97	14 980.70	
		变电所	1. 牵引降压混合变电所	11	座	1 765.69	19 422.60	
			2. 降压所	13	座	661.18	8 595.30	
			3. 跟随所	1	座	353.90	353.90	
			4. 其他	1	座	2 896.60	2 896.60	车辆段牵引变电所

续表 5–8

分项造价指标								
章节	工程及费用名称			工程数量	单位	指标（万元）*	投资（万元）	备注
一	第一部分　工程费用			22.600	正线公里	62 997.38	1 423 740.75	
6	供电	环网电缆	环网电缆	22.600	正线公里	537.27	12 142.40	
			环网电缆	244.00	条公里	49.76	12 142.40	
		牵引网（接触轨）	架空接触网	73.80	条公里	153.77	11 348.10	
			（1）正线	53.30	条公里	151.96	8 099.50	
			（2）车辆段	20.50	条公里	158.47	3 248.60	
		杂散电流防护与接地系统	杂散电流防护	22.600	正线公里	75.36	1 703.10	
			（1）正线	22.600	正线公里	62.62	1 415.20	
			（2）车辆段	1	处	287.90	287.90	
		供电车间及其他系统	1. 再生电能利用装置	11	处	397.24	4 369.60	
			2. 供电运行安全生产管理系统	1	处	1 093.70	1 093.70	
			3. 供电系统抗震吊架支撑系统	21	处	9.38	197.00	
		动力与照明	动力与照明	22.600	正线公里	2 079.16	46 989.10	
			（1）车站	22.600	正线公里	1 865.19	42 153.40	
			（2）区间	22.600	正线公里	213.97	4 835.70	

续表 5-8

分项造价指标								
章节	工程及费用名称			工程数量	单位	指标（万元）*	投资（万元）	备注
一	第一部分　工程费用			22.600	正线公里	62 997.38	1 423 740.75	
7	综合监控	综合监控		22.600	正线公里	295.96	6 688.60	
		1. 车站		21	站	208.17	4 371.60	
		2. 运营控制中心		1	处	825.70	825.70	
		3. 车辆段		1	处	595.30	595.30	
		4. 备用控制中心		1	处	422.50	422.50	
		5. 与既有乘车站接口部分		7	处	39.50	276.50	
		6. 综合监控抗震吊架支撑系统		21	处	9.38	197.00	
8	防灾报警、环境与设备监控	防灾报警、环境与设备监控		22.600	正线公里	531.92	12 021.30	
		火灾自动报警（FAS）	火灾自动报警（FAS）	22.600	正线公里	316.99	7 163.90	含气灭控制部分
			（1）车站	21	站	311.86	6 549.00	
			（2）车辆段	1	处	614.90	614.90	
		环境与设备监控（BAS）	环境与设备监控（BAS）	22.600	正线公里	214.93	4 857.40	
			（1）车站	21	站	222.14	4 665.00	
			（2）车辆段	1	处	192.40	192.40	
9	安防及门禁	安防及门禁		22.600	正线公里	617.29	13 950.80	
		1. 安防系统		22.600	正线公里	467.02	10 554.70	
		2. 安检系统		44	处	77.18	3 396.10	
		3. 门禁系统						
10	通风、空调与采暖	通风、空调与采暖		22.600	正线公里	1 312.99	29 673.50	
		1. 车站		21	站	1 349.40	28 337.50	
		2. 综合支吊架及抗震支吊架		21	站	63.62	1 336.00	

续表 5-8

<table>
<tr><td colspan="9">分项造价指标</td></tr>
<tr><td>章节</td><td colspan="3">工程及费用名称</td><td>工程数量</td><td>单位</td><td>指标（万元）*</td><td>投资（万元）</td><td>备注</td></tr>
<tr><td>一</td><td colspan="3">第一部分　工程费用</td><td>22.600</td><td>正线公里</td><td>62 997.38</td><td>1 423 740.75</td><td></td></tr>
<tr><td rowspan="9">11</td><td rowspan="9">给水排水与消防</td><td colspan="2">给水排水与消防</td><td>22.600</td><td>正线公里</td><td>845.24</td><td>19 102.40</td><td></td></tr>
<tr><td rowspan="6">车站给水排水与消防</td><td>车站给水排水与消防</td><td>21</td><td>站</td><td>732.31</td><td>15 378.60</td><td></td></tr>
<tr><td>（1）给水</td><td rowspan="2">21</td><td>站</td><td rowspan="2">193.54</td><td rowspan="2">4 064.40</td><td></td></tr>
<tr><td>（2）排水</td><td>站</td><td></td></tr>
<tr><td>（3）消防</td><td>21</td><td>站</td><td>246.67</td><td>5 180.10</td><td></td></tr>
<tr><td>（4）市政管网接驳</td><td>21</td><td>站</td><td>80.95</td><td>1 700.00</td><td></td></tr>
<tr><td>（5）自动灭火系统</td><td>21</td><td>站</td><td>211.15</td><td>4 434.10</td><td></td></tr>
<tr><td colspan="2">区间给水排水与消防</td><td>22.600</td><td>正线公里</td><td>137.18</td><td>3 100.30</td><td></td></tr>
<tr><td colspan="2">系统抗震式吊架支撑系统</td><td>21</td><td>站</td><td>29.69</td><td>623.50</td><td></td></tr>
<tr><td rowspan="5">12</td><td rowspan="5">自动售检票</td><td colspan="2">自动售检票</td><td>22.600</td><td>正线公里</td><td>711.66</td><td>16 083.50</td><td></td></tr>
<tr><td colspan="2">1. 车站</td><td>21</td><td>站</td><td>632.96</td><td>13 292.10</td><td></td></tr>
<tr><td colspan="2">2. 运营控制中心</td><td>1</td><td>处</td><td>2 074.50</td><td>2 074.50</td><td>测试、培训及票务分中心</td></tr>
<tr><td colspan="2">3. 车辆段</td><td>1</td><td>处</td><td>131.10</td><td>131.10</td><td></td></tr>
<tr><td colspan="2">4. 备用控制中心</td><td>1</td><td>处</td><td>585.80</td><td>585.80</td><td></td></tr>
<tr><td rowspan="5">13</td><td rowspan="5">站内客运设备、站台门</td><td colspan="2">站内客运设备、站台门</td><td>22.600</td><td>正线公里</td><td>1 582.33</td><td>35 760.70</td><td></td></tr>
<tr><td rowspan="3">站内客运设备</td><td>站内客运设备</td><td>22.600</td><td>正线公里</td><td>1 071.27</td><td>24 210.70</td><td></td></tr>
<tr><td>（1）自动扶梯</td><td>217</td><td>部</td><td>104.11</td><td>22 591.70</td><td></td></tr>
<tr><td>（2）电梯</td><td>42</td><td>部</td><td>38.55</td><td>1 619.00</td><td></td></tr>
<tr><td colspan="2">站台门</td><td>21</td><td>站</td><td>550.00</td><td>11 550.00</td><td></td></tr>
<tr><td rowspan="2">14</td><td rowspan="2">运营控制中心</td><td colspan="2">运营控制中心</td><td>22.600</td><td>正线公里</td><td>176.99</td><td>4 000.00</td><td></td></tr>
<tr><td colspan="2">接入改造费用</td><td></td><td>万元</td><td></td><td>4 000.00</td><td></td></tr>
</table>

续表 5–8

分项造价指标							
章节	工程及费用名称		工程数量	单位	指标（万元）*	投资（万元）	备注
一	第一部分　工程费用		22.600	正线公里	62 997.38	1 423 740.75	
15	车辆基地	车辆基地	22.600	正线公里	3 436.76	77 670.70	
		1. 生产及办公房屋	66 595.00	m²	0.48	32 242.50	包含风、水、电等
		2. 工艺设备		万元		16 731.20	含供电车间、公务机具
		3. 附属工程		万元		18 573.80	
		4. 路基工程		万元		6 623.20	
		5. 桥涵工程		万元		3 500.00	
		（1）桥梁	987.00	m²	0.83	817.00	
		（2）涵洞		万元		2 683.00	
16	人防	人防	22.600	正线公里	545.15	12 320.40	
		人防	21	站	586.69	12 320.40	
二	第二部分　工程建设其他费用		22.600	正线公里	34 393.08	777 283.50	
1	前期工程费	前期工程费	22.600	正线公里	19 095.08	431 548.70	
		1. 征地	570.200	亩	183.67	104 727.50	
		2. 拆迁	62 444.00	m²	4.60	286 958.90	
		3. 其他前期	22.600	正线公里	1 763.82	39 862.30	
2	其他费用		22.600	正线公里	15 298.00	345 734.80	24.3%
三	第三部分　预备费用		22.600	正线公里	4 869.52	110 051.20	5.00%
四	第四部分　专项费用		22.600	正线公里	11 024.26	249 148.20	
1	车辆购置费		138	辆	650.00	89 700.00	地铁 B 型车
2	建设期贷款利息		22.600	正线公里	6 994.17	158 068.20	6.17%
3	铺底流动资金		138	辆	10.00	1 380.00	
投资总额			22.600	正线公里	113 284.23	2 560 223.60	

表 5-9 造价指标分析表（华北地区，示例项目 8）

<table>
<tr><td colspan="6">项目特征</td></tr>
<tr><td>序号</td><td colspan="2">统计项目</td><td colspan="2">特征描述</td><td>备注</td></tr>
<tr><td>1</td><td colspan="2">项目名称</td><td colspan="2">华北地区，示例项目 8</td><td></td></tr>
<tr><td>2</td><td colspan="2">设计阶段</td><td colspan="2">初步设计</td><td></td></tr>
<tr><td>3</td><td colspan="2">编制期时间</td><td colspan="2">2017 年 6 月</td><td></td></tr>
<tr><td>4</td><td colspan="2">线路长度（正线公里）</td><td colspan="2">7.342</td><td></td></tr>
<tr><td>5</td><td colspan="2">敷设方式</td><td colspan="2">全地下</td><td></td></tr>
<tr><td>6</td><td colspan="2">车站设置（座）</td><td colspan="2">5</td><td></td></tr>
<tr><td>7</td><td colspan="2">平均站间距（km）</td><td colspan="2">1.47</td><td></td></tr>
<tr><td>8</td><td colspan="2">车辆基地设置</td><td colspan="2">1 段</td><td></td></tr>
<tr><td>9</td><td colspan="2">速度目标值（km/h）</td><td colspan="2">80</td><td></td></tr>
<tr><td>10</td><td colspan="2">工程费技术经济指标
（亿元 / 正线公里）</td><td colspan="2">5.06</td><td></td></tr>
<tr><td>11</td><td colspan="2">全费用技术经济指标
（亿元 / 正线公里）</td><td colspan="2">7.81</td><td></td></tr>
<tr><td>12</td><td rowspan="2">初期
配车</td><td>车型</td><td colspan="2">A 型车</td><td></td></tr>
<tr><td>13</td><td>编组</td><td colspan="2">6 辆编组，7 列 /42 辆</td><td></td></tr>
<tr><td rowspan="5">14</td><td rowspan="5">人工及
主要材料
单价</td><td>人工 土建（元 / 工日）</td><td colspan="2" rowspan="2">综合用工一类单价：76.00 元 / 工日，综合用工二类单价：67.02 元 / 工日，综合用工三类单价：50.29 元 / 工日</td><td></td></tr>
<tr><td>人工 安装（元 / 工日）</td><td></td></tr>
<tr><td>混凝土 C45（元 /m^3）</td><td colspan="2">325</td><td></td></tr>
<tr><td>钢筋 HRB300（元 /t）</td><td colspan="2">3 950</td><td></td></tr>
<tr><td>水泥 32.5（元 /t）</td><td colspan="2">420</td><td></td></tr>
<tr><td colspan="6">综合造价指标</td></tr>
<tr><td>章节</td><td colspan="2">工程及费用名称</td><td>数量
（正线公里）</td><td>指标
（万元）*</td><td>投资
（万元）</td><td>备注</td></tr>
<tr><td>一</td><td colspan="2">第一部分 工程费用</td><td>7.342</td><td>50 572.89</td><td>371 306.16</td><td></td></tr>
<tr><td>1</td><td colspan="2">车站</td><td>7.342</td><td>12 964.35</td><td>95 184.25</td><td></td></tr>
<tr><td>2</td><td colspan="2">区间</td><td>7.342</td><td>10 750.10</td><td>78 927.22</td><td></td></tr>
<tr><td>3</td><td colspan="2">轨道</td><td>7.342</td><td>2 380.25</td><td>17 475.76</td><td></td></tr>
<tr><td>4</td><td colspan="2">通信</td><td>7.342</td><td>1 505.50</td><td>11 053.38</td><td></td></tr>
<tr><td>5</td><td colspan="2">信号</td><td>7.342</td><td>1 868.70</td><td>13 720.00</td><td></td></tr>
<tr><td>6</td><td colspan="2">供电</td><td>7.342</td><td>4 543.64</td><td>33 359.41</td><td></td></tr>
<tr><td>7</td><td colspan="2">综合监控</td><td>7.342</td><td>325.92</td><td>2 392.90</td><td></td></tr>
<tr><td>8</td><td colspan="2">火灾自动报警、环境与设备</td><td>7.342</td><td>720.46</td><td>5 289.60</td><td></td></tr>
</table>

续表 5-9

<table>
<tr><td colspan="9">综合造价指标</td></tr>
<tr><td>章节</td><td colspan="3">工程及费用名称</td><td colspan="2">数量（正线公里）</td><td>指标（万元）*</td><td>投资（万元）</td><td>备注</td></tr>
<tr><td>一</td><td colspan="3">第一部分　工程费用</td><td colspan="2">7.342</td><td>50 572.89</td><td>371 306.16</td><td></td></tr>
<tr><td>9</td><td colspan="3">安防与门禁</td><td colspan="2">7.342</td><td>316.79</td><td>2 325.87</td><td></td></tr>
<tr><td>10</td><td colspan="3">通风、空调与采暖</td><td colspan="2">7.342</td><td>955.71</td><td>7 016.84</td><td></td></tr>
<tr><td>11</td><td colspan="3">给水排水与消防</td><td colspan="2">7.342</td><td>621.27</td><td>4 561.33</td><td></td></tr>
<tr><td>12</td><td colspan="3">自动售检票（AFC）</td><td colspan="2">7.342</td><td>606.59</td><td>4 453.58</td><td></td></tr>
<tr><td>13</td><td colspan="3">站内客运设备、站台门</td><td colspan="2">7.342</td><td>1 086.94</td><td>7 980.29</td><td></td></tr>
<tr><td>14</td><td colspan="3">运营控制中心</td><td colspan="2">7.342</td><td>0.00</td><td></td><td></td></tr>
<tr><td>15</td><td colspan="3">车辆基地</td><td colspan="2">7.342</td><td>11 515.70</td><td>84 548.26</td><td></td></tr>
<tr><td>16</td><td colspan="3">人防</td><td colspan="2">7.342</td><td>410.99</td><td>3 017.47</td><td></td></tr>
<tr><td>二</td><td colspan="3">第二部分　工程建设其他费用</td><td colspan="2">7.342</td><td>16 274.82</td><td>119 489.72</td><td></td></tr>
<tr><td>三</td><td colspan="3">第三部分　预备费</td><td colspan="2">7.342</td><td>2 138.32</td><td>15 699.52</td><td></td></tr>
<tr><td>四</td><td colspan="3">第四部分　专项费用</td><td colspan="2">7.342</td><td>9 088.04</td><td>66 724.40</td><td></td></tr>
<tr><td colspan="4">投资总额</td><td colspan="2">7.342</td><td>78 074.07</td><td>573 219.80</td><td></td></tr>
<tr><td colspan="9">分项造价指标</td></tr>
<tr><td>章节</td><td colspan="3">工程及费用名称</td><td>工程数量</td><td>单位</td><td>指标（万元）*</td><td>投资（万元）</td><td>备注</td></tr>
<tr><td>一</td><td colspan="3">第一部分　工程费用</td><td>7.342</td><td>正线公里</td><td>50 572.89</td><td>371 306.16</td><td></td></tr>
<tr><td rowspan="9">1</td><td rowspan="9">车站</td><td colspan="2">车站</td><td>7.342</td><td>正线公里</td><td>12 964.35</td><td>95 184.25</td><td></td></tr>
<tr><td rowspan="8">地下车站（典型）</td><td>工法</td><td colspan="4">明挖法</td><td></td></tr>
<tr><td>层数</td><td colspan="4">2</td><td></td></tr>
<tr><td>建筑面积（m^2）</td><td colspan="4">14 013.00</td><td></td></tr>
<tr><td>基坑深度（m）</td><td colspan="4">17.09</td><td></td></tr>
<tr><td>车站指标</td><td>14 013.00</td><td>m^2</td><td>1.04</td><td>14 600.83</td><td></td></tr>
<tr><td>（一）土建工程</td><td>14 013.00</td><td>m^2</td><td>0.92</td><td>12 895.07</td><td>含出入口、风道地面建筑</td></tr>
<tr><td>1. 围护结构</td><td>7 743.61</td><td>m^3</td><td>0.36</td><td>2 784.92</td><td></td></tr>
<tr><td>（1）钻孔灌注桩</td><td>7 642.38</td><td>m^3</td><td>0.36</td><td>2 761.34</td><td></td></tr>
</table>

续表 5–9

<table>
<tr><td colspan="9">分项造价指标</td></tr>
<tr><td>章节</td><td colspan="3">工程及费用名称</td><td>工程数量</td><td>单位</td><td>指标（万元）*</td><td>投资（万元）</td><td>备注</td></tr>
<tr><td>一</td><td colspan="3">第一部分　工程费用</td><td>7.342</td><td>正线公里</td><td>50 572.89</td><td>371 306.16</td><td></td></tr>
<tr><td rowspan="9">1</td><td rowspan="9">车站</td><td rowspan="9">地下车站（典型）</td><td>（2）其他围护结构</td><td>101.23</td><td>m³</td><td>0.23</td><td>23.58</td><td>土钉墙</td></tr>
<tr><td>2. 土石方、支撑、降水</td><td>128 664.67</td><td>m³</td><td>0.023</td><td>2 950.43</td><td></td></tr>
<tr><td>（1）土石方</td><td>128 664.67</td><td>m³</td><td>0.013</td><td>1 625.43</td><td></td></tr>
<tr><td>（2）钢支撑</td><td>2 469.43</td><td>t</td><td>0.54</td><td>1 325.00</td><td>含格构柱及基础</td></tr>
<tr><td>3. 主体结构</td><td>31 926.34</td><td>m³</td><td>0.21</td><td>6 758.19</td><td></td></tr>
<tr><td>（1）主体结构</td><td>31 926.34</td><td>m³</td><td>0.20</td><td>6 283.23</td><td></td></tr>
<tr><td>（2）防水</td><td>29 131.81</td><td>m²</td><td>0.02</td><td>474.96</td><td></td></tr>
<tr><td>（二）建筑装饰工程</td><td>14 013.00</td><td>m²</td><td>0.10</td><td>1 445.17</td><td></td></tr>
<tr><td>（三）附属工程</td><td>14 013.00</td><td>m²</td><td>0.02</td><td>260.59</td><td>除土建、装修外其他</td></tr>
<tr><td rowspan="7">2</td><td rowspan="7">区间</td><td colspan="2">区间</td><td>7.342</td><td>正线公里</td><td>10 750.10</td><td>78 927.22</td><td></td></tr>
<tr><td rowspan="6">地下区间（典型）</td><td>（一）盾构区间</td><td>1 254.47</td><td>双延米</td><td>9.64</td><td>12 087.43</td><td></td></tr>
<tr><td>盾构类型</td><td colspan="4">土压平衡盾构，管片外径 6.0m，内径 5.4m</td><td>注明普通盾构、复合盾构、泥水盾构或 TBM，管片内径 / 外径</td></tr>
<tr><td>管片厚度（mm）</td><td colspan="4">300.00</td><td></td></tr>
<tr><td>管片宽度（m）</td><td colspan="4">1.20</td><td></td></tr>
<tr><td>1. 盾构掘进（含吊装、掉拆等）</td><td>2 508.94</td><td>m</td><td>2.11</td><td>5 286.34</td><td></td></tr>
<tr><td>土压盾构掘进</td><td>2 508.94</td><td>m</td><td>2.11</td><td>5 286.34</td><td>按单延米统计指标</td></tr>
</table>

续表 5–9

分项造价指标								
章节	工程及费用名称			工程数量	单位	指标（万元）*	投资（万元）	备注
一	第一部分　工程费用			7.342	正线公里	50 572.89	371 306.16	
2	区间	地下区间（典型）	2. 管片	5.50	m^3	0.36	4 969.87	单位含量按单延米统计
			3. 进出洞加固	2 508.94	m	0.14	342.17	
			4. 同步及二次注浆		万元		876.14	
			5. 其他	2 508.94	m	0.09	230.78	联络通道、施工监测等，不含风险源加固
			（二）明挖区间	1 118.26	双延米	17.76	19 860.70	出入段线明挖区间
			基坑宽度（m）	11.2 ~ 15.0				
			基坑深度（m）	7.86 ~ 15.71				
			1. 围护结构					
			钻孔灌注桩	17 185.06	m^3	0.34	5 910.55	
			2. 土石方、支撑、降水	178 319.80	m^3	0.024	4 343.98	
			（1）土石方	178 319.80	m^3	0.013	2 377.82	
			（2）钢支撑	4 470.52	t	0.44	1 965.50	
			（3）混凝土支撑	2.25	m^3	0.29	0.66	
			3. 主体结构	41 349.80	m^3	0.23	9 493.69	
			（1）主体结构	41 349.80	m^3	0.21	8 704.31	
			（2）防水	48 272.66	m^2	0.02	789.38	

续表 5–9

分项造价指标								
章节	工程及费用名称			工程数量	单位	指标（万元）*	投资（万元）	备注
一	第一部分 工程费用			7.342	正线公里	50 572.89	371 306.16	
3	轨道	轨道形式		地下线与车辆段库内线采用长轨枕式整体道床，库外线采用碎石道床				道床形式等
		轨道		7.342	正线公里	2 380.25	17 475.76	
		正线	1. 铺轨	16.948	铺轨公里	640.02	10 846.98	现浇道床
			（1）一般段	12.046	铺轨公里	370.69	4 465.33	
			（2）中等减振段	1.768	铺轨公里	413.79	731.58	
			（3）高等减振段	0.546	铺轨公里	1 458.82	796.51	含减振垫
			（4）特殊减振段	2.588	铺轨公里	1 875.41	4 853.55	含钢弹簧隔振器
			2. 铺道床（现浇 / 预制）	14	组	61.17	856.33	
			（1）单开道岔（9 号）	12	组	41.20	494.45	
			（2）特种道岔（9 号）	2	组	180.94	361.88	
		车辆基地铺轨	1. 铺轨	14.413	铺轨公里	238.55	3 438.21	如场段均有分别统计
			2. 铺道床（现浇 / 预制）	44	组	27.87	1 226.37	
			（1）单开道岔（7 号）	42	组	25.35	1 064.81	
			（2）单开道岔（9 号）	1	组	36.97	36.97	新增开项
			（3）特种道岔（7 号）	1	组	124.59	124.59	
		线路有关工程		31.361	铺轨公里	24.26	760.88	
		铺轨基地		2	处	160.00	320.00	新增开项
		开通前钢轨预打磨		18.005	单线公里	1.50	27.00	新增开项

续表 5–9

分项造价指标								
章节	工程及费用名称			工程数量	单位	指标（万元）*	投资（万元）	备注
一	第一部分　工程费用			7.342	正线公里	50 572.89	371 306.16	
4	通信	通信		7.342	正线公里	1 505.50	11 053.37	
		1. 专用通信系统		7.342	正线公里	1 214.41	8 916.19	
		2. 公安通信系统		7.342	正线公里	273.94	2 011.28	公安安防系统
		3. 民用通信引入系统		7.342	正线公里	17.15	125.91	党政专用无线通信引入系统
5	信号	信号（万元 / 正线公里）		7.342	正线公里	1 868.70	13 720.00	
		1. 正线		7.342	正线公里	977.29	7 175.25	
		2. 运营控制中心		1	处	540.00	540.00	
		3. 车辆段		47	联锁道岔	62.30	2 927.94	
		4. 试车线		1	条	176.45	176.45	
		5. 车载设备		7	列	301.77	2 112.39	
		6. 维修与培训中心		1	处	249.48	249.48	
		7. 其他		7.342	正线公里	73.34	538.49	信息安全建设费
6	供电	供电		7.342	正线公里	4 543.64	33 359.42	
		主变电站	主变电站	1	座	120.00	120.00	
			变电工程	1	座	120.00	120.00	
		变电所	1. 牵引降压混合变电所	4	座	1 838.52	7 354.09	
			2. 降压所	2	座	835.10	1 670.20	
			3. 跟随所	2	座	512.46	1 024.91	

续表 5-9

<table>
<tr><th colspan="9">分项造价指标</th></tr>
<tr><th>章节</th><th colspan="3">工程及费用名称</th><th>工程数量</th><th>单位</th><th>指标（万元）*</th><th>投资（万元）</th><th>备注</th></tr>
<tr><td>一</td><td colspan="3">第一部分　工程费用</td><td>7.342</td><td>正线公里</td><td>50 572.89</td><td>371 306.16</td><td></td></tr>
<tr><td rowspan="15">6</td><td rowspan="15">供电</td><td rowspan="2">环网电缆</td><td>环网电缆</td><td>7.342</td><td>正线公里</td><td>628.16</td><td>4 611.93</td><td></td></tr>
<tr><td>环网电缆</td><td>104.53</td><td>条公里</td><td>44.12</td><td>4 611.93</td><td></td></tr>
<tr><td rowspan="3">牵引网（接触轨）</td><td>架空接触网</td><td>37.77</td><td>条公里</td><td>163.54</td><td>6 176.82</td><td></td></tr>
<tr><td>（1）正线</td><td>19.38</td><td>条公里</td><td>168.83</td><td>3 271.89</td><td></td></tr>
<tr><td>（2）车辆段</td><td>18.39</td><td>条公里</td><td>157.96</td><td>2 904.93</td><td></td></tr>
<tr><td rowspan="3">杂散电流防护与接地系统</td><td>杂散电流防护</td><td>7.342</td><td>正线公里</td><td>118.69</td><td>871.42</td><td></td></tr>
<tr><td>（1）正线</td><td>7.342</td><td>正线公里</td><td>75.61</td><td>555.14</td><td></td></tr>
<tr><td>（2）车辆段</td><td>1</td><td>处</td><td>316.28</td><td>316.28</td><td></td></tr>
<tr><td rowspan="3">供电车间及其他系统</td><td>1. 变电所综合自动化系统</td><td>7.342</td><td>正线公里</td><td>72.71</td><td>533.82</td><td></td></tr>
<tr><td>2. 电气火灾监控系统</td><td>8</td><td>处</td><td>13.75</td><td>110.00</td><td></td></tr>
<tr><td>3. 电能质量管理系统</td><td>6</td><td>处</td><td>35.70</td><td>214.21</td><td></td></tr>
<tr><td rowspan="3">动力与照明</td><td>动力与照明</td><td>7.342</td><td>正线公里</td><td>1 453.56</td><td>10 672.03</td><td></td></tr>
<tr><td>（1）车站</td><td>7.342</td><td>正线公里</td><td>1 453.56</td><td>10 672.03</td><td></td></tr>
<tr><td>（2）区间</td><td>7.342</td><td>正线公里</td><td>299.65</td><td>2 200.00</td><td></td></tr>
</table>

续表 5-9

<table>
<tr><th colspan="9">分项造价指标</th></tr>
<tr><th>章节</th><th colspan="3">工程及费用名称</th><th>工程数量</th><th>单位</th><th>指标（万元）*</th><th>投资（万元）</th><th>备注</th></tr>
<tr><td>一</td><td colspan="3">第一部分　工程费用</td><td>7.342</td><td>正线公里</td><td>50 572.89</td><td>371 306.16</td><td></td></tr>
<tr><td rowspan="4">7</td><td rowspan="4">综合监控</td><td colspan="2">综合监控</td><td>7.342</td><td>正线公里</td><td>325.92</td><td>2 392.90</td><td></td></tr>
<tr><td colspan="2">1. 车站</td><td>5</td><td>站</td><td>281.20</td><td>1 406.02</td><td></td></tr>
<tr><td colspan="2">2. 运营控制中心</td><td>1</td><td>处</td><td>322.50</td><td>322.50</td><td></td></tr>
<tr><td colspan="2">3. 车辆段</td><td>1</td><td>处</td><td>664.39</td><td>664.39</td><td></td></tr>
<tr><td rowspan="7">8</td><td rowspan="7">防灾报警、环境与设备监控</td><td colspan="2">防灾报警、环境与设备监控</td><td>7.342</td><td>正线公里</td><td>720.46</td><td>5 289.60</td><td></td></tr>
<tr><td rowspan="3">火灾自动报警（FAS）</td><td>火灾自动报警（FAS）</td><td>7.342</td><td>正线公里</td><td>430.67</td><td>3 162.00</td><td></td></tr>
<tr><td>（1）车站</td><td>5</td><td>站</td><td>332.86</td><td>1 664.28</td><td></td></tr>
<tr><td>（2）车辆段</td><td>1</td><td>处</td><td>1 497.72</td><td>1 497.72</td><td></td></tr>
<tr><td rowspan="3">环境与设备监控（BAS）</td><td>环境与设备监控（BAS）</td><td>7.342</td><td>正线公里</td><td>289.79</td><td>2 127.60</td><td></td></tr>
<tr><td>（1）车站</td><td>5</td><td>站</td><td>315.54</td><td>1 577.68</td><td></td></tr>
<tr><td>（2）车辆段</td><td>1</td><td>处</td><td>549.92</td><td>549.92</td><td></td></tr>
<tr><td rowspan="3">9</td><td rowspan="3">安防及门禁</td><td colspan="2">安防及门禁</td><td>7.342</td><td>正线公里</td><td>316.79</td><td>2 325.86</td><td></td></tr>
<tr><td colspan="2">1. 门禁系统</td><td>7.342</td><td>正线公里</td><td>155.70</td><td>1 143.13</td><td></td></tr>
<tr><td colspan="2">2. 安检系统</td><td>12</td><td>处</td><td>98.56</td><td>1 182.73</td><td></td></tr>
<tr><td rowspan="2">10</td><td rowspan="2">通风、空调与采暖</td><td colspan="2">通风、空调与采暖</td><td>7.342</td><td>正线公里</td><td>955.71</td><td>7 016.84</td><td></td></tr>
<tr><td colspan="2">车站</td><td>5</td><td>站</td><td>1 403.37</td><td>7 016.84</td><td></td></tr>
</table>

续表 5-9

分项造价指标								
章节	工程及费用名称			工程数量	单位	指标（万元）*	投资（万元）	备注
一	第一部分　工程费用			7.342	正线公里	50 572.89	371 306.16	
11	给水排水与消防	给水排水与消防		7.342	正线公里	621.27	4 561.33	
		车站给水排水与消防	车站给水排水与消防	5	站	661.30	3 306.52	
			（1）给水	5	站	397.17	1 985.87	
			（2）排水					
			（3）消防					
			（4）自动灭火系统	5	站	264.13	1 320.66	
		区间给水排水与消防		7.342	正线公里	170.91	1 254.81	
12	自动售检票	自动售检票		7.342	正线公里	606.59	4 453.57	
		1. 车站		5	站	754.02	3 770.12	
		2. 运营控制中心		1	处	683.45	683.45	维修、培训及模拟测试中心
13	站内客运设备、站台门	站内客运设备、站台门		7.342	正线公里	1 086.94	7 980.30	
		站内客运设备	站内客运设备	7.342	正线公里	719.17	5 280.15	
			（1）自动扶梯	49	部	98.04	4 803.72	
			（2）电梯	10	部	47.64	476.43	
		站台门		5	站	540.03	2 700.15	
14	运营控制中心							集中式控制中心接入费
15	车辆基地	车辆基地		7.342	正线公里	11 515.70	84 548.25	
		1. 生产及办公房屋		104 015.00	m^2	0.44	45 809.42	包含风、水、电等
		2. 工艺设备			万元		12 039.13	含供电车间
		3. 附属工程			万元		26 699.70	

续表 5–9

分项造价指标							
章节	工程及费用名称		工程数量	单位	指标（万元）*	投资（万元）	备注
一	第一部分　工程费用		7.342	正线公里	50 572.89	371 306.16	
16	人防	人防	7.342	正线公里	410.99	3 017.46	
		1. 人防	5	站	499.37	2 496.86	
		2. 车辆段人防	1	处	520.60	520.60	
二	第二部分　工程建设其他费用		7.342	正线公里	16 274.82	119 489.72	
1	前期工程费	前期工程费	7.342	正线公里	7 953.86	58 397.26	
		1. 征地（万元 / 亩）	553.98	亩	35.00	19 389.20	
		2. 拆迁	42 153.18	m^2	0.64	26 954.14	
		（1）房屋	25 341.18	m^2	0.80	20 272.94	
		（2）构筑物	16 812.00	m^2	0.10	1 681.20	
		（3）拆迁过渡费用		万元		5 000.00	
		3. 其他前期	7.342	正线公里	1 641.78	12 053.92	
2	其他费用		7.342	正线公里	8 320.96	61 092.46	16.5%
三	第三部分　预备费用		7.342	正线公里	2 138.32	15 699.52	5.00%
四	第四部分　专项费用		7.342	正线公里	9 088.04	66 724.40	
1	车辆购置费		42	辆	800.00	33 600.00	地铁 A 型车
2	建设期贷款利息		7.342	正线公里	4 045.82	29 704.40	4.95%
3	铺底流动资金		42	辆	10.00	420.00	
4	地铁信息化中心建设费		7.342	正线公里	408.61	3 000.00	
	投资总额		7.342	正线公里	78 074.07	573 219.80	

表 5–10　造价指标分析表（华中地区，示例项目 9）

项目特征				
序号	统计项目		特征描述	备注
1	项目名称		华中地区，示例项目 9	
2	设计阶段		初步设计	
3	编制期时间		2018 年 12 月	
4	线路长度（正线公里）		33.100	
5	敷设方式		地下站 7 座、高架站 5 座 （高架 18.5km，地下 12.8km，过渡 1.8km）	
6	车站设置（座）		12	
7	平均站间距（km）		1.235	
8	车辆基地设置		1 场 1 段	
9	速度目标值（km/h）		120	
10	工程费技术经济指标 （亿元 / 正线公里）		3.48	
11	全费用技术经济指标 （亿元 / 正线公里）		5.11	
12	初期配车	车型	A 型车	
13		编组	4 辆编组，23 列 /92 辆	
14	人工及主要材料单价	人工　土建（元 / 工日）	92	
		人工　安装（元 / 工日）	142	
		混凝土　C40（元 /m^3）	527	
		钢筋　HRB400（元 /t）	4 390	
		水泥　42.5（元 /t）	565	

综合造价指标					
章节	工程及费用名称	数量（正线公里）	指标（万元）*	投资（万元）	备注
一	第一部分　工程费用	33.100	34 778.66	1 151 173.54	
1	车站	33.100	8 639.42	285 964.78	
2	区间	33.100	12 136.04	401 702.83	
3	轨道	33.100	1 638.48	54 233.56	
4	通信	33.100	1 276.59	42 255.06	
5	信号	33.100	1 310.53	43 378.69	
6	供电	33.100	3 910.03	129 421.94	
7	综合监控	33.100	344.77	11 411.87	
8	火灾自动报警、环境与设备	33.100	382.70	12 667.52	

续表 5-10

综合造价指标					
章节	工程及费用名称	数量（正线公里）	指标（万元）*	投资（万元）	备注
一	第一部分　工程费用	33.100	34 778.66	1 151 173.54	
9	安防与门禁	33.100	133.53	4 419.72	
10	通风、空调与采暖	33.100	465.41	15 405.06	
11	给水排水与消防	33.100	277.68	9 191.17	
12	自动售检票（AFC）	33.100	381.42	12 624.88	
13	站内客运设备、站台门	33.100	644.32	21 326.96	
14	运营控制中心	33.100	0.00	0.00	
15	车辆基地	33.100	3 118.80	103 232.13	
16	人防	33.100	118.95	3 937.37	
二	第二部分　工程建设其他费用	33.100	9 202.91	304 616.43	
三	第三部分　预备费	33.100	2 199.08	72 789.50	
四	第四部分　专项费用	33.100	4 883.61	161 647.33	
	投资总额	33.100	51 064.25	1 690 226.80	

分项造价指标								
章节	工程及费用名称			数量	单位	指标（万元）*	投资（万元）	备注
一	第一部分　工程费用			33.100	正线公里	34 778.66	1 151 173.54	
1	车站	车站		33.100	正线公里	8 639.42	285 964.78	
		高架车站（典型）	工法	高架				
			层数	3				架空层不算层数
			建筑面积（m^2）	16 534				
			车站指标	16 534	m^2	0.74	12 223.64	
			（一）土建工程	7 852	m^2	0.62	4 846.05	
			1. 基础工程	7 852	m^2	0.21	1 610.77	
			2. 结构工程	7 852	m^2	0.41	3 235.28	
			（二）建筑装饰工程	16 534	m^2	0.17	2 775.81	
			1. 内装修	16 534	m^2	0.12	1 984.08	
			2. 外装修	9 902	m^2	0.08	791.73	
			（三）室外附属工程	16 534	m^2	0.28	4 601.78	

续表 5-10

分项造价指标								
章节	工程及费用名称			数量	单位	指标（万元）*	投资（万元）	备注
一	第一部分　工程费用			33.100	正线公里	34 778.66	1 151 173.54	
1	车站	地下车站（典型）	工法	明挖				
			层数	2				
			建筑面积（m^2）	16 810				
			基坑深度（m）	17.00				
			车站指标	16 810.20	m^2	1.49	25 022.31	
			（一）车站主体土建工程	11 372.23	m^2	1.56	17 733.75	
			1. 围护结构	15 858.26	m^3	0.37	5 882.17	
			钻孔灌注桩	15 858.26	m^3	0.37	5 882.17	
			2. 土石方、支撑、降水	133 390.56	m^3	0.031	4 131.63	
			（1）土石方	133 390.56	m^3	0.01	1 427.10	
			（2）钢支撑	2 876.95	t	0.48	1 379.98	
			（3）混凝土支撑	1 419.50	m^3	0.26	362.79	
			（4）临时立柱桩	42	根	9.82	412.53	
			（5）降水	9	根	11.59	104.30	
			3. 主体结构	22 021.32	m^3	0.25	5 551.81	
			（1）主体结构	22 021.32	m^3	0.23	5 151.61	
			（2）防水	25 463.59	m^2	0.02	400.20	
			4. 加固及其他	72 689.59	m^3	0.03	2 258.64	
			（二）出入口、风道土建工程	5 437.97	m^2	0.96	5 237.71	
			（三）建筑装饰工程	14 601.31	m^2	0.12	1 752.16	
			（四）附属工程	16 810.20	m^2	0.02	298.69	除土建、装修外其他

续表 5–10

分项造价指标								
章节	工程及费用名称			数量	单位	指标（万元）*	投资（万元）	备注
一	第一部分　工程费用			33.100	正线公里	34 778.66	1 151 173.54	
2	区间	区间		33.100	正线公里	12 136.04	401 702.83	
		高架区间（典型）	高架区间	1 207.88	m	8.22	9 926.94	
			一般特大桥	1 207.88	m	8.22	9 926.94	
			一般双线特大桥	1 207.88	m	8.22	9 926.94	
			1. 下部工程	2 415.76	m	1.56	3 774.32	
			（1）基础	14 243.23	m^3	0.21	2 939.21	
			a. 承台	4 833.58	m^3	0.18	866.16	含土石方、抗拔桩
			b. 钻孔桩	9 409.66	m^3	0.22	2 073.06	
			（2）墩台	3 563.54	m^3	0.23	835.11	墩台身 + 盖梁
			2. 上部工程	2 415.76	m	2.23	5 377.85	
			3. 桥面系及附属工程	2 415.76	m	0.32	774.77	
		地下区间（典型）	盾构区间	1 865.40	m	13.01	24 267.46	
			盾构类型	土压；内径 5.5m/ 外径 6.2m				注明普通盾构、复合盾构、泥水盾构或 TBM，管片内径 / 外径
			管片厚度（mm）	350.00				
			管片宽度（m）	1.50				
			盾构法	1 865.40	m	11.57	21 588.49	
			1. 盾构掘进（含吊装、掉拆等）	1 865.40	m	5.03	9 385.46	
			土压盾构掘进	3 730.80	m	2.52	9 385.46	
			2. 管片	26 598.78	m^3	0.36	9 698.25	
			3. 进出洞加固	3 730.80	m	0.16	596.95	
			4. 其他	3 730.80	m	0.51	1 907.83	除以上内容外，不含风险源加固

续表 5–10

分项造价指标								
章节	工程及费用名称			数量	单位	指标（万元）*	投资（万元）	备注
一	第一部分　工程费用			33.100	正线公里	34 778.66	1 151 173.54	
3	轨道	轨道形式		整体道床 + 预制板道床				道床形式等
		轨道		33.100	正线公里	1 638.48	54 233.56	
		正线	1. 铺轨	75.73	铺轨公里	386.97	29 305.49	
			（1）一般段	52.64	铺轨公里	339.93	17 894.00	
			（2）中等减振段	21.31	铺轨公里	437.00	9 312.48	
			（3）高等减振段	1.78	铺轨公里	1 179.22	2 099.01	含减振垫
			2. 铺道床（现浇 / 预制）	78.20	铺轨公里	139.13	10 880.22	整体道床
			3. 铺道岔	34	组	81.54	2 772.32	
			（1）单开道岔	31	组	57.16	1 771.91	
			a. 单开道岔（9#）	27	组	53.18	1 435.73	
			b. 单开道岔（12#）	4	组	84.04	336.18	
			（2）特种道岔	3	组	333.47	1 000.42	
			a. 特种道岔（9#5m 间距交叉渡线）	2	组	301.91	603.82	
			b. 特种道岔（12#5m 间距交叉渡线）	1	组	396.60	396.60	
		车辆段铺轨	1. 铺轨	9.41	铺轨公里	438.45	4 125.81	
			2. 铺道床	23 329.06	m^3	0.05	1 253.27	
			（1）无砟道床	4 566.35	m^3	0.12	564.41	
			（2）粒料道床	18 762.71	m^3	0.04	688.85	
			3. 铺道岔	33	组	33.22	1 096.35	
			（1）单开道岔	32	组	29.81	954.05	
			（2）特种道岔	1	组	142.31	142.31	

续表 5-10

分项造价指标								
章节	工程及费用名称			数量	单位	指标（万元）*	投资（万元）	备注
一	第一部分　工程费用			33.100	正线公里	34 778.66	1 151 173.54	
3	轨道	停车场铺轨	1. 铺轨	4.46	铺轨公里	319.72	1 425.95	
			2. 铺道床	7 965.69	m^3	0.07	554.98	
			（1）无砟道床	2 194.10	m^3	0.11	239.22	
			（2）粒料道床	5 771.59	m^3	0.05	315.75	
			3. 铺道岔	14	组	37.61	526.47	
			（1）单开道岔	13	组	29.55	384.16	
			（2）特种道岔	1	组	142.31	142.31	
		线路有关工程		89.60	铺轨公里	25.59	2 292.69	线路有关＋铺轨基地
4	通信	通信		33.100	正线公里	1 276.59	42 255.06	
		1. 专用通信系统		33.100	正线公里	910.49	30 137.21	
		2. 公安通信系统		33.100	正线公里	137.22	4 541.95	
		3. 智慧化（云平台、智能运维）		33.100	正线公里	228.88	7 575.90	P+R、配套附属、网络系统
5	信号	信号		33.100	正线公里	1 310.53	43 378.69	
		1. 正线		33.100	正线公里	927.92	30 714.06	
		2. 运营控制中心		1	处	2 450.14	2 450.14	
		3. 车辆段		36	联锁道岔	58.54	2 107.36	
		4. 停车场		17	联锁道岔	54.64	928.87	
		5. 车载设备		23	列	282.24	6 491.52	
		6. 其他		33.100	正线公里	20.75	686.74	备用控制中心

续表 5-10

分项造价指标								
章节	工程及费用名称			数量	单位	指标（万元）*	投资（万元）	备注
一	第一部分　工程费用			33.100	正线公里	34 778.66	1 151 173.54	
6	供电	供电		33.100	正线公里	3 910.03	129 421.94	
		主变电站	1. 主变电站	2	座	5 576.13	11 152.26	
			2. 电力进线	14.00	km	1 526.34	21 368.81	
			3. 其他	4	座	832.83	3 331.31	4 座 110kV 间隔
		变电所	1. 牵引降压混合变电所	14	座	1 601.09	22 415.24	
			2. 降压所	2	座	739.85	1 479.70	
			3. 跟随所	10	座	419.85	4 198.52	
		环网电缆	环网电缆	33.100	正线公里	396.62	13 128.11	
			环网电缆	272.20	条公里	48.23	13 128.11	
		牵引网（接触轨）	接触轨	87.08	条公里	240.15	20 911.94	
			（1）正线	66.50	条公里	223.04	14 832.15	
			（2）车辆段	12.17	条公里	298.22	3 627.82	
			（3）停车场	8.42	条公里	291.38	2 451.97	
		电力监控（SCADA）		33.100	正线公里	73.19	2 422.46	
		杂散电流防护与接地系统	杂散电流防护	33.100	正线公里	85.67	2 835.75	
		供电车间及其他系统		1	处	4 805.00	4 805.00	
		动力与照明	动力与照明	33.100	正线公里	645.70	21 372.83	
			（1）车站	258 366.22	m^2	0.06	14 373.97	
			（2）区间	33.10	正线公里	211.45	6 998.86	

续表 5-10

<table>
<tr><td colspan="9">分项造价指标</td></tr>
<tr><td>章节</td><td colspan="3">工程及费用名称</td><td>数量</td><td>单位</td><td>指标（万元）*</td><td>投资（万元）</td><td>备注</td></tr>
<tr><td>一</td><td colspan="3">第一部分　工程费用</td><td>33.100</td><td>正线公里</td><td>34 778.66</td><td>1 151 173.54</td><td></td></tr>
<tr><td rowspan="6">7</td><td rowspan="6">综合监控</td><td colspan="2">综合监控</td><td>33.100</td><td>正线公里</td><td>344.77</td><td>11 411.87</td><td></td></tr>
<tr><td colspan="2">1. 车站</td><td>12</td><td>站</td><td>506.28</td><td>6 075.33</td><td></td></tr>
<tr><td colspan="2">2. 运营控制中心</td><td>1</td><td>处</td><td>1 474.28</td><td>1 474.28</td><td></td></tr>
<tr><td colspan="2">3. 车辆段</td><td>1</td><td>处</td><td>922.34</td><td>922.34</td><td></td></tr>
<tr><td colspan="2">4. 停车场</td><td>1</td><td>处</td><td>513.66</td><td>513.66</td><td></td></tr>
<tr><td colspan="2">5. 其他</td><td></td><td>万元</td><td></td><td>2 426.26</td><td>应急调度中心等</td></tr>
<tr><td rowspan="14">8</td><td rowspan="14">防灾报警、环境与设备监控</td><td colspan="2">防灾报警、环境与设备监控</td><td>33.100</td><td>正线公里</td><td>382.70</td><td>12 667.52</td><td></td></tr>
<tr><td rowspan="8">火灾自动报警（FAS）</td><td>火灾自动报警（FAS）</td><td>33.100</td><td>正线公里</td><td>229.47</td><td>7 595.43</td><td>含 P+R 配套</td></tr>
<tr><td>（1）车站</td><td>12</td><td>站</td><td>224.23</td><td>2 690.79</td><td></td></tr>
<tr><td>（2）运营控制中心</td><td>1</td><td>处</td><td>65.96</td><td>65.96</td><td>含维修培训</td></tr>
<tr><td>（3）车辆段</td><td>1</td><td>处</td><td>1 482.43</td><td>1 482.43</td><td></td></tr>
<tr><td>（4）停车场</td><td>1</td><td>处</td><td>1 158.76</td><td>1 158.757 2</td><td></td></tr>
<tr><td>（5）主变电站</td><td rowspan="2">4</td><td rowspan="2">处</td><td rowspan="2">92.10</td><td rowspan="2">368.397 2</td><td></td></tr>
<tr><td>（6）变电所</td><td></td></tr>
<tr><td>（7）区间</td><td>33.100</td><td>正线公里</td><td>16.16</td><td>535.06</td><td></td></tr>
<tr><td rowspan="5">环境与设备监（BAS）</td><td>环境与设备监控（BAS）</td><td>33.100</td><td>正线公里</td><td>153.24</td><td>5 072.10</td><td>含配套用房</td></tr>
<tr><td>（1）车站</td><td>12</td><td>站</td><td>244.94</td><td>2 939.29</td><td></td></tr>
<tr><td>（2）车辆段</td><td rowspan="2">2</td><td rowspan="2">处</td><td rowspan="2">217.39</td><td rowspan="2">434.77</td><td></td></tr>
<tr><td>（3）停车场</td><td></td></tr>
<tr><td>（4）地下区间</td><td>33.100</td><td>正线公里</td><td>6.73</td><td>222.89</td><td></td></tr>
</table>

续表 5-10

分项造价指标							
章节	工程及费用名称		数量	单位	指标（万元）*	投资（万元）	备注
一	第一部分　工程费用		33.100	正线公里	34 778.66	1 151 173.54	
9	安防及门禁	安防及门禁	33.100	正线公里	133.53	4 419.72	
		1. 安防系统	33.100	正线公里	19.22	636.13	
		2. 门禁系统	33.100	正线公里	44.66	1 478.12	
		3. 安检系统	27	安检点	85.39	2 305.47	
10	通风、空调与采暖	通风、空调与采暖	33.100	正线公里	465.41	15 405.06	
		1. 车站	12	站	1 088.22	13 058.64	
		2. 区间	33.100	正线公里	70.89	2 346.42	
11	给水排水与消防	给水排水与消防	33.100	正线公里	277.68	9 191.17	含区间跟随、P+R
		1. 车站给水排水与消防	12	站	516.33	6 195.94	
		2. 自动灭火系统	7	站	243.99	1 707.92	
		3. 区间给水排水与消防	12.61	正线公里	102.09	1 287.31	
12	自动售检票	自动售检票	33.100	正线公里	381.42	12 624.88	
		1. 车站	12	站	601.54	7 218.53	
		2. 运营控制中心	1	处	710.13	710.13	
		3. 清分系统		万元		100.00	
		4. 车辆段	1	处	296.22	296.22	
		5. 其他	33.100	正线公里	129.91	4 300.00	云平台软件管理、入云建设费

续表 5-10

<table>
<tr><th colspan="9">分项造价指标</th></tr>
<tr><th>章节</th><th colspan="3">工程及费用名称</th><th>数量</th><th>单位</th><th>指标（万元）*</th><th>投资（万元）</th><th>备注</th></tr>
<tr><td>一</td><td colspan="3">第一部分　工程费用</td><td>33.100</td><td>正线公里</td><td>34 778.66</td><td>1 151 173.54</td><td></td></tr>
<tr><td rowspan="5">13</td><td rowspan="5">站内客运设备、站台门</td><td colspan="2">站内客运设备、站台门</td><td>33.100</td><td>正线公里</td><td>644.32</td><td>21 326.96</td><td></td></tr>
<tr><td rowspan="3">站内客运设备</td><td>站内客运设备</td><td>33.100</td><td>正线公里</td><td>466.62</td><td>15 444.96</td><td></td></tr>
<tr><td>（1）自动扶梯</td><td>137</td><td>部</td><td>92.93</td><td>12 731.35</td><td></td></tr>
<tr><td>（2）电梯</td><td>57</td><td>部</td><td>47.61</td><td>2 713.60</td><td></td></tr>
<tr><td colspan="2">站台门</td><td>12</td><td>站</td><td>490.17</td><td>5 882.00</td><td></td></tr>
<tr><td>14</td><td>运营控制中心</td><td colspan="2">运营控制中心</td><td></td><td></td><td></td><td></td><td></td></tr>
<tr><td rowspan="9">15</td><td rowspan="9">车辆基地</td><td colspan="2">车辆基地</td><td>33.100</td><td>正线公里</td><td>3 118.80</td><td>103 232.13</td><td></td></tr>
<tr><td rowspan="4">汉南车辆段</td><td>车辆基地</td><td>33.100</td><td>正线公里</td><td>2 119.97</td><td>70 171.13</td><td></td></tr>
<tr><td>1. 生产及办公房屋</td><td>56 415.42</td><td>m^2</td><td>0.44</td><td>24 726.73</td><td>包含风、水、电等</td></tr>
<tr><td>2. 工艺设备</td><td></td><td>万元</td><td></td><td>12 270.89</td><td></td></tr>
<tr><td>3. 附属工程</td><td></td><td>万元</td><td></td><td>33 173.51</td><td>另含汉南公安派出所1085.46</td></tr>
<tr><td rowspan="4">东荆河停车场</td><td>车辆基地</td><td>33.100</td><td>正线公里</td><td>998.82</td><td>33 061.00</td><td></td></tr>
<tr><td>1. 生产及办公房屋</td><td>30 164.77</td><td>m^2</td><td>0.49</td><td>14 723.18</td><td>包含风、水、电等</td></tr>
<tr><td>2. 工艺设备</td><td></td><td>万元</td><td></td><td>2 080.58</td><td></td></tr>
<tr><td>3. 附属工程</td><td></td><td>万元</td><td></td><td>16 257.24</td><td></td></tr>
</table>

续表 5-10

分项造价指标							
章节	工程及费用名称		数量	单位	指标（万元）*	投资（万元）	备注
一	第一部分　工程费用		33.100	正线公里	34 778.66	1 151 173.54	
16	人防	人防	33.100	正线公里	118.95	3 937.37	
		人防	7	站	562.48	3 937.37	
	第二部分　工程建设其他费用		33.100	正线公里	9 202.91	304 616.43	
1	前期工程费	前期工程费	33.100	正线公里	3 896.89	128 987.22	
		1. 征地	1 239.56	亩	35.00	43 384.42	
		2. 拆迁	79 457.74	m^2	0.60	47 510.37	
		3. 其他前期	33.100	正线公里	1 150.83	38 092.42	
2	其他费用		33.100	正线公里	5 306.02	175 629.22	15.26%
	第三部分　预备费用		33.100	正线公里	2 199.08	72 789.50	5.00%
	第四部分　专项费用		33.100	正线公里	4 883.61	161 647.33	
1	车辆购置费		92	辆	1 000.00	92 000.00	地铁 A 型车
2	建设期贷款利息		33.100	正线公里	2 076.35	68 727.33	4.07%
3	铺底流动资金		92	辆	10.00	920.00	
	投资总额		33.100	正线公里	51 064.25	1 690 226.80	

表 5–11　造价指标分析表（华中地区，示例项目 10）

项目特征				
序号	统计项目		特征描述	备注
1	项目名称		华中地区，示例项目 10	
2	设计阶段		初步设计	
3	编制期时间		2020 年 12 月	
4	线路长度（正线公里）		16.538	
5	敷设方式		全地下	
6	车站设置（座）		11	
7	平均站间距（km）		1.611	
8	车辆基地设置		1 段	
9	速度目标值（km/h）		100	
10	工程费技术经济指标（亿元 / 正线公里）		5.26	
11	全费用技术经济指标（亿元 / 正线公里）		7.68	
12	初期配车	车型	B 型车	
13		编组	6 辆编组，16 列 /96 辆	
14	人工及主要材料单价	人工　土建（元 / 工日）	87.1	
		人工　安装（元 / 工日）	134.0	
		混凝土　C40（元 /m^3）	516.85	
		钢筋　HRB400（元 /t）	3 862.09	
		水泥　42.5（元 /t）	517.7	

综合造价指标					
章节	工程及费用名称	数量（正线公里）	指标（万元）*	投资（万元）	备注
一	第一部分　工程费用	16.538	52 620.73	870 241.57	
1	车站	16.538	19 538.30	323 124.34	
2	区间	16.538	10 331.41	170 860.93	
3	轨道	16.538	1 928.96	31 901.15	
4	通信	16.538	1 437.33	23 770.59	
5	信号	16.538	1 660.03	27 453.55	
6	供电	16.538	5 910.65	97 750.27	
7	综合监控	16.538	380.67	6 295.59	
8	火灾自动报警、环境与设备	16.538	555.02	9 178.85	

续表 5–11

<table>
<tr><td colspan="6">综合造价指标</td></tr>
<tr><td>章节</td><td>工程及费用名称</td><td>数量
（正线公里）</td><td>指标
（万元）*</td><td>投资
（万元）</td><td>备注</td></tr>
<tr><td>一</td><td>第一部分　工程费用</td><td>16.538</td><td>52 620.73</td><td>870 241.57</td><td></td></tr>
<tr><td>9</td><td>安防与门禁</td><td>16.538</td><td>640.60</td><td>10 594.31</td><td></td></tr>
<tr><td>10</td><td>通风、空调与采暖</td><td>16.538</td><td>1 096.87</td><td>18 140.09</td><td></td></tr>
<tr><td>11</td><td>给水排水与消防</td><td>16.538</td><td>631.78</td><td>10 448.35</td><td></td></tr>
<tr><td>12</td><td>自动售检票（AFC）</td><td>16.538</td><td>639.75</td><td>10 580.22</td><td></td></tr>
<tr><td>13</td><td>站内客运设备、站台门</td><td>16.538</td><td>1 316.42</td><td>21 771.01</td><td></td></tr>
<tr><td>14</td><td>运营控制中心</td><td>16.538</td><td>30.23</td><td>500.00</td><td></td></tr>
<tr><td>15</td><td>车辆基地</td><td>16.538</td><td>6 163.51</td><td>101 932.18</td><td></td></tr>
<tr><td>16</td><td>人防</td><td>16.538</td><td>359.18</td><td>5 940.14</td><td></td></tr>
<tr><td>二</td><td>第二部分　工程建设其他费用</td><td>16.538</td><td>11 529.95</td><td>190 682.26</td><td></td></tr>
<tr><td>三</td><td>第三部分　预备费</td><td>16.538</td><td>3 207.53</td><td>53 046.19</td><td></td></tr>
<tr><td>四</td><td>第四部分　专项费用</td><td>16.538</td><td>9 404.29</td><td>155 528.17</td><td></td></tr>
<tr><td colspan="2">投资总额</td><td>16.538</td><td>76 762.50</td><td>1 269 498.19</td><td></td></tr>
</table>

<table>
<tr><td colspan="9">分项造价指标</td></tr>
<tr><td>章节</td><td colspan="3">工程及费用名称</td><td>数量</td><td>单位</td><td>指标（万元）*</td><td>投资（万元）</td><td>备注</td></tr>
<tr><td>一</td><td colspan="3">第一部分　工程费用</td><td>16.538</td><td>正线公里</td><td>52 620.73</td><td>870 241.57</td><td></td></tr>
<tr><td rowspan="11">1</td><td rowspan="11">车站</td><td colspan="2">车站</td><td>16.538</td><td>正线公里</td><td>19 538.30</td><td>323 124.34</td><td></td></tr>
<tr><td rowspan="10">地下车站（典型）</td><td>工法</td><td colspan="5">明挖</td></tr>
<tr><td>层数</td><td colspan="5">3</td></tr>
<tr><td>建筑面积（m^2）</td><td colspan="5">18 872</td></tr>
<tr><td>基坑深度（m）</td><td colspan="5">22.15 ~ 23.65</td></tr>
<tr><td>车站指标</td><td>18 872.02</td><td>m^2</td><td>1.44</td><td>27 204.84</td><td></td></tr>
<tr><td>（一）车站主体土建工程</td><td>15 724.00</td><td>m^2</td><td>1.27</td><td>20 004.71</td><td></td></tr>
<tr><td>1. 围护结构</td><td>19 817.56</td><td>m^3</td><td>0.45</td><td>8 832.29</td><td></td></tr>
<tr><td>地下连续墙</td><td>19 817.56</td><td>m^3</td><td>0.45</td><td>8 832.29</td><td></td></tr>
<tr><td>2. 土石方、支撑、降水</td><td>143 330.73</td><td>m^3</td><td>0.03</td><td>4 246.93</td><td></td></tr>
<tr><td>（1）土石方</td><td>143 330.73</td><td>m^3</td><td>0.02</td><td>2 855.32</td><td></td></tr>
</table>

续表 5-11

分项造价指标								
章节	工程及费用名称			数量	单位	指标（万元）*	投资（万元）	备注
一	第一部分　工程费用			16.538	正线公里	52 620.73	870 241.57	
1	车站	地下车站（典型）	（2）钢支撑	2 054.450	t	0.40	821.78	
			（3）混凝土支撑	441.85	m^3	0.31	135.57	
			（4）临时立柱	175.62	t	0.84	147.79	
			（5）降水	146	根	1.96	286.47	
			3. 主体结构	26 306.06	m^3	0.26	6 925.49	
			（1）主体结构	26 306.06	m^3	0.25	6 473.56	
			（2）防水	17 855.67	m^2	0.03	451.93	
			（二）出入口、风道土建工程	3 148.02	m^2	1.21	3 806.28	
			（三）建筑装饰工程	16 568.02	m^2	0.16	2 596.20	
			（四）附属工程	18 872.02	m^2	0.04	797.66	除土建、装修外其他
2	区间	区间（万元 / 正线公里）		16.538	正线公里	10 331.41	170 860.93	
		地下区间（典型）	盾构区间	1 846.68	m	10.77	19 895.34	
			盾构类型	土压；内径 5.5m/ 外径 6.2m				注明普通盾构、复合盾构、泥水盾构或 TBM，管片内径 / 外径
			管片厚度（mm）	350.00				
			管片宽度（m）	1.50				
			盾构法	1 846.68	m	10.77	19 895.34	
			1. 盾构掘进（含吊装、掉拆等）	1 846.68	m	5.76	10 635.92	费用含掘进出渣、同步及二次注浆、洞口等
			土压盾构掘进	3 693.36	m	2.20	8 120.43	掘进及出渣

续表 5–11

分项造价指标								
章节	工程及费用名称			数量	单位	指标（万元）*	投资（万元）	备注
一	第一部分　工程费用			16.538	正线公里	52 620.73	870 241.57	
2	区间	地下区间（典型）	2. 管片	23 745.25	m^3	0.30	7 117.64	
			3. 进出洞加固	3 693.36	m	0.24	903.68	区间长度
			4. 同步及二次注浆	3 693.36	m	0.56	2 062.28	单位含量按单延米统计
			5. 其他	3 693.36	m	0.34	1 238.10	除以上内容外，不含风险源加固
3	轨道	轨道形式		整体道床				道床形式等
		轨道		16.538	正线公里	1 928.96	31 901.15	另含 945 万元智能运维
		正线	1. 铺轨	36.20	铺轨公里	429.27	15 540.89	
			（1）一般段	27.03	铺轨公里	276.76	7 481.67	
			（2）中等减振段	2.33	铺轨公里	400.28	932.65	
			（3）高等减振段	5.04	铺轨公里	907.32	4 572.87	含减振垫
			（4）特殊减振段	1.80	铺轨公里	1 418.72	2 553.70	含钢弹簧隔振器
			2. 铺道床（现浇 / 预制）	55 895.50	m^3	0.10	5 443.67	现浇道床
			3. 铺道岔	21	组	60.34	1 267.24	
			（1）单开道岔	17	组	32.00	543.94	
			（2）特种道岔	4	组	180.83	723.30	
		车辆段铺轨	1. 铺轨	13.23	铺轨公里	239.15	3 163.47	
			2. 铺道床	23 035.00	m^3	0.05	1 195.07	
			（1）无砟道床	6 384.00	m^3	0.08	500.50	
			（2）粒料道床	16 651.00	m^3	0.04	694.57	
			3. 铺道岔	47	组	31.35	1 473.23	
			（1）单开道岔	45	组	27.88	1 254.59	
			（2）特种道岔	2	组	109.32	218.64	
		线路有关工程		49.43	铺轨公里	58.11	2 872.57	

续表 5-11

分项造价指标								
章节	工程及费用名称			数量	单位	指标（万元）*	投资（万元）	备注
一	第一部分　工程费用			16.538	正线公里	52 620.73	870 241.57	
4	通信	通信		16.538	正线公里	1 437.33	23 770.59	
		1. 专用通信系统		16.538	正线公里	933.18	15 432.96	
		2. 公安通信系统		16.538	正线公里	254.82	4 214.18	
		3. 政务通信系统		16.538	正线公里	23.82	393.87	
		4. 智慧化（云平台、智能运维）		16.538	正线公里	225.52	3 729.58	
5	信号	信号		16.538	正线公里	1 660.03	27 453.55	
		1. 正线		16.538	正线公里	880.66	14 564.35	
		2. 运营控制中心		1	处	3 025.82	3 025.82	
		3. 车辆段		47	联锁道岔	80.15	3 767.07	
		4. 试车线		1	条	480.02	480.02	
		5. 车载设备		16	列	280.62	4 489.95	
		6. 维修与培训中心		1	处	1 126.35	1 126.35	
6	供电	供电		16.538	正线公里	5 910.65	97 750.27	
		主变电站	1. 主变电站	2	座	4 600.50	9 201.00	
			2. 电力进线	19.00	km	907.11	17 235.00	
			110kV 输电线路	19.00	km	907.11	17 235.00	
			3. 其他	16.538	正线公里	13.54	224.00	上级变电站改造 110kV 间隔

续表 5-11

分项造价指标								
章节	工程及费用名称			数量	单位	指标（万元）*	投资（万元）	备注
一	第一部分　工程费用			16.538	正线公里	52 620.73	870 241.57	
6	供电	变电所	1. 牵引降压混合变电所	9	座	1 631.39	14 682.54	
			2. 降压所	3	座	704.28	2 112.84	
			3. 跟随所	3	座	480.09	1 440.27	
			4. 其他	2	座	307.91	615.82	35kV 开闭所
		环网电缆	环网电缆	16.538	正线公里	486.43	8 044.56	另含 870.70 万元车辆段
			（1）环网电缆	121.95	条公里	53.02	6 465.45	
			（2）通道电缆	13.36	m	53.02	708.41	
		牵引网（接触轨）	1. 架空接触网	40.75	条公里	172.08	7 012.18	
			正线	40.75	条公里	172.08	7 012.18	
			2. 接触轨	16.10	条公里	167.35	2 694.39	
			车辆段	16.10	条公里	167.35	2 694.39	
		电力监控（SCADA）		16.538	正线公里	67.18	1 111.07	
		杂散电流防护与接地系统	杂散电流防护	16.538	正线公里	89.87	1 486.24	
			（1）正线	16.538	正线公里	81.58	1 349.16	
			（2）车辆段	1	处	137.08	137.08	
		供电车间及其他系统		1	处	6 993.29	6 993.29	
		动力与照明	动力与照明	16.538	正线公里	1 505.45	24 897.08	另含 421.5 万元 智能运维
			车站	222 027.43	m^2	0.11	24 475.58	含区间

续表 5-11

分项造价指标								
章节	工程及费用名称			数量	单位	指标（万元）*	投资（万元）	备注
一	第一部分　工程费用			16.538	正线公里	52 620.73	870 241.57	
7	综合监控	综合监控		16.538	正线公里	380.67	6 295.59	
		1. 车站		11	站	249.00	2 739.03	
		2. 运营控制中心		1	处	1 903.31	1 903.31	
		3. 车辆段		1	处	1 153.25	1 153.25	
		4. 智慧车站及其他			万元		500.00	
8	防灾报警、环境与设备监控	防灾报警、环境与设备监控		16.538	正线公里	555.02	9 178.85	
		火灾自动报警（FAS）	火灾自动报警（FAS）	16.538	正线公里	343.00	5 672.55	
			（1）车站	11	站	318.78	3 506.63	
			（2）运营控制中心	1	处	57.32	57.32	
			（3）车辆段	1	处	836.63	836.63	
			（4）主变电站	2	处	166.46	332.91	
			（5）区间	16.538	正线公里	56.78	939.07	
		环境与设备监控（BAS）	环境与设备监控（BAS）	16.538	正线公里	212.01	3 506.29	
			（1）车站	11	站	284.75	3 132.22	
			（2）车辆段	1	处	374.07	374.07	
9	安防及门禁	安防及门禁		16.538	正线公里	640.60	10 594.31	
		1. 安防系统		16.538	正线公里	430.96	7 127.27	
		2. 门禁系统		16.538	正线公里	87.06	1 439.82	
		3. 安检系统		23	安检点	88.14	2 027.22	
10	通风、空调与采暖	通风、空调与采暖		16.538	正线公里	1 096.87	18 140.09	另含 254.53 万元 智能运维
		车站		11	站	1 625.96	17 885.56	

续表 5-11

分项造价指标								
章节	工程及费用名称			数量	单位	指标（万元）*	投资（万元）	备注
一	第一部分　工程费用			16.538	正线公里	52 620.73	870 241.57	
11	给水排水与消防	给水排水与消防		16.538	正线公里	631.78	104 48.35	其中包含330万元智能运维
		车站给水排水与消防	（1）车站给水排水与消防	11	站	653.01	7 183.13	
			（2）市政管网接驳	13	站	90.84	1 180.87	11车站+2主变
		自动灭火系统		11	站	189.49	2 084.35	
		区间给水排水与消防						已含在车站部分
12	自动售检票	自动售检票		16.538	正线公里	639.75	10 580.22	
		1. 车站		11	站	511.16	5 622.72	
		2. 运营控制中心		1	处	108.15	108.15	
		3. 车辆段		1	处	435.59	435.59	
		4. 其他		16.538	正线公里	266.89	4 413.75	
13	站内客运设备、站台门	站内客运设备、站台门		16.538	正线公里	1 316.42	21 771.01	
		站内客运设备	站内客运设备	16.538	正线公里	948.98	15 694.22	另有200万元智能运维
			（1）自动扶梯	138	部	99.89	13 784.15	
			（2）电梯	38	部	45.00	1 710.07	
		站台门		11	站	552.44	6 076.79	其中包含670万元 智能运维
14	运营控制中心	运营控制中心		16.538	正线公里	30.23	500.00	无费用分摊，仅本条线接入费已有控制中心改造费
		接入改造费用		16.538	正线公里	30.23	500.00	

续表 5-11

分项造价指标							
章节	工程及费用名称		数量	单位	指标（万元）*	投资（万元）	备注
一	第一部分　工程费用		16.538	正线公里	52 620.73	870 241.57	
15	车辆基地	车辆基地	16.538	正线公里	6 163.51	101 932.18	
		1. 生产及办公房屋	104 123.73	m^2	0.43	45 160.99	包含风、水、电等
		2. 工艺设备		万元		27 183.57	
		3. 附属工程		万元		29 587.63	
16	人防	人防	16.538	正线公里	359.18	5 940.14	
		人防	11	站	540.01	5 940.14	
第二部分　工程建设其他费用			16.538	正线公里	11 529.95	190 682.26	
1	前期工程费	前期工程费	16.538	正线公里	5 638.28	93 245.83	
		1. 征地	428.50	亩	51.56	22 091.77	
		2. 拆迁	155 506.85	m^2	0.12	18 963.45	
		3. 其他前期	16.538	正线公里	3 155.80	52 190.62	
2	其他费用		16.538	正线公里	5 891.67	97 436.43	11.20%
第三部分　预备费用			16.538	正线公里	3 207.53	53 046.19	5.00%
第四部分　专项费用			16.538	正线公里	9 404.29	155 528.17	
1	车辆购置费		96	辆	816.88	78 420.00	B 型车；含 36.88 万 / 辆智能运维
2	建设期贷款利息		16.538	正线公里	4 604.44	76 148.17	6.00%
3	铺底流动资金		96	辆	10.00	960.00	
投资总额			16.538	正线公里	76 762.50	1 269 498.19	

表 5–12　造价指标分析表（西南地区，示例项目 11）

<table>
<tr><td colspan="6">项目特征</td></tr>
<tr><td>序号</td><td colspan="2">统计项目</td><td colspan="2">特征描述</td><td>备注</td></tr>
<tr><td>1</td><td colspan="2">项目名称</td><td colspan="2">西南地区，示例项目 11</td><td></td></tr>
<tr><td>2</td><td colspan="2">设计阶段</td><td colspan="2">初步设计</td><td></td></tr>
<tr><td>3</td><td colspan="2">编制期时间</td><td colspan="2">2021 年 1 月</td><td></td></tr>
<tr><td>4</td><td colspan="2">线路长度（正线公里）</td><td colspan="2">10.800</td><td></td></tr>
<tr><td>5</td><td colspan="2">敷设方式</td><td colspan="2">全地下</td><td></td></tr>
<tr><td>6</td><td colspan="2">车站设置（座）</td><td colspan="2">9</td><td></td></tr>
<tr><td>7</td><td colspan="2">平均站间距（km）</td><td colspan="2">1.211</td><td></td></tr>
<tr><td>8</td><td colspan="2">车辆基地设置</td><td colspan="2">1 段</td><td></td></tr>
<tr><td>9</td><td colspan="2">速度目标值（km/h）</td><td colspan="2">100</td><td></td></tr>
<tr><td>10</td><td colspan="2">工程费技术经济指标
（亿元 / 正线公里）</td><td colspan="2">6.65</td><td></td></tr>
<tr><td>11</td><td colspan="2">全费用技术经济指标
（亿元 / 正线公里）</td><td colspan="2">9.72</td><td></td></tr>
<tr><td>12</td><td rowspan="2">初期
配车</td><td>车型</td><td colspan="2">As 型车</td><td></td></tr>
<tr><td>13</td><td>编组</td><td colspan="2">6 辆编组，22 列 /132 辆</td><td></td></tr>
<tr><td rowspan="5">14</td><td rowspan="5">人工及
主要材料
单价</td><td>人工 土建（元 / 工日）</td><td colspan="2">132</td><td></td></tr>
<tr><td>人工 安装（元 / 工日）</td><td colspan="2">143</td><td></td></tr>
<tr><td>混凝土 C40（元 /m³）</td><td colspan="2">456</td><td></td></tr>
<tr><td>钢筋 HRB400（元 /t）</td><td colspan="2">3 929.2</td><td></td></tr>
<tr><td>水泥 42.5（元 /t）</td><td colspan="2">434</td><td></td></tr>
<tr><td colspan="6">综合造价指标</td></tr>
<tr><td>章节</td><td colspan="2">工程及费用名称</td><td>数量
（正线公里）</td><td>指标
（万元）*　　投资
（万元）</td><td>备注</td></tr>
<tr><td>一</td><td colspan="2">第一部分　工程费用</td><td>10.800</td><td>66 514.56　　718 357.30</td><td></td></tr>
</table>

章节	工程及费用名称	数量（正线公里）	指标（万元）*	投资（万元）	备注
一	第一部分　工程费用	10.800	66 514.56	718 357.30	
1	车站	10.800	28 178.20	304 324.58	
2	区间	10.800	14 789.86	159 730.44	
3	轨道	10.800	2 860.35	30 891.76	
4	通信	10.800	1 647.69	17 795.00	
5	信号	10.800	1 757.04	18 975.98	
6	供电	10.800	5 722.44	61 802.36	
7	综合监控	10.800	166.87	1 802.20	
8	火灾自动报警、环境与设备	10.800	628.31	6 785.71	

续表 5–12

<table>
<tr><td colspan="6">综合造价指标</td></tr>
<tr><td>章节</td><td>工程及费用名称</td><td>数量
（正线公里）</td><td>指标
（万元）*</td><td>投资
（万元）</td><td>备注</td></tr>
<tr><td>一</td><td>第一部分　工程费用</td><td>10.800</td><td>665 14.56</td><td>718 357.30</td><td></td></tr>
<tr><td>9</td><td>安防与门禁</td><td>10.800</td><td>442.22</td><td>4 775.98</td><td></td></tr>
<tr><td>10</td><td>通风、空调与采暖</td><td>10.800</td><td>1 202.15</td><td>12 983.18</td><td></td></tr>
<tr><td>11</td><td>给水排水与消防</td><td>10.800</td><td>916.10</td><td>9 893.91</td><td></td></tr>
<tr><td>12</td><td>自动售检票（AFC）</td><td>10.800</td><td>493.88</td><td>5 333.93</td><td></td></tr>
<tr><td>13</td><td>站内客运设备、站台门</td><td>10.800</td><td>2 397.01</td><td>25 887.71</td><td></td></tr>
<tr><td>14</td><td>运营控制中心</td><td></td><td></td><td></td><td></td></tr>
<tr><td>15</td><td>车辆基地</td><td>10.800</td><td>4 848.82</td><td>52 367.21</td><td></td></tr>
<tr><td>16</td><td>人防</td><td>10.800</td><td>463.64</td><td>5 007.35</td><td></td></tr>
<tr><td>二</td><td>第二部分　工程建设其他费用</td><td>10.800</td><td>13 110.24</td><td>141 590.55</td><td></td></tr>
<tr><td>三</td><td>第三部分　预备费</td><td>10.800</td><td>3 720.24</td><td>40 178.57</td><td></td></tr>
<tr><td>四</td><td>第四部分　专项费用</td><td>10.800</td><td>13 874.46</td><td>149 844.22</td><td></td></tr>
<tr><td colspan="2">投资总额</td><td>10.800</td><td>97 219.50</td><td>1 049 970.64</td><td></td></tr>
</table>

<table>
<tr><td colspan="9">分项造价指标</td></tr>
<tr><td>章节</td><td colspan="3">工程及费用名称</td><td>数量</td><td>单位</td><td>指标（万元）*</td><td>投资（万元）</td><td>备注</td></tr>
<tr><td>一</td><td colspan="3">第一部分　工程费用</td><td>10.800</td><td>正线公里</td><td>66 514.56</td><td>718 357.30</td><td></td></tr>
<tr><td rowspan="9">1</td><td rowspan="9">车站</td><td colspan="2">车站</td><td>10.800</td><td>正线公里</td><td>28 178.20</td><td>304 324.58</td><td></td></tr>
<tr><td rowspan="8">地下车站（典型）</td><td>工法</td><td colspan="4">明挖</td><td></td></tr>
<tr><td>层数</td><td colspan="4">2</td><td></td></tr>
<tr><td>建筑面积（m²）</td><td colspan="4">18 426</td><td></td></tr>
<tr><td>车站指标</td><td>18 425.73</td><td>m²</td><td>1.07</td><td>19 797.69</td><td></td></tr>
<tr><td>（一）车站主体土建工程</td><td>13 228.76</td><td>m²</td><td>0.87</td><td>11 534.81</td><td></td></tr>
<tr><td>1. 围护结构</td><td>5 536.50</td><td>m³</td><td>0.37</td><td>2 055.92</td><td></td></tr>
<tr><td>其他围护结构</td><td>5 536.50</td><td>m³</td><td>0.37</td><td>2 055.92</td><td>肋柱锚杆 + 钻孔桩锚索 + 土钉墙</td></tr>
</table>

续表 5–12

分项造价指标								
章节	工程及费用名称			数量	单位	指标（万元）*	投资（万元）	备注
一	第一部分　工程费用			10.800	正线公里	66 514.56	718 357.30	
1	车站	地下车站（典型）	2. 土石方、支撑、降水	149 870.83	m^3	0.02	3 643.12	
			土石方	149 870.83	m^3	0.02	3 643.12	
			3. 主体结构	25 527.92	m^3	0.23	5 835.78	
			（1）主体结构	25 527.92	m^3	0.20	5 197.81	
			（2）防水	41 994.00	m^2	0.02	637.97	
			（二）出入口、风道土建工程	5 196.97	m^2	1.11	5 762.22	
			（三）建筑装饰工程	18 425.73	m^2	0.11	2 036.04	
			（四）附属工程	18 425.73	m^2	0.03	464.62	除土建、装修外其他
2	区间	区间		10.800	正线公里	14 789.86	159 730.44	
		地下区间（典型）	盾构区间	1 150.93	m	14.00	16 109.23	
			盾构类型	TBM；内径 5.8m/ 外径 6.5m				注明普通盾构、复合盾构、泥水盾构或 TBM，管片内径 / 外径
			管片厚度（mm）	350.00				
			管片宽度（m）	1.50				
			盾构法	1 150.93	m	14.00	16 109.23	
			1. 盾构掘进（含吊装、掉拆等）	1 150.93	m	6.53	7 511.71	
			TBM 盾构掘进	2 301.86	m	3.26	7 511.71	掘进及出渣
			2. 管片	18 438.40	m^3	0.32	5 918.03	
			3. 同步及二次注浆	2 301.86	m	0.65	1 502.63	单位含量按单延米统计
			4. 其他	2 301.86	m	1.16	2 679.49	除以上内容外，不含风险源加固

续表 5–12

分项造价指标								
章节	工程及费用名称			数量	单位	指标（万元）*	投资（万元）	备注
一	第一部分　工程费用			10.800	正线公里	66 514.56	718 357.30	
3	轨道	轨道形式		整体道床				道床形式等
		轨道		10.800	正线公里	2 860.35	30 891.76	
		正线	1. 铺轨	24.43	铺轨公里	486.14	11 877.47	
			（1）一般段	12.16	铺轨公里	258.97	3 149.03	
			（2）中等减振段	7.99	铺轨公里	361.44	2 887.53	
			（3）高等减振段	0.09	铺轨公里	716.33	64.47	含减振垫
			（4）特殊减振段	4.19	铺轨公里	1 377.64	5 776.44	含钢弹簧隔振器
			2. 铺道床（现浇 / 预制）	24.43	铺轨公里	534.57	13 060.62	整体道床
			（1）一般段	32 046.51	m^3	0.33	10 439.95	
			（2）高等减振段	148.00	m^3	0.35	52.49	
			（3）特殊减振段	6 938.10	m^3	0.37	2 568.18	
			3. 铺道岔	26	组	43.97	1 143.16	
			（1）单开道岔	12	组	61.41	736.86	
			a. 铺单开道岔（普通道岔）	8	组	47.32	378.55	
			b. 铺单开道岔（减振扣件）	1	组	77.38	77.38	
			c. 铺单开道岔（特殊减振）	3	组	93.64	280.93	
			（2）特种道岔	2	组	203.15	406.30	

续表 5–12

分项造价指标								
章节	工程及费用名称			数量	单位	指标（万元）*	投资（万元）	备注
一	第一部分　工程费用			10.800	正线公里	66 514.56	718 357.30	
3	轨道	停车场铺轨	1. 铺轨	4.87	铺轨公里	167.89	817.27	
			2. 铺道床	3 937.34	m^3	0.14	553.22	
			无砟道床	3 937.34	m^3	0.14	553.22	
			3. 铺道岔	17	组	36.19	615.19	
			（1）单开道岔	16	组	29.00	464.05	
			（2）特种道岔	1	组	151.14	151.14	
		线路有关工程		29.30	铺轨公里	96.41	2 824.83	
4	通信	通信		10.800	正线公里	1 647.69	17 795.00	
		1. 专用通信系统		10.800	正线公里	1 255.17	13 555.86	
		2. 公安通信系统		10.800	正线公里	117.71	1 271.26	
		3. 乘客信息系统		10.800	正线公里	274.80	2 967.88	
5	信号	信号		10.800	正线公里	1 757.04	18 975.98	
		1. 正线		10.800	正线公里	752.85	8 130.73	
		2. 运营控制中心		1	处	387.79	387.79	
		3. 停车场		20	联锁道岔	93.63	1 872.57	
		4. 车载设备		22	列	254.31	5 594.89	
		5. 维修与培训中心		1	处	250.00	250.00	
		6. 其他		10.800	正线公里	253.70	2 740.00	

续表 5–12

分项造价指标								
章节	工程及费用名称			数量	单位	指标（万元）*	投资（万元）	备注
一	第一部分　工程费用			10.800	正线公里	66 514.56	718 357.30	
6	供电	供电系统		10.800	正线公里	5 722.44	61 802.36	
		主变电站	1. 主变电站	1	座	4 118.13	4 118.13	
			2. 电力进线	7.61	km	740.63	5 636.22	
			3. 其他	10.800	正线公里	20.66	223.08	玉带山220kV 变电站、110kV间隔扩建工程
		变电所	1. 牵引降压混合变电所	7	座	1 433.78	10 036.49	
			2. 降压所	3	座	634.85	1 904.56	
		环网电缆		10.800	正线公里	441.21	4 765.07	
		牵引网（接触轨）	架空接触网	35.80	条公里	163.38	5 848.96	
			（1）正线	26.70	条公里	157.26	4 198.85	
			（2）车辆段	9.10	条公里	181.33	1 650.11	
		电力监控（SCADA）		10.800	正线公里	46.41	501.18	
		杂散电流防护与接地系统	杂散电流防护	10.800	正线公里	69.29	748.34	
			（1）正线	10.800	正线公里	49.29	532.30	
			（2）停车场	1	处	216.04	216.04	
		供电车间及其他系统		1	处	4 203.32	4 203.32	
		动力与照明	动力与照明	10.800	正线公里	2 205.28	23 817.01	
			（1）车站	183 159.78	m^2	0.10	19 026.70	
			（2）区间	10.800	正线公里	443.55	4 790.31	

续表 5–12

分项造价指标								
章节	工程及费用名称			数量	单位	指标（万元）*	投资（万元）	备注
一	第一部分 工程费用			10.800	正线公里	66 514.56	718 357.30	
7	综合监控	综合监控		10.800	正线公里	166.87	1 802.20	
		1. 车站		9	站	145.69	1 311.20	
		2. 运营控制中心		1	处	296.98	296.98	
		3. 停车场		1	处	194.02	194.02	
8	防灾报警、环境与设备监控	防灾报警、环境与设备监控		10.800	正线公里	628.31	6 785.71	
		火灾自动报警（FAS）	火灾自动报警（FAS）	10.800	正线公里	299.29	3 232.30	
			（1）车站	9	站	248.68	2 238.09	
			（2）停车场	1	处	515.74	515.740 0	
			（3）区间	10.800	正线公里	44.30	478.47	
		环境与设备监控（BAS）	环境与设备监控（BAS）	10.800	正线公里	329.02	3 553.41	
			（1）车站	9	站	288.94	2 600.43	
			（2）停车场	1	处	310.17	310.17	
			（3）地下区间	10.800	正线公里	59.52	642.81	9处
9	安防及门禁	安防及门禁		10.800	正线公里	442.22	4 775.98	
		1. 安防系统		10.800	正线公里	190.14	2 053.48	
		2. 门禁系统		10.800	正线公里	136.91	1 478.68	
		3. 安检系统		20	安检点	62.19	1 243.82	

续表 5–12

分项造价指标								
章节	工程及费用名称			数量	单位	指标（万元）*	投资（万元）	备注
一	第一部分　工程费用			10.800	正线公里	66 514.56	718 357.30	
10	通风、空调与采暖	通风、空调与采暖		10.800	正线公里	1 202.15	12 983.18	
		1. 车站		9	站	1 430.85	12 877.62	
		2. 区间		10.800	正线公里	9.77	105.56	
11	给水排水与消防	给水排水与消防		10.800	正线公里	916.10	9 893.91	
		1. 车站给水排水与消防		9	站	564.88	5 083.90	
		2. 自动灭火系统		9	站	260.35	2 343.12	
		3. 区间给水排水与消防		10.800	正线公里	228.42	2 466.89	
12	自动售检票	自动售检票		10.800	正线公里	493.88	5 333.93	
		1. 车站		9	站	524.23	4 718.07	
		2. 其他		10.800	正线公里	57.02	615.86	云平台、智慧车站、支付平台接入
13	站内客运设备、站台门	站内客运设备、站台门		10.800	正线公里	2 397.01	25 887.71	
		站内客运设备	站内客运设备	10.800	正线公里	2 063.98	22 290.96	
			（1）自动扶梯	232	部	89.12	20 676.07	
			（2）电梯	40	部	40.37	1 614.89	
		站台门		9	站	399.64	3 596.75	
14	运营控制中心	运营控制中心						

续表 5–12

分项造价指标							
章节	工程及费用名称		数量	单位	指标（万元）*	投资（万元）	备注
一	第一部分　工程费用		10.800	正线公里	66 514.56	718 357.30	
15	车辆基地	车辆基地	10.800	正线公里	4 848.82	52 367.21	
		1. 生产及办公房屋	40 600.26	m^2	0.57	23 077.92	包含风、水、电等
		2. 工艺设备		万元		2 690.71	
		3. 附属工程		万元		26 598.58	
16	人防	人防	10.800	正线公里	463.64	5 007.35	
		1. 人防	9	站	427.94	3 851.46	
		2. 防淹门	11	处	105.08	1 155.89	
	第二部分　工程建设其他费用		10.800	正线公里	13 110.24	141 590.55	
1	前期工程费	前期工程费	10.800	正线公里	6 469.89	69 874.78	
		1. 征地	210.82	亩	56.03	11 811.33	
		2. 拆迁	45 546.00	m^2	0.98	44 565.08	
		3. 其他前期	10.800	正线公里	1 249.85	13 498.37	
2	其他费用		10.800	正线公里	6 640.35	71 715.77	9.98%
	第三部分　预备费用		10.800	正线公里	3 720.24	40 178.57	5.00%
	第四部分　专项费用		10.800	正线公里	13 874.46	149 844.22	
1	车辆购置费		132	辆	730.00	96 360.00	A_s
2	建设期贷款利息		10.800	正线公里	4 830.02	52 164.22	4.97%
3	铺底流动资金		132	辆	10.00	1 320.00	
	投资总额		10.800	正线公里	97 219.50	1 049 970.64	

表 5-13 造价指标分析表（西南地区，示例项目 12）

项目特征			
序号	统计项目	特征描述	备注
1	项目名称	西南地区，示例项目 12	
2	设计阶段	初步设计	
3	编制期时间	2019 年第 11 期	
4	线路长度（正线公里）	26.284	
5	敷设方式	全地下	
6	车站设置（座）	23	
7	平均站间距（km）	1.170	
8	车辆基地设置	1 段 1 场	
9	速度目标值（km/h）	80	
10	工程费技术经济指标（亿元 / 正线公里）	5.36	
11	全费用技术经济指标（亿元 / 正线公里）	8.24	
12	初期配车 车型	B 型车	
13	初期配车 编组	6 辆编组，36 列 /216 辆	
14	人工及主要材料单价 人工 土建（元 / 工日）	人工按调整系数，执行《四川省建设工程造价管理总站关于对成都市等 16 个市、州 2015 年〈四川省建设工程工程量清单计价定额〉人工费调整的批复》川建价发〔2019〕6 号文	
	人工及主要材料单价 人工 安装（元 / 工日）		
	人工及主要材料单价 混凝土 C40（元 /m^3）	591	
	人工及主要材料单价 钢筋 HRB400（元 /t）	3 649.74	
	人工及主要材料单价 水泥 42.5（元 /t）	500	

综合造价指标					
章节	工程及费用名称	数量（正线公里）	指标（万元）*	投资（万元）	备注
一	第一部分 工程费用	26.284	53 633.53	1 409 703.66	
1	车站	26.284	18 472.99	485 544.14	
2	区间	26.284	10 077.75	264 883.68	
3	轨道	26.284	2 457.70	64 598.15	
4	通信	26.284	1 860.57	48 903.16	
5	信号	26.284	1 699.48	44 669.22	
6	供电	26.284	5 632.45	148 043.25	

续表 5–13

综合造价指标					
章节	工程及费用名称	数量（正线公里）	指标（万元）*	投资（万元）	备注
一	第一部分　工程费用	26.284	53 633.53	1 409 703.66	
7	综合监控	26.284	519.21	13 646.80	
8	火灾自动报警、环境与设备	26.284	690.87	18 158.88	
9	安防与门禁	26.284	234.97	6 176.03	
10	通风、空调与采暖	26.284	1 498.60	39 389.11	
11	给水排水与消防	26.284	1 062.01	27 913.78	
12	自动售检票（AFC）	26.284	617.65	16 234.44	
13	站内客运设备、站台门	26.284	1 894.85	49 804.31	
14	运营控制中心	26.284	0.00	0.00	
15	车辆基地	26.284	6 366.11	167 326.79	
16	人防	26.284	548.32	14 411.92	
二	第二部分　工程建设其他费用	26.284	12 980.58	341 181.54	
三	第三部分　预备费	26.284	3 330.71	87 544.26	
四	第四部分　专项费用	26.284	12 503.39	328 639.09	
	投资总额	26.284	82 448.20	2 167 068.56	

分项造价指标								
章节	工程及费用名称			数量	单位	指标（万元）*	投资（万元）	备注
一	第一部分　工程费用			26.284	正线公里	53 633.53	1 409 703.66	
1	车站	车站		26.284	正线公里	18 472.99	485 544.14	
		地下车站（典型）	工法	明挖				
			层数	2				
			建筑面积（m^2）	13 114				
			车站指标	13 114.000	m^2	1.194 0	14 586.16	
			（一）土建工程		万元		12 517.07	
			1. 围护结构	9 552.39	m^3	0.25	3 379.56	
			钻孔灌注桩	9 552.39	m^3	0.26	2 502.35	

续表 5–13

分项造价指标								
章节	工程及费用名称			数量	单位	指标（万元）*	投资（万元）	备注
一	第一部分　工程费用			26.284	正线公里	53 633.53	1 409 703.66	
1	车站	地下车站（典型）	2. 土石方、支撑、降水	120 098.30	m^3	0.02	2 400.84	
			（1）土石方	120 098.30	m^3	0.01	1 137.32	
			（2）钢支撑	2 273.61	t	0.32	727.86	
			（3）混凝土支撑	786.14	m^3	0.28	219.20	
			（4）降水	62	根	5.10	316.46	
			3. 主体结构	28 468.97	m^3	0.24	6 736.67	
			（1）主体结构	28 468.97	m^3	0.22	6 170.60	
			（2）防水	27 505.00	m^2	0.02	566.08	
			（二）建筑装饰工程	10 804.000	m^2	0.15	1 645.66	
			（三）附属工程	13 114.000	m^2	0.03	423.43	除土建、装修外其他
2	区间	区间		26.28	正线公里	10 077.75	264 883.68	
		地下区间（典型）	（一）盾构区间	1 284.48	m	10.63	13 659.57	
			盾构类型	复合盾构，内径 5.5m，外径 6.1m				注明普通盾构、复合盾构、泥水盾构或 TBM，管片内径 / 外径
			管片厚度（mm）	300.00				
			管片宽度（m）	1.50				
			1. 盾构掘进（含吊装、拆拆等）	2 568.96	m	2.59	6 654.16	
			土压盾构掘进	2 568.96	m	2.59	6 654.16	
			2. 管片	13 935.07	m^3	0.39	5 452.12	
			3. 进出洞加固	2 568.96	m	0.05	139.08	

续表 5–13

分项造价指标								
章节	工程及费用名称			数量	单位	指标（万元）*	投资（万元）	备注
一	第一部分　工程费用			26.284	正线公里	53 633.53	1 409 703.66	
2	区间	地下区间（典型）	4. 同步及二次注浆	12 487.51	m	1 079.64	13 481 990.38	
			5. 其他	2 568.96	m	0.10	265.37	除以上内容外，不含风险源加固
			（二）明挖区间	332.60	m	9.35	3 109.81	
			基坑宽度（m）	20.00				
			基坑深度（m）	平均深度 5				
			1. 围护结构	6 400.00	m^2	0.043 1	275.69	
			其他围护结构（喷锚支护）	6 400.00	m^2	0.043 1	275.69	
			2. 土石方、支撑、降水	184 258.70	m^3	0.003 5	639.75	
			（1）土石方	184 258.70	m^3	0.001 9	359.17	
			（2）降水	54	根	5.195 9	280.58	
			3. 主体结构	8 659.13	m^3	0.249 9	2 163.61	
			（1）主体结构	8 659.13	m^3	0.208 9	1 808.97	
			（2）防水	13 491.20	m^2	0.026 3	354.64	
3	轨道	轨道形式		正线为现浇混凝土整体道床，场段库内为整体道床，场外为碎石道床				道床形式等
		轨道		26.284	正线公里	2 457.70	64 598.15	
		正线	1. 铺轨	54.13	铺轨公里	371.96	20 135.86	
			（1）一般段	28.62	铺轨公里	270.45	7 740.68	
			（2）中等减振段	9.58	铺轨公里	362.42	3 472.68	
			（3）高等减振段	11.47	铺轨公里	266.08	3 051.89	含减振垫
			（4）特殊减振段	4.46	铺轨公里	1 315.99	5 870.61	含钢弹簧隔振器

续表 5–13

分项造价指标								
章节	工程及费用名称			数量	单位	指标（万元）*	投资（万元）	备注
一	第一部分 工程费用			26.284	正线公里	53 633.53	1 409 703.66	
3	轨道	正线	2. 铺道床（现浇）	73 415.41	m^3	0.16	11 795.80	注明现浇道床还是预制道床
			（1）一般段	39 700.920	m^3	0.11	4 214.49	蓝色为混凝土数量
			（2）中等减振段	10 295.488	m^3	0.14	1 411.22	
			（3）高等减振段	16 861.534	m^3	0.27	4 468.85	
			（4）特殊减振段	6 557.467	m^3	0.26	1 701.24	
			3. 铺道岔	46	组	49.34	2 269.49	
			（1）单开道岔	42	组	39.23	1 647.71	
			（2）特种道岔	4	组	155.45	621.78	
		车辆基地铺轨	1. 铺轨	13.31	铺轨公里	186.92	2 488.23	
			2. 铺道床	19 131.98	m^3	0.05	903.82	
			（1）无砟道床（CZ1 扣件）	1 808.76	m^3	0.25	454.33	
			（2）粒料道床	17 323.22	m^3	0.03	449.49	
			3. 铺道岔	50	组	43.19	2 159.49	
			（1）单开道岔	49	组	42.17	2 066.40	
			（2）特种道岔	1	组	93.09	93.09	
		停车场铺轨	1. 铺轨	9.74	铺轨公里	231.09	2 250.57	
			2. 铺道床	7 151.43	m^3	0.13	922.17	
			无砟道床	7 151.43	m^3	0.13	922.17	
			3. 铺道岔	21	组	47.15	990.20	
			（1）单开道岔	20	组	44.57	891.39	
			（2）特种道岔	1	组	98.81	98.81	
		线路有关工程		67.446	铺轨公里	68.87	4 645.06	

续表 5-13

<table>
<tr><th colspan="9">分项造价指标</th></tr>
<tr><th>章节</th><th colspan="3">工程及费用名称</th><th>数量</th><th>单位</th><th>指标（万元）*</th><th>投资（万元）</th><th>备注</th></tr>
<tr><td>一</td><td colspan="3">第一部分　工程费用</td><td>26.284</td><td>正线公里</td><td>53 633.53</td><td>1 409 703.66</td><td></td></tr>
<tr><td rowspan="3">4</td><td rowspan="3">通信</td><td colspan="2">通信</td><td>26.284</td><td>正线公里</td><td>1 860.57</td><td>48 903.16</td><td></td></tr>
<tr><td colspan="2">1. 专用通信系统</td><td>26.284</td><td>正线公里</td><td>1 727.04</td><td>45 393.50</td><td></td></tr>
<tr><td colspan="2">2. 公安通信系统</td><td>26.284</td><td>正线公里</td><td>133.53</td><td>3 509.66</td><td></td></tr>
<tr><td rowspan="9">5</td><td rowspan="9">信号</td><td colspan="2">信号</td><td>26.284</td><td>正线公里</td><td>1 699.48</td><td>44 669.22</td><td></td></tr>
<tr><td colspan="2">1. 正线</td><td>26.284</td><td>正线公里</td><td>856.06</td><td>22 500.75</td><td></td></tr>
<tr><td colspan="2">2. 运营控制中心</td><td>1</td><td>处</td><td>2 447.01</td><td>2 447.01</td><td></td></tr>
<tr><td colspan="2">3. 车辆段</td><td></td><td>万元</td><td></td><td>1 152.23</td><td></td></tr>
<tr><td colspan="2">4. 停车场</td><td></td><td>万元</td><td></td><td>808.35</td><td></td></tr>
<tr><td colspan="2">5. 试车线</td><td></td><td>万元</td><td></td><td>3 197.71</td><td></td></tr>
<tr><td colspan="2">6. 车载设备</td><td>56</td><td>列</td><td>33.60</td><td>1 881.42</td><td></td></tr>
<tr><td colspan="2">7. 维修与培训中心</td><td>26.284</td><td>正线公里</td><td>48.89</td><td>1 285.05</td><td></td></tr>
<tr><td colspan="2">8. 其他 – 备用控制中心</td><td>26.284</td><td>正线公里</td><td>433.60</td><td>11 396.70</td><td></td></tr>
<tr><td rowspan="6">6</td><td rowspan="6">供电</td><td colspan="2">供电</td><td>26.284</td><td>正线公里</td><td>5 632.45</td><td>148 043.25</td><td></td></tr>
<tr><td rowspan="5">主变电站</td><td>1. 主变电站</td><td></td><td>万元</td><td></td><td>5 647.91</td><td></td></tr>
<tr><td>（1）主变电站房屋</td><td></td><td>万元</td><td></td><td>1 411.00</td><td></td></tr>
<tr><td>（2）变电工程</td><td></td><td>万元</td><td></td><td>4 236.91</td><td></td></tr>
<tr><td>2. 电力进线</td><td></td><td>万元</td><td></td><td>14 093.50</td><td></td></tr>
<tr><td>110kV 输电线路</td><td></td><td>万元</td><td></td><td>14 093.50</td><td></td></tr>
</table>

续表 5-13

分项造价指标								
章节	工程及费用名称			数量	单位	指标（万元）*	投资（万元）	备注
一	第一部分　工程费用			26.284	正线公里	53 633.53	1 409 703.66	
6	供电	变电所	1. 牵引降压混合变电所	11	座	1 792.00	19 711.98	
			2. 降压所	12	座	574.71	6 896.49	
			3. 跟随所	2	座	2 304.95	4 609.89	场段混合所，其中分别含1个跟随所
			4. 其他	12	座	328.41	3 940.95	注明变电所类型
		环网电缆	环网电缆	26.284	正线公里	543.58	14 287.36	
			环网电缆	246.20	条公里	58.03	14 287.36	
		牵引网（接触轨）	架空接触网	92.73	条公里	141.95	13 162.91	
			（1）正线	66.47	条公里	147.28	9 789.54	
			（2）车辆段	18.10	条公里	124.34	2 250.57	
			（3）停车场	8.16	条公里	137.60	1 122.79	
		电力监控（SCADA）		26.284	正线公里	153.03	4 022.19	
		杂散电流防护与接地系统	1. 杂散电流防护	26.284	正线公里	196.40	5 162.09	
			（1）正线	26.284	正线公里	98.07	2 577.74	
			（2）车辆段及停车场		万元		1 090.72	
			2. 接地系统	3	处	497.88	1 493.64	
		供电车间及其他系统		1	处	1 493.33	1 493.33	
		动力与照明	动力与照明	26.284	正线公里	2 055.21	54 019.27	
			（1）车站	432 104.57	m^2	0.11	46 022.60	
			（2）区间	26.284	正线公里	304.24	7 996.67	

续表 5-13

分项造价指标							
章节	工程及费用名称			数量	单位	指标（万元）*	投资（万元）	备注
一	第一部分　工程费用			26.284	正线公里	53 633.53	1 409 703.66	
7	综合监控	综合监控		26.284	正线公里	519.21	13 646.80	
		1. 车站		23	站	324.41	7 461.42	
		2. 运营控制中心		2	处	2 540.30	5 080.59	
		3. 车辆段		1	处	782.28	782.28	
		4. 停车场		1	处	322.51	322.51	
8	防灾报警、环境与设备监控	防灾报警、环境与设备监控		26.284	正线公里	690.87	18 158.88	
		火灾自动报警（FAS）	火灾自动报警（FAS）	26.284	正线公里	367.96	9 671.45	
			（1）车站	23	站	295.51	6 796.63	
			（2）车辆段	1	处	1 785.56	1 785.56	
			（3）停车场	1	处	1 089.26	1 089.26	
		环境与设备监控（BAS）	环境与设备监控（BAS）	26.284	正线公里	322.91	8 487.43	
			（1）车站	23	站	338.54	7 786.45	
			（2）车辆段	1	处	387.22	387.22	
			（3）停车场	1	处	313.76	313.76	
9	安防及门禁	安防及门禁		26.284	正线公里	234.97	6 176.03	
		1. 安防系统		26.284	正线公里	181.53	4 771.37	
		2. 门禁系统		26.284	正线公里	53.44	1 404.66	
10	通风、空调与采暖	通风、空调与采暖		26.284	正线公里	1 498.60	39 389.11	
		1. 车站		23	站	1 581.06	36 364.38	
		2. 综合支吊架及抗震支吊架		23	站	131.51	3 024.73	

续表 5–13

分项造价指标								
章节	工程及费用名称			数量	单位	指标（万元）*	投资（万元）	备注
一	第一部分　工程费用			26.284	正线公里	53 633.53	1 409 703.66	
11	给水排水与消防	给水排水与消防		26.284	正线公里	1 062.01	27 913.78	
		车站给水排水与消防	车站给水排水与消防	23	站	1 060.46	24 390.57	
			（1）给水	23	站	245.00	5 635.00	
			（2）排水	23	站	245.64	5 649.62	
			（3）消防	23	站	200.00	4 600.00	
			（4）市政管网接驳	23	站	90.00	2 070.00	
			（5）自动灭火系统	23	站	279.82	6 435.95	
		区间给水排水与消防		26.284	正线公里	134.04	3 523.21	
12	自动售检票	自动售检票		26.284	正线公里	617.65	16 234.44	
		车站		23	站	705.85	16 234.44	
13	站内客运设备、站台门	站内客运设备、站台门		26.28	正线公里	1 894.85	49 804.31	
		站内客运设备	站内客运设备	26.284	正线公里	1 418.66	37 288.06	
			（1）自动扶梯	325	部	103.16	33 526.28	
			（2）电梯	82	部	45.88	3 761.78	
		站台门		23	站	544.18	12 516.25	
14	运营控制中心	运营控制中心						
15	车辆基地	车辆基地		26.284	正线公里	6 366.11	167 326.79	
		1. 生产及办公房屋		110 276.58	m^2	0.46	51 221.33	包含风、水、电等
		2. 工艺设备			万元		23 123.16	
		3. 附属工程			万元		18 209.22	

续表 5-13

分项造价指标							
章节	工程及费用名称		数量	单位	指标（万元）*	投资（万元）	备注
一	第一部分　工程费用		26.284	正线公里	53 633.53	1 409 703.66	
15	停车场	停车场	26.284	正线公里	2 824.50	74 239.08	
		1. 生产及办公房屋	98 845.92	m^2	0.66	65 061.89	包含风、水、电等
		2. 工艺设备		万元		5 572.50	
		3. 附属工程		万元		3 604.69	
16	人防	人防	26.284	正线公里	548.32	14 411.92	
		1. 车站人防	23	站	592.60	13 629.89	
		2. 防淹门	4	处	195.51	782.03	
	第二部分　工程建设其他费用		26.284	正线公里	12 980.58	341 181.54	
1	前期工程费	前期工程费	26.284	正线公里	4 947.32	130 035.42	
		1. 征地	723.57	亩	67.55	48 873.52	
		2. 拆迁	14 626.44	m^2	0.36	5 269.46	
		3. 其他前期	26.284	正线公里	2 887.40	75 892.45	
2	其他费用		26.284	正线公里	8 033.26	211 146.13	15.00%
	第三部分　预备费用		26.284	正线公里	3 330.71	87 544.26	5.00%
	第四部分　专项费用		26.284	正线公里	10 255.00	269 542.30	
1	车辆购置费		216	辆	750.00	162 000.00	B 型车 6 辆编组
2	建设期贷款利息		26.284	正线公里	4 009.37	105 382.30	4.86%
3	铺底流动资金		216	辆	10.00	2 160.00	
	投资总额		26.28	正线公里	82 448.20	2 167 068.56	

表 5–14　造价指标分析表（华东地区，示例项目 13）

<table>
<tr><td colspan="6">项目特征</td></tr>
<tr><td>序号</td><td colspan="2">统计项目</td><td colspan="2">特征描述</td><td>备注</td></tr>
<tr><td>1</td><td colspan="2">项目名称</td><td colspan="2">华东地区，示例项目 13</td><td></td></tr>
<tr><td>2</td><td colspan="2">设计阶段</td><td colspan="2">初步设计</td><td></td></tr>
<tr><td>3</td><td colspan="2">编制期时间</td><td colspan="2">2020 年 5 月</td><td></td></tr>
<tr><td>4</td><td colspan="2">线路长度（正线公里）</td><td colspan="2">22.912</td><td></td></tr>
<tr><td>5</td><td colspan="2">敷设方式</td><td colspan="2">全地下</td><td></td></tr>
<tr><td>6</td><td colspan="2">车站设置（座）</td><td colspan="2">16</td><td></td></tr>
<tr><td>7</td><td colspan="2">平均站间距（km）</td><td colspan="2">1.527</td><td></td></tr>
<tr><td>8</td><td colspan="2">车辆基地设置</td><td colspan="2">1 段 1 场</td><td></td></tr>
<tr><td>9</td><td colspan="2">速度目标值（km/h）</td><td colspan="2">80</td><td>全自动驾驶</td></tr>
<tr><td>10</td><td colspan="2">工程费技术经济指标
（亿元 / 正线公里）</td><td colspan="2">4.72</td><td></td></tr>
<tr><td>11</td><td colspan="2">全费用技术经济指标
（亿元 / 正线公里）</td><td colspan="2">7.42</td><td></td></tr>
<tr><td>12</td><td rowspan="2">初期
配车</td><td>车型</td><td colspan="2">B 型车</td><td></td></tr>
<tr><td>13</td><td>编组</td><td colspan="2">6 辆编组，23 列 /138 辆</td><td></td></tr>
<tr><td rowspan="5">14</td><td rowspan="5">人工及
主要材料
单价</td><td>人工　土建（元 / 工日）</td><td colspan="2">106</td><td></td></tr>
<tr><td>人工　安装（元 / 工日）</td><td colspan="2">106</td><td></td></tr>
<tr><td>混凝土　C40（元 /m³）</td><td colspan="2">666</td><td></td></tr>
<tr><td>钢筋　HRB400（元 /t）</td><td colspan="2">4 466</td><td></td></tr>
<tr><td>水泥　42.5（元 /t）</td><td colspan="2">520</td><td></td></tr>
</table>

综合造价指标					
章节	工程及费用名称	数量（正线公里）	指标（万元）*	投资（万元）	备注
一	第一部分　工程费用	22.912	47 219.56	1 081 894.60	
1	车站	22.912	16 689.59	382 391.9	
2	区间	22.912	11 189.11	256 364.8	
3	轨道	22.912	1 983.23	45 439.8	
4	通信	22.912	1 360.34	31 168	
5	信号	22.912	1 457.03	33 383.4	
6	供电	22.912	4 985.19	114 220.6	
7	综合监控	22.912	304.32	6 972.6	
8	火灾自动报警、环境与设备	22.912	576.97	13 219.6	

续表 5-14

综合造价指标					
章节	工程及费用名称	数量（正线公里）	指标（万元）*	投资（万元）	备注
一	第一部分　工程费用	22.912	47 219.56	1 081 894.60	
9	安防与门禁	22.912	330.60	7 574.7	
10	通风、空调与采暖	22.912	1 184.36	27 136	
11	给水排水与消防	22.912	615.48	14 101.8	
12	自动售检票（AFC）	22.912	434.25	9 949.6	
13	站内客运设备、站台门	22.912	1 122.08	25 709	
14	运营控制中心	22.912	491.33	11 257.4	
15	车辆基地	22.912	4 173.64	95 626.4	
16	人防	22.912	322.06	7 379	
二	第二部分　工程建设其他费用	22.912	14 118.40	323 480.8	
三	第三部分　预备费	22.912	3 066.90	70 268.8	
四	第四部分　专项费用	22.912	9 764.45	223 723.1	
	投资总额	22.912	74 169.31	1 699 367.30	

分项造价指标								
章节	工程及费用名称			工程数量	单位	指标（万元）*	投资（万元）	备注
一	第一部分　工程费用			22.912	正线公里	47 219.56	1 081 894.60	
1	车站	车站		22.912	正线公里	16 689.59	382 391.90	
		地下车站（典型）	工法	明挖法				
			层数	2				
			建筑面积（m^2）	16 241				
			基坑深度（m）	17.4				
			车站指标	16 241.00	m^2	1.30	21 156.24	
			（一）土建工程	16 241.00	m^2	1.11	18 005.61	
			1. 围护结构				5 302.65	
			钻孔灌注桩	12 365.79	m^3	0.43	5 302.65	
			2. 土石方、支撑、降水		万元		3 490.82	
			（1）土石方	173 822.88	m^3	0.01	1 775.74	

续表 5–14

分项造价指标								
章节	工程及费用名称			工程数量	单位	指标（万元）*	投资（万元）	备注
一	第一部分　工程费用			22.912	正线公里	47 219.56	1 081 894.60	
1	车站	地下车站（典型）	（2）钢支撑	2 607.020	t	0.35	922.39	
			（3）混凝土支撑	1 039.21	m^3	0.32	335.93	
			（4）降水		万元		456.77	
			3. 主体结构		万元		9 212.14	
			（1）主体结构	33 205.56	m^3	0.26	8 467.50	
			（2）防水	32 704.62	m^2	0.02	744.64	
			（二）建筑装饰工程	16 191.00	m^2	0.08	1 221.62	
			（三）附属工程	16 241.00	m^2	0.12	1 929.01	除土建、装修外其他
2	区间	区间		22.91	正线公里	16 689.59	382 391.90	
		地下区间（典型）	盾构区间	4 496.66	双延米	5.55	24 950.75	
			盾构类型	土压平衡盾构，内径 5.5m，外径 6.2m				注明普通盾构、复合盾构、泥水盾构或 TBM，管片内径 / 外径
			管片厚度（mm）	350.00				
			管片宽度（m）	1.50				
			1. 盾构掘进（含吊装、掉拆等）	4 496.66	m	2.82	12 683.94	
			土压盾构掘进	4 496.66	m	2.82	12 683.94	
			2. 管片	28 913.52	m^3	0.29	8 490.33	
			3. 进出洞加固	4 496.66	m	0.05	228.11	包含在掘进中
			4. 其他	4 496.66	m	0.79	3 548.37	除以上内容外，不含风险源加固

续表 5–14

分项造价指标								
章节	工程及费用名称			工程数量	单位	指标（万元）*	投资（万元）	备注
一	第一部分　工程费用			22.912	正线公里	47 219.56	1 081 894.60	
3	轨道	轨道形式		预制板式整体道床				道床形式等
		轨道		22.912	正线公里	1 983.23	45 439.80	
		正线	1. 铺轨	41.70	铺轨公里	301.48	12 571.30	
			（1）一般段	35.77	铺轨公里	270.73	9 685.10	
			（2）中等减振段	1.57	铺轨公里	381.21	598.50	
			（3）高等减振段	1.70	铺轨公里	271.09	459.50	不含减振垫
			（4）特殊减振段	6.84	铺轨公里	267.24	1 828.20	不含钢弹簧隔振器
			2. 铺道床（现浇/预制）	41.70	m^3	474.83	19 799.30	现浇道床
			（1）一般段	35.77	m^3	198.03	7 084.40	
			（2）中等减振段	1.57	m^3	173.82	272.90	
			（3）高等减振段	1.70	m^3	939.29	1 592.10	含减振垫
			（4）特殊减振段	6.84	m^3	1 586.01	10 849.90	含钢弹簧隔振器
			3. 铺道岔	30	组	59.26	1 777.80	
			（1）单开道岔	25	组	36.47	911.80	
			（2）特种道岔	5	组	173.20	866.00	
		车辆基地铺轨	1. 铺轨	21.61	铺轨公里	171.74	3 711.40	
			2. 铺道床	48 765.44	m^3	0.05	2 577.80	
			（1）无砟道床	18 554.44	m^3	0.09	1 669.90	
			（2）粒料道床	30 211.00	m^3	0.03	907.90	
			3. 铺道岔	61	组	33.01	2 013.80	
			（1）单开道岔	59	组	29.84	1 760.80	
			（2）特种道岔	2	组	126.50	253.00	
		线路有关工程		63.31	铺轨公里	47.20	2 988.40	

续表 5–14

分项造价指标								
章节	工程及费用名称			工程数量	单位	指标（万元）*	投资（万元）	备注
一	第一部分　工程费用			22.912	正线公里	47 219.56	1 081 894.60	
4	通信	通信		22.912	正线公里	1 360.33	31 167.95	
		1. 专用通信系统		22.912	正线公里	1 122.10	25 709.47	
		2. 公安通信系统		22.912	正线公里	238.24	5 458.48	
5	信号	信号		22.912	正线公里	1 457.03	33 383.38	
		1. 正线		22.912	正线公里	719.07	16 475.33	
		2. 运营控制中心		1	处	2 680.70	2 680.70	
		3. 车辆段		41	联锁道岔	57.57	2 360.47	
		4. 停车场		23	联锁道岔	77.19	1 775.44	
		5. 试车线		1	条	995.54	995.54	
		6. 车载设备		23	列	319.84	7 356.42	
		7. 维修与培训中心		1	处	1 739.48	1 739.48	
6	供电	供电		22.912	正线公里	4 985.19	114 220.60	
		主变电站	1. 主变电站		万元		6 168.00	6 线共享，本线分摊 1/6
			（1）主变电站房屋	3 500.00	m^2	0.57	1 988.00	
			（2）变电工程		万元		4 180.00	
			2. 开闭所	1	座	225.17	225.17	
			3. 电力进线	15.33	km	762.88	11 695.00	
			110kV 输电线路	15.33	km	762.88	11 695.00	
		变电所	1. 牵引降压混合变电所	12	座	1 708.34	20 500.10	含车辆段、停车场
			2. 降压所	7	座	735.44	5 148.06	
			3. 跟随所	10	座	354.65	3 546.45	

续表 5–14

分项造价指标								
章节	工程及费用名称			工程数量	单位	指标（万元）*	投资（万元）	备注
一	第一部分　工程费用			22.912	正线公里	47 219.56	1 081 894.60	
6	供电	环网电缆	环网电缆	22.912	正线公里	470.18	10 772.83	
			环网电缆	256.30	条公里	42.03	10 772.83	
		牵引网（接触轨）	接触轨	81.90	条公里	165.97	13 592.92	
			（1）正线	55.50	条公里	165.45	9 182.36	
			（2）车辆段	16.20	条公里	167.19	2 708.52	
			（3）停车场	10.20	条公里	166.87	1 702.04	
		电力监控（SCADA）		22.912	正线公里	100.32	2 298.60	
		杂散电流防护与接地系统	杂散电流防护	22.912	正线公里	94.38	2 162.40	含接地
		供电车间及其他系统		1	处	1 284.40	1 284.40	
		动力与照明	动力与照明	22.912	正线公里	1 425.10	32 652.00	
			（1）车站	265 559.80	m^2	0.10	26 444.40	
			（2）区间	22.912	正线公里	270.93	6 207.60	
7	综合监控	综合监控		22.912	正线公里	304.32	6 972.60	
		1. 车站		16	站	244.43	3 910.80	
		2. 运营控制中心		1	处	1 737.20	1 737.20	含备用控制中心
		3. 车辆段		1	处	384.00	384.00	
		4. 停车场		1	处	240.60	240.60	
		5. 云平台接入		1	项	700.00	700.00	

续表 5-14

分项造价指标								
章节	工程及费用名称			工程数量	单位	指标（万元）*	投资（万元）	备注
一	第一部分　工程费用			22.912	正线公里	47 219.56	1 081 894.60	
8	防灾报警、环境与设备监控	防灾报警、环境与设备监控		22.912	正线公里	576.97	13 219.60	
		火灾自动报警（FAS）	火灾自动报警（FAS）	22.912	正线公里	351.60	8 055.80	
			（1）车站	16	站	375.82	6 013.10	
			（2）运营控制中心	1	处	89.00	89.00	
			（3）车辆段	1	处	1 097.90	1 097.90	
			（4）停车场	1	处	687.00	687.00	
			（5）主变电站	1	处	168.80	168.80	
		环境与设备监控（BAS）	环境与设备监控（BAS）	22.912	正线公里	225.38	5 163.80	
			（1）车站	16	站	282.64	4 522.30	
			（2）车辆段	1	处	366.00	366.00	
			（3）停车场	1	处	275.50	275.50	
9	安防及门禁	安防及门禁		22.912	正线公里	330.60	7 574.70	
		1. 安防系统		22.912	正线公里	114.33	2 619.50	
		2. 门禁系统		22.912	正线公里	98.20	2 249.90	
		3. 安检系统		16	处	169.08	2 705.30	
10	通风、空调与采暖	通风、空调与采暖		22.912	正线公里	1 184.36	27 136.00	
		1. 车站		16	站	1 513.83	24 221.30	
		2. 区间		22.912	正线公里	22.46	514.70	
		3. 综合支吊架及抗震支吊架		16	站	150.00	2 400.00	

续表 5–14

分项造价指标								
章节	工程及费用名称			工程数量	单位	指标（万元）*	投资（万元）	备注
一	第一部分　工程费用			22.912	正线公里	47 219.56	1 081 894.60	
11	给水排水与消防	给水排水与消防		22.912	正线公里	615.48	14 101.80	
		车站给水排水与消防	车站给水排水与消防	16	站	737.96	11 807.40	
			（1）给水	16	站	406.70	6 507.20	
			（2）排水					
			（3）消防					
			（4）市政管网接驳	16	站	78.75	1 260.00	
			（5）自动灭火系统	16	站	252.51	4 040.20	
		区间给水排水与消防		22.912	正线公里	100.14	2 294.40	
12	自动售检票	自动售检票		22.912	正线公里	434.25	9 949.60	
		1. 车站		16	站	511.99	8 191.80	
		2. 运营控制中心		1	处	1 297.30	1 297.30	含清分系统
		3. 车辆段		1	处	460.50	460.50	培训、模拟测试、维修系统
13	站内客运设备、站台门	站内客运设备、站台门		22.912	正线公里	1 122.07	25 708.80	
		站内客运设备	站内客运设备	22.912	正线公里	820.39	18 796.80	
			（1）自动扶梯	164	部	97.04	15 914.50	
			（2）电梯	57	部	50.57	2 882.30	
		站台门		16	站	432.00	6 912.00	
14	运营控制中心	运营控制中心		22.912	正线公里	491.33	11 257.40	
		1. 房屋		12 083.00	m^2	0.65	7 854.00	含附属工程
		2. 线网指挥中心系统			万元		3 403.40	本线分摊费用

续表 5-14

分项造价指标							
章节	工程及费用名称		工程数量	单位	指标（万元）*	投资（万元）	备注
一	第一部分　工程费用		22.912	正线公里	47 219.56	1 081 894.60	
15	车辆基地	车辆段	22.912	正线公里	2 894.40	66 316.40	
		1. 生产及办公房屋	88 971.41	m^2	0.45	40 037.30	包含风、水、电等
		2. 工艺设备		万元		10 237.50	
		3. 附属工程		万元		16 041.60	
		停车场	22.912	正线公里	1 279.24	29 310.00	
		1. 生产及办公房屋	36 639.70	m^2	0.45	16 433.40	包含风、水、电等
		2. 工艺设备		万元		3 243.70	
		3. 附属工程		万元		9 632.90	
16	人防	人防	22.912	正线公里	322.06	7 379.00	
		人防	15	站	491.93	7 379.00	其中 1 座车站不设防
二	第二部分　工程建设其他费用		22.912	正线公里	14 118.40	323 480.80	
1	前期工程费	前期工程费	22.912	正线公里	6 863.57	157 258.20	
		1. 征地	699.14	亩	30.00	20 974.20	
		2. 拆迁	202 988.00	m^2	0.42	85 838.20	
		3. 其他前期	22.912	正线公里	2 201.72	50 445.80	
2	其他费用		22.912	正线公里	7 254.83	166 222.60	15.36%
三	第三部分　预备费用		22.912	正线公里	3 066.90	70 268.80	5.00%
四	第四部分　专项费用		22.912	正线公里	9 764.45	223 723.10	
1	车辆购置费		138	辆	780.00	107 640.00	地铁 B 型车
2	建设期贷款利息		22.912	正线公里	5 006.25	114 703.10	6.75%
3	铺底流动资金		138	辆	10.00	1 380.00	
投资总额			22.912	正线公里	74 169.31	1 699 367.20	

表 5–15　造价指标分析表（华东地区，示例项目 14）

<table>
<tr><td colspan="6">项目特征</td></tr>
<tr><td>序号</td><td colspan="2">统计项目</td><td colspan="2">特征描述</td><td>备注</td></tr>
<tr><td>1</td><td colspan="2">项目名称</td><td colspan="2">华东地区，示例项目 14</td><td></td></tr>
<tr><td>2</td><td colspan="2">设计阶段</td><td colspan="2">初步设计</td><td></td></tr>
<tr><td>3</td><td colspan="2">编制期时间</td><td colspan="2">2016 年 7 月</td><td></td></tr>
<tr><td>4</td><td colspan="2">线路长度（正线公里）</td><td colspan="2">40.024</td><td></td></tr>
<tr><td>5</td><td colspan="2">敷设方式</td><td colspan="2">高架段 / 过渡段 / 地下段：6.574/0.48/32.97</td><td>备注各种敷设方式占比</td></tr>
<tr><td>6</td><td colspan="2">车站设置（座）</td><td colspan="2">高架站 5 座 / 地下站 24 座</td><td></td></tr>
<tr><td>7</td><td colspan="2">平均站间距（km）</td><td colspan="2">1.403</td><td></td></tr>
<tr><td>8</td><td colspan="2">车辆基地设置</td><td colspan="2">1 段 1 场</td><td></td></tr>
<tr><td>9</td><td colspan="2">速度目标值（km/h）</td><td colspan="2">80</td><td></td></tr>
<tr><td>10</td><td colspan="2">工程费技术经济指标（亿元 / 正线公里）</td><td colspan="2">3.72</td><td></td></tr>
<tr><td>11</td><td colspan="2">全费用技术经济指标（亿元 / 正线公里）</td><td colspan="2">7.70</td><td></td></tr>
<tr><td>12</td><td rowspan="2">初期配车</td><td>车型</td><td colspan="2">B 型车</td><td></td></tr>
<tr><td>13</td><td>编组</td><td colspan="2">6 辆编组，46 列 /276 辆</td><td></td></tr>
<tr><td rowspan="5">14</td><td rowspan="5">人工及主要材料单价</td><td>人工 土建（元 / 工日）</td><td colspan="2">60</td><td></td></tr>
<tr><td>人工 安装（元 / 工日）</td><td colspan="2">60</td><td></td></tr>
<tr><td>混凝土 C40（元 /m^3）</td><td colspan="2">390</td><td></td></tr>
<tr><td>钢筋 HRB400（元 /t）</td><td colspan="2">2 730</td><td></td></tr>
<tr><td>水泥 42.5（元 /t）</td><td colspan="2">360</td><td></td></tr>
</table>

<table>
<tr><td colspan="6">综合造价指标</td></tr>
<tr><td>章节</td><td>工程及费用名称</td><td>数量（正线公里）</td><td>指标（万元）*</td><td>投资（万元）</td><td>备注</td></tr>
<tr><td>一</td><td>第一部分　工程费用</td><td>40.024</td><td>37 193.64</td><td>1 488 638.11</td><td></td></tr>
<tr><td>1</td><td>车站</td><td>40.024</td><td>11 347.99</td><td>454 192.09</td><td></td></tr>
<tr><td>2</td><td>区间</td><td>40.024</td><td>9 841.45</td><td>393 894.34</td><td></td></tr>
<tr><td>3</td><td>轨道</td><td>40.024</td><td>1 919.88</td><td>76 841.33</td><td></td></tr>
<tr><td>4</td><td>通信</td><td>40.024</td><td>1 086.20</td><td>43 474.16</td><td></td></tr>
<tr><td>5</td><td>信号</td><td>40.024</td><td>1 250.83</td><td>50 063.13</td><td></td></tr>
<tr><td>6</td><td>供电</td><td>40.024</td><td>4 623.75</td><td>185 060.83</td><td></td></tr>
<tr><td>7</td><td>综合监控</td><td>40.024</td><td>244.95</td><td>9 803.96</td><td></td></tr>
</table>

续表 5–15

<table>
<tr><th colspan="6">综合造价指标</th></tr>
<tr><th>章节</th><th>工程及费用名称</th><th>数量（正线公里）</th><th>指标（万元）*</th><th>投资（万元）</th><th>备注</th></tr>
<tr><td>一</td><td>第一部分　工程费用</td><td>40.024</td><td>37 193.64</td><td>1 488 638.11</td><td></td></tr>
<tr><td>8</td><td>火灾自动报警、环境与设备</td><td>40.024</td><td>380.45</td><td>15 227.25</td><td></td></tr>
<tr><td>9</td><td>安防与门禁</td><td>40.024</td><td>167.64</td><td>6 709.59</td><td></td></tr>
<tr><td>10</td><td>通风、空调与采暖</td><td>40.024</td><td>789.55</td><td>31 601.01</td><td></td></tr>
<tr><td>11</td><td>给水排水与消防</td><td>40.024</td><td>474.65</td><td>18 997.51</td><td></td></tr>
<tr><td>12</td><td>自动售检票（AFC）</td><td>40.024</td><td>513.38</td><td>20 547.55</td><td></td></tr>
<tr><td>13</td><td>站内客运设备、站台门</td><td>40.024</td><td>1 121.85</td><td>44 900.75</td><td></td></tr>
<tr><td>14</td><td>运营控制中心</td><td>40.024</td><td>291.20</td><td>11 655.02</td><td></td></tr>
<tr><td>15</td><td>车辆基地</td><td>40.024</td><td>2 838.56</td><td>113 610.51</td><td></td></tr>
<tr><td>16</td><td>人防</td><td>40.024</td><td>301.30</td><td>12 059.08</td><td></td></tr>
<tr><td>二</td><td>第二部分　工程建设其他费用</td><td>40.024</td><td>25 155.35</td><td>1 006 817.81</td><td></td></tr>
<tr><td>三</td><td>第三部分　预备费</td><td>40.024</td><td>3 117.76</td><td>124 785.17</td><td></td></tr>
<tr><td>四</td><td>第四部分　专项费用</td><td>40.024</td><td>11 561.60</td><td>462 741.50</td><td></td></tr>
<tr><td colspan="2">投资总额</td><td>40.024</td><td>77 028.35</td><td>3 082 982.59</td><td></td></tr>
</table>

<table>
<tr><th colspan="9">分项造价指标</th></tr>
<tr><th>章节</th><th colspan="3">工程及费用名称</th><th>工程数量</th><th>单位</th><th>指标（万元）*</th><th>投资（万元）</th><th>备注</th></tr>
<tr><td>一</td><td colspan="3">第一部分　工程费用</td><td>40.024</td><td>正线公里</td><td>37 193.64</td><td>1 488 638.11</td><td></td></tr>
<tr><td rowspan="7">1</td><td rowspan="7">车站</td><td colspan="2">车站</td><td>40.024</td><td>正线公里</td><td>11 347.99</td><td>454 192.09</td><td></td></tr>
<tr><td rowspan="6">高架车站（典型）</td><td>工法</td><td colspan="4">主体采用“建－桥合一”式现浇框架结构轻钢结构屋盖，路侧站房采用钢筋混凝土框架结构</td><td></td></tr>
<tr><td>层数</td><td colspan="4">3</td><td>架空层不算层数</td></tr>
<tr><td>建筑面积（m²）</td><td colspan="4">6 872.7</td><td></td></tr>
<tr><td>车站指标</td><td>6 872.7</td><td>m²</td><td>0.73</td><td>4 995.12</td><td></td></tr>
<tr><td>（一）主体土建工程</td><td>3 911.2</td><td>m²</td><td>0.71</td><td>2 776.03</td><td></td></tr>
<tr><td>1. 基础工程</td><td>3 911.2</td><td>m²</td><td>0.24</td><td>948.03</td><td></td></tr>
</table>

续表 5–15

分项造价指标								
章节	工程及费用名称			工程数量	单位	指标（万元）*	投资（万元）	备注
一	第一部分　工程费用			40.024	正线公里	37 193.64	1 488 638.11	
1	车站	高架车站（典型）	2. 结构工程	3 911.2	m^2	0.47	1 828.00	
			（二）附属房屋土建工程	2 274.7	m^2	0.22	502.13	路侧设备管理用房
			（三）人行天桥、连廊土建工程	686.8	m^2	0.65	444.39	
			（四）建筑装饰工程	6 872.7	m^2	0.15	1 019.57	
			1. 内装修	6 872.7	m^2	0.09	618.59	
			2. 外装修	6 872.7	m^2	0.06	400.98	
			（五）室外附属工程	6 872.7	m^2	0.04	253.00	含抗震支吊架
		地下车站（典型）	工法	主体地下连续墙围护 + 内支撑，附属 SMW 工法桩 + 内支撑，明挖顺作				
			层数	2				
			建筑面积（m^2）	12 148.43				
			基坑深度（m）	17.41 ~ 19.77				
			车站指标	12 148.43	m^2	1.12	13 550.20	
			（一）土建工程	8 443.69	m^2	0.89	7 500.33	
			1. 围护结构		万元		3 381.62	
			（1）地下连续墙	11 143.41	m^3	0.30	3 338.81	深度约 29m，其中约 8m 为素混凝土段
			（2）其他围护结构	246.53	m^3	0.17	42.81	挡土墙
			2. 土石方、支撑、降水	76 667.20	m^3	0.02	1 481.66	
			（1）土石方	76 667.20	m^3	0.01	897.54	数量仅为挖方
			（2）钢支撑	805.890	t	0.41	327.53	

续表 5–15

分项造价指标								
章节	工程及费用名称			工程数量	单位	指标（万元）*	投资（万元）	备注
一	第一部分　工程费用			40.024	正线公里	37 193.64	1 488 638.11	
1	车站	地下车站（典型）	（3）混凝土支撑	410.02	m^3	0.21	85.38	
			（4）降水	25	根	6.85	171.21	
			3. 主体结构	16 810.84	m^3	0.16	2 637.05	
			（1）主体结构	16 810.84	m^3	0.14	2 382.94	编制期信息价较低，内部结构综合取费较低
			（2）防水	19 688.00	m^2	0.01	254.11	
			（二）建筑装饰工程	12 148.43	m^2	0.10	1 248.51	
			（三）附属工程	12 148.43	m^2	0.40	4 801.36	除土建、装修外其他，含综合及抗震支吊架
2	区间	区间		40.024	正线公里	9 841.45	393 894.34	
		高架区间（典型）	一般双线特大桥	644.50	双延米	5.26	3 390.40	
			1. 下部工程	644.50	m	2.24	1 445.82	
			（1）基础	6 992.06	m^3	0.17	1 168.93	
			a. 承台	2 093.41	m^3	0.19	399.34	
			b. 钻孔桩	4 898.65	m^3	0.16	769.59	
			（2）墩台	1 548.32	m^3	0.18	276.89	
			2. 上部工程	644.50	m	3.02	1 944.58	含桥面系
		地下区间（典型）	盾构区间	0.999	正线公里	9 822.89	9 813.07	
			盾构类型	普通盾构，管片内径 5.5m，外径 6.2m				注明普通盾构、复合盾构、泥水盾构或 TBM，管片内径 / 外径

续表 5–15

分项造价指标								
章节	工程及费用名称			工程数量	单位	指标（万元）*	投资（万元）	备注
一	第一部分　工程费用			40.024	正线公里	37 193.64	1 488 638.11	
2	区间	地下区间（典型）	管片厚度（mm）	350.00				
			管片宽度（m）	1.20				
			1. 盾构掘进（含吊装、吊拆等）	1 997.80	m	2.40	4 794.16	
			土压盾构掘进	1 997.80	m	2.40	4 794.16	含盾构进出场，不含同步及二次注浆
			2. 管片	10 965.50	m^3	0.27	2 978.48	含场内外运输
			3. 钢管片	63.20	t	1.52	96.29	
			4. 进出洞加固	1 997.80	m	0.31	615.70	
			5. 同步及二次注浆		万元		878.50	
			6. 其他	1 997.80	m	0.23	449.94	除以上内容外，不含风险源加固
3	轨道	轨道形式						道床形式等
		轨道		40.024	正线公里	1 919.88	76 841.33	
		正线	1. 铺轨	88.20	铺轨公里	514.21	45 353.19	含出入线
			（1）一般段	55.20	铺轨公里	294.41	16 251.69	包括高架一般段
			（2）中等减振段	16.71	铺轨公里	325.33	5 436.31	
			（3）高等减振段	2.19	铺轨公里	1 153.68	2 526.56	含减振垫
			（4）特殊减振段	14.10	铺轨公里	1 499.19	21 138.63	含钢弹簧隔振器

续表 5-15

分项造价指标								
章节	工程及费用名称			工程数量	单位	指标（万元）*	投资（万元）	备注
一	第一部分　工程费用			40.024	正线公里	37 193.64	1 488 638.11	
3	轨道	正线	2. 铺道床	148 313.38	m³	0.11	15 987.94	现浇道床
			（1）整体道床	101 708.83	m³	0.08	8 582.20	包括一般段和中等减振段
			（2）浮置板道床	46 604.55	m³	0.16	7 405.74	包括高等和特殊减振段
			3. 铺道岔	52	组	66.13	3 438.78	
			（1）单开道岔	44	组	37.80	1 663.19	
			（2）特种道岔	8	组	221.95	1 775.59	
		车辆段	1. 铺轨	15.245	铺轨公里	179.52	2 736.73	
			2. 铺道床	23 332.92	m³	0.04	821.23	
			（1）无砟道床	5 348.74	m³	0.07	399.23	
			（2）粒料道床	17 984.18	m³	0.02	422.00	
			3. 铺道岔	52	组	31.07	1 615.74	
			（1）单开道岔	50	组	27.53	1 376.66	
			（2）特种道岔	2	组	119.54	239.08	
		停车场	1. 铺轨	6.37	铺轨公里	226.69	1 444.00	
			2. 铺道床	12 600.00	m³	0.03	412.83	
			（1）无砟道床	3 555.65	m³	0.08	280.77	
			（2）粒料道床	5 549.05	m³	0.02	132.06	
			3. 铺道岔	20	组	41.55	831.09	
			（1）单开道岔	19	组	37.87	719.46	
			（2）特种道岔	1	组	111.63	111.63	
		线路有关工程		111.19	铺轨公里	37.77	4 199.80	含铺轨基地（800 万元）

续表 5–15

分项造价指标								
章节	工程及费用名称			工程数量	单位	指标（万元）*	投资（万元）	备注
一	第一部分　工程费用			40.024	正线公里	37 193.64	1 488 638.11	
4	通信	通信		40.024	正线公里	1 086.20	43 474.16	
		1. 专用通信系统		40.024	正线公里	815.87	32 654.36	
		2. 公安通信系统		40.024	正线公里	270.33	10 819.82	
5	信号	信号		40.024	正线公里	1 250.83	50 063.13	
		1. 正线		40.024	正线公里	740.27	29 628.64	
		2. 运营控制中心		1	处	1 423.15	1 423.15	
		3. 车辆段		55	联锁道岔	49.44	2 719.47	
		4. 停车场		28	联锁道岔	64.76	1 813.36	
		5. 试车线		1	条	1 355.99	1 355.99	
		6. 车载设备		43	列	261.00	11 222.97	
		7. 维修与培训中心		1	处	1 899.55	1 899.55	
6	供电	供电		40.024	正线公里	4 623.75	185 060.83	
		主变电站	1. 主变电站	2	座	5 039.00	10 078.00	
			（1）主变电站房屋	4 822.00	m^2	0.48	2 328.00	
			（2）变电工程	2	座	3 875.00	7 750.00	
			2. 主变电所改造	1	座	820.00	820.00	
			3. 电力进线	25.60	km	745.12	19 075.00	
			（1）110kV 输电线路	23.00	km	503.26	11 575.00	
			（2）35kV 输电线路	2.60	km	2 884.62	7 500.00	仅为电缆通道
			4. 其他	40.024	正线公里	27.61	1 105.00	包括光纤通信设备、间隔扩建

续表 5-15

分项造价指标								
章节	工程及费用名称			工程数量	单位	指标（万元）*	投资（万元）	备注
一	第一部分　工程费用			40.024	正线公里	37 193.64	1 488 638.11	
6	供电	变电所	1. 牵引降压混合变电所	17	座	1 981.87	33 691.74	
			2. 降压所	14	座	757.44	10 604.18	
			3. 跟随所	9	座	313.08	2 817.75	
		环网电缆	环网电缆	40.024	正线公里	585.97	23 452.98	
			环网电缆	515.45	条公里	45.50	23 452.98	
		牵引网（接触轨）	架空接触网	129.46	条公里	159.38	20 633.52	
			（1）正线	98.66	条公里	160.07	15 792.69	
			（2）车辆段	17.20	条公里	163.64	2 814.57	
			（3）停车场	13.60	条公里	148.99	2 026.26	
		电力监控（SCADA）		40.024	正线公里	114.27	4 573.61	
		杂散电流防护与接地系统	1. 杂散电流防护	40.024	正线公里	104.90	4 198.55	
			2. 接地系统	40.024	正线公里	31.15	1 246.80	
		供电车间及其他系统		1	处	2 356.11	2 356.11	
		动力与照明	动力与照明	40.024	正线公里	1 259.43	50 407.59	
			（1）车站	450 932.49	m^2	0.086 3	38 894.11	
			（2）区间	40.024	正线公里	287.66	11 513.48	

续表 5–15

分项造价指标								
章节	工程及费用名称			工程数量	单位	指标（万元）*	投资（万元）	备注
一	第一部分　工程费用			40.024	正线公里	37 193.64	1 488 638.11	
7	综合监控	综合监控		40.024	正线公里	244.95	9 803.96	
		1. 车站		29	站	245.44	7 117.90	
		2. 运营控制中心		1	处	1 922.44	1 922.44	
		3. 车辆段		1	处	554.88	554.88	含维护、培训管理系统及测试平台
		4. 停车场		1	处	208.75	208.75	
8	防灾报警、环境与设备监控	防灾报警、环境与设备监控		40.024	正线公里	380.45	15 227.25	
		火灾自动报警（FAS）	火灾自动报警（FAS）	40.024	正线公里	212.77	8 515.82	
			（1）车站	29	站	216.80	6 287.31	
			（2）车辆段	1	处	707.92	707.92	
			（3）停车场	1	处	561.45	561.45	
			（4）主变电站	2	处	246.02	492.03	
			（5）中间风井	2	座	233.56	467.11	
		环境与设备监控（BAS）	环境与设备监控（BAS）	40.024	正线公里	167.69	6 711.43	
			（1）车站	29	站	219.83	6 375.15	
			（2）车辆段	1	处	168.98	168.98	
			（3）停车场	1	处	167.30	167.30	
9	安防及门禁	安防及门禁		40.024	正线公里	167.64	6 709.59	
		1. 安防系统						列入车辆基地
		2. 门禁系统		40.024	正线公里	58.61	2 345.93	
		3. 安检系统		60	安检点	72.73	4 363.66	

续表 5–15

分项造价指标								
章节	工程及费用名称			工程数量	单位	指标（万元）*	投资（万元）	备注
一	第一部分　工程费用			40.024	正线公里	37 193.64	1 488 638.11	
10	通风、空调与采暖	通风、空调与采暖		40.024	正线公里	789.55	31 601.01	
		1. 车站		29	站	1 077.24	31 239.95	
		2. 区间		40.024	正线公里	9.02	361.06	
		3. 综合支吊架及抗震支吊架						已列入车站土建费用
11	给水排水与消防	给水排水与消防		40.024	正线公里	474.65	18 997.51	
		车站给水排水与消防	车站给水排水与消防	29	站	530.49	15 384.07	
			（1）给水					
			（2）排水	29	站	263.49	7 641.31	
			（3）消防					
			（4）市政管网接驳	29	站	93.10	2 700.00	
			（5）自动灭火系统	24	站	210.12	5 042.76	
		区间给水排水与消防		40.024	正线公里	90.28	3 613.44	
12	自动售检票	自动售检票		40.024	正线公里	513.38	20 547.55	
		1. 车站		29	站	687.18	19 928.16	
		2. 运营控制中心		1	处	230.67	230.67	
		3. 车辆基地		1	项	388.72	388.72	

续表 5-15

分项造价指标								
章节	工程及费用名称			工程数量	单位	指标（万元）*	投资（万元）	备注
一	第一部分　工程费用			40.024	正线公里	37 193.64	1 488 638.11	
13	站内客运设备、站台门	站内客运设备、站台门		40.024	正线公里	1 121.85	44 900.75	
		站内客运设备	站内客运设备	41.024	正线公里	773.61	31 736.58	
			（1）自动扶梯	305	部	96.05	29 294.45	
			（2）电梯	56	部	43.61	2 442.13	
		站台门		29	站	453.94	13 164.17	
14	运营控制中心	运营控制中心		40.024	正线公里	291.20	11 655.02	包括地铁配套用房分摊费用、控制中心房屋分摊费用及地面派出所
		1. 控制中心分摊		3 397.83	m^2	0.53	1 817.02	
		2. 红角洲地铁配套用房分摊			万元		8 638.00	
		3. 公安派出所			万元		1 200.00	
15	车辆基地	车辆基地		40.024	正线公里	2 838.56	113 610.51	
		车辆段	车辆段	40.024	正线公里	1 946.43	77 903.84	包含风、水、电等
			（1）生产及办公房屋	98 696.79	m^2	0.33	32 243.44	
			（2）工艺设备		万元		19 726.69	
			（3）附属工程		万元		25 286.70	
			（4）周界安防		万元		647.01	
		停车场	停车场	40.024	正线公里	892.13	35 706.67	
			（1）生产及办公房屋	42 126.32	m^2	0.37	15 510.64	包含风、水、电等
			（2）工艺设备		万元		3 100.57	
			（3）附属工程		万元		16 586.73	
			（4）周界安防		万元		508.73	

续表 5–15

<table>
<tr><td colspan="8">分项造价指标</td></tr>
<tr><td>章节</td><td colspan="2">工程及费用名称</td><td>工程数量</td><td>单位</td><td>指标（万元）*</td><td>投资（万元）</td><td>备注</td></tr>
<tr><td>一</td><td colspan="2">第一部分　工程费用</td><td>40.024</td><td>正线公里</td><td>37 193.64</td><td>1 488 638.11</td><td></td></tr>
<tr><td rowspan="3">16</td><td rowspan="3">人防</td><td>人防</td><td>40.024</td><td>正线公里</td><td>301.30</td><td>12 059.08</td><td></td></tr>
<tr><td>1. 人防</td><td>23</td><td>站</td><td>495.58</td><td>11 398.45</td><td></td></tr>
<tr><td>2. 防淹门</td><td>1</td><td>处</td><td>660.63</td><td>660.63</td><td></td></tr>
<tr><td>二</td><td colspan="2">第二部分　工程建设其他费用</td><td>40.024</td><td>正线公里</td><td>25 155.35</td><td>1 006 817.81</td><td></td></tr>
<tr><td rowspan="4">1</td><td rowspan="4">前期工程费</td><td>前期工程费</td><td>40.024</td><td>正线公里</td><td>18 725.69</td><td>749 477.18</td><td></td></tr>
<tr><td>1. 征地</td><td>859.87</td><td>亩</td><td>42.62</td><td>36 646.03</td><td>不含临时用地</td></tr>
<tr><td>2. 拆迁</td><td>404 828.00</td><td>m^2</td><td>1.50</td><td>605 544.52</td><td></td></tr>
<tr><td>3. 其他前期</td><td>40.024</td><td>正线公里</td><td>2 680.56</td><td>107 286.63</td><td></td></tr>
<tr><td>2</td><td colspan="2">其他费用</td><td>40.024</td><td>正线公里</td><td>6 429.66</td><td>257 340.63</td><td>17.29%</td></tr>
<tr><td>三</td><td colspan="2">第三部分　预备费用</td><td>40.024</td><td>正线公里</td><td>3 117.76</td><td>124 785.17</td><td>5.00%</td></tr>
<tr><td>四</td><td colspan="2">第四部分　专项费用</td><td>40.024</td><td>正线公里</td><td>11 561.60</td><td>462 741.50</td><td></td></tr>
<tr><td>1</td><td colspan="2">车辆购置费</td><td>276</td><td>辆</td><td>650.00</td><td>179 400.00</td><td>地铁 B 型车</td></tr>
<tr><td>2</td><td colspan="2">建设期贷款利息</td><td>40.024</td><td>正线公里</td><td>6 905.58</td><td>276 388.79</td><td>8.96%</td></tr>
<tr><td>3</td><td colspan="2">铺底流动资金</td><td>276</td><td>辆</td><td>10.00</td><td>2 760.00</td><td></td></tr>
<tr><td colspan="3">投资总额</td><td>40.024</td><td>正线公里</td><td>77 028.35</td><td>3 082 982.59</td><td></td></tr>
</table>

表 5–16　造价指标分析表（华东地区，示例项目 15）

项目特征				
序号	统计项目		特征描述	备注
1	项目名称		华东地区，示例项目 15	
2	设计阶段		初步设计	
3	编制期时间		2022 年 11 月	
4	线路长度（正线公里）		20.400	
5	敷设方式		全地下	
6	车站设置（座）		12	
7	平均站间距（km）		1.855	
8	车辆基地设置		1 段	
9	速度目标值（km/h）		120	
10	工程费技术经济指标（亿元 / 正线公里）		4.38	
11	全费用技术经济指标（亿元 / 正线公里）		6.68	
12	初期配车	车型	B 型车	
13		编组	6 辆编组，14 列 /84 辆	
14	人工及主要材料单价	人工　土建（元 / 工日）	107	
		人工　安装（元 / 工日）	107	
		混凝土　C40（元 /m^3）	600	
		钢筋　HRB400（元 /t）	4 800	
		水泥　42.5（元 /t）	586	

综合造价指标					
章节	工程及费用名称	数量（正线公里）	指标（万元）*	投资（万元）	备注
一	第一部分　工程费用	20.400	43 803.82	893 598.00	
1	车站	20.400	12 789.80	260 912	
2	区间	20.400	12 330.10	251 534	
3	轨道	20.400	2 165.78	44 182	
4	通信	20.400	1 099.02	22 420	
5	信号	20.400	1 343.53	27 408	
6	供电	20.400	5 409.75	110 359	
7	综合监控	20.400	429.95	8 771	
8	火灾自动报警、环境与设备	20.400	451.72	9 215	

续表 5–16

综合造价指标					
章节	工程及费用名称	数量（正线公里）	指标（万元）*	投资（万元）	备注
一	第一部分　工程费用	20.400	43 803.82	893 598.00	
9	安防与门禁	20.400	290.54	5 927	
10	通风、空调与采暖	20.400	1 023.63	20 882	
11	给水排水与消防	20.400	670.29	13 674	
12	自动售检票（AFC）	20.400	381.81	7 789	
13	站内客运设备、站台门	20.400	897.50	18 309	
14	运营控制中心	20.400	9.80	200	
15	车辆基地	20.400	3 844.46	78 427	
16	人防	20.400	666.13	13 589	
二	第二部分　工程建设其他费用	20.400	12 985.39	264 902	
三	第三部分　预备费	20.400	2 839.46	57 925	
四	第四部分　专项费用	20.400	7 134.18	145 537.2	
	投资总额	20.400	66 762.85	1 361 962.20	

<table>
<tr><td colspan="9">分项造价指标</td></tr>
<tr><td>章节</td><td colspan="3">工程及费用名称</td><td>工程数量</td><td>单位</td><td>指标（万元）*</td><td>投资（万元）</td><td>备注</td></tr>
<tr><td>一</td><td colspan="3">第一部分　工程费用</td><td>20.400</td><td>正线公里</td><td>43 803.82</td><td>893 598.00</td><td></td></tr>
<tr><td rowspan="11">1</td><td rowspan="11">车站</td><td colspan="2">车站</td><td>20.400</td><td>正线公里</td><td>12 789.80</td><td>260 912.00</td><td></td></tr>
<tr><td rowspan="10">地下车站（典型）</td><td>工法</td><td colspan="4">明挖法</td><td></td></tr>
<tr><td>层数</td><td colspan="4">2</td><td></td></tr>
<tr><td>建筑面积（m²）</td><td colspan="4">16 715</td><td></td></tr>
<tr><td>基坑深度（m）</td><td colspan="4">17</td><td></td></tr>
<tr><td>车站指标</td><td>16 714.52</td><td>m²</td><td>1.41</td><td>23 626.91</td><td></td></tr>
<tr><td>（一）土建工程</td><td>16 714.52</td><td>m²</td><td>1.19</td><td>19 892.02</td><td></td></tr>
<tr><td>1. 围护结构</td><td></td><td>万元</td><td></td><td>6 431.51</td><td></td></tr>
<tr><td>（1）钻孔灌注桩</td><td>7 276.52</td><td>m³</td><td>0.48</td><td>3 500.18</td><td></td></tr>
<tr><td>（2）其他围护结构</td><td>24 259.42</td><td>m³</td><td>0.12</td><td>2 931.33</td><td>TRD</td></tr>
</table>

续表 5–16

分项造价指标								
章节	工程及费用名称			工程数量	单位	指标（万元）*	投资（万元）	备注
一	第一部分　工程费用			20.400	正线公里	43 803.82	893 598.00	
1	车站	地下车站（典型）	2. 土石方、支撑、降水		万元		3 660.38	
			（1）土石方	154 170.10	m^3	0.01	2 029.85	
			（2）钢支撑	2 818.468	t	0.40	1 130.07	
			（3）混凝土支撑	697.30	m^3	0.31	218.05	
			（4）降水		万元		282.41	
			3. 主体结构		万元		9 800.14	
			（1）主体结构	34 083.63	m^3	0.27	9 237.59	
			（2）防水	24 625.56	m^2	0.02	562.55	
			（二）建筑装饰工程	15 976.35	m^2	0.13	2 130.86	
			（三）附属工程	16 714.52	m^2	0.10	1 604.02	除土建、装修外其他
2	区间	区间		20.400	正线公里	12 789.80	260 912.00	
		地下区间（典型）	（一）盾构区间	2 555.86	双延米	6.05	15 471.96	
			盾构类型	土压平衡盾构，内径 5.5m，外径 6.2m				注明普通盾构、复合盾构、泥水盾构或 TBM，管片内径 / 外径
			管片厚度（mm）	350.00				
			管片宽度（m）	1.50				
			1. 盾构掘进（含吊装、掉拆等）	2 555.86	m	3.09	7 898.21	
			土压盾构掘进	2 555.86	m	3.09	7 898.21	
			2. 管片	16 613.05	m^3	0.30	4 983.92	
			3. 进出洞加固	2 555.86	m	0.21	545.05	

续表 5-16

分项造价指标								
章节	工程及费用名称			工程数量	单位	指标（万元）*	投资（万元）	备注
一	第一部分　工程费用			20.400	正线公里	43 803.82	893 598.00	
2	区间	地下区间（典型）	4. 其他	2 555.86	m	0.80	2 044.78	除以上内容外，不含风险源加固
			（二）明挖区间	349.75	双延米	22.90	8 008.71	
			基坑宽度（m）	10.80				
			基坑深度（m）	13.38				
			1. 围护结构				2 430.78	
			钻孔灌注桩	2 761.46	m^3	0.88	2 430.78	
			2. 土石方、支撑、降水		万元		2 497.24	
			（1）土石方	50 541.75	m^3	0.04	2 168.93	
			（2）钢支撑	883.78	t	0.37	327.18	
			（3）混凝土支撑	1.60	m^3	0.40	0.64	
			（4）降水		万元		0.49	
			3. 主体结构		万元		3 080.68	
			（1）主体结构	11 485.67	m^3	0.24	2 808.79	
			（2）防水	9 848.77	m^2	0.03	271.89	
3	轨道	轨道形式		预制板式整体道床				道床形式等
		轨道		20.400	正线公里	2 165.79	44 182.10	
		正线	1. 铺轨	41.70	铺轨公里	226.49	9 444.10	
			（1）一般段	25.48	铺轨公里	210.02	5 350.20	
			（2）中等减振段	9.72	铺轨公里	281.96	2 740.10	
			（3）高等减振段	3.74	铺轨公里	209.84	784.80	不含减振垫

续表 5–16

分项造价指标								
章节	工程及费用名称			工程数量	单位	指标（万元）*	投资（万元）	备注
一	第一部分　工程费用			20.400	正线公里	43 803.82	893 598.00	
3	轨道	正线	（4）特殊减振段	2.77	铺轨公里	205.79	569.00	不含钢弹簧隔振器
			2. 铺道床（现浇 / 预制）	41.70	m^3	561.68	23 421.10	注明现浇道床还是预制道床
			（1）一般段	25.48	m^3	438.22	11 163.60	
			（2）中等减振段	9.72	m^3	438.82	4 264.50	
			（3）高等减振段	3.74	m^3	830.11	3 104.60	含减振垫
			（4）特殊减振段	2.77	m^3	1 767.96	4 888.40	含钢弹簧隔振器
			3. 铺道岔	13	组	91.88	1 194.40	
			（1）单开道岔	10	组	55.87	558.70	
			（2）特种道岔	3	组	211.90	635.70	
		车辆基地铺轨	1. 铺轨	10.36	铺轨公里	190.19	1 970.90	
			2. 铺道床	26 226.02	m^3	0.05	1 322.20	
			（1）无砟道床	12 848.75	m^3	0.08	1 027.90	
			（2）粒料道床	13 377.27	m^3	0.02	294.30	
			3. 铺道岔	34	组	34.30	1 166.20	
			（1）单开道岔	33	组	31.15	1 028.00	
			（2）特种道岔	1	组	138.20	138.20	
		线路有关工程	线路有关工程	52.06	铺轨公里	108.78	5 663.20	

续表 5-16

分项造价指标								
章节	工程及费用名称			工程数量	单位	指标（万元）*	投资（万元）	备注
一	第一部分　工程费用			20.400	正线公里	43 803.82	893 598.00	
4	通信	通信		20.400	正线公里	1 099.03	22 420.20	
		1. 专用通信系统		20.400	正线公里	900.53	18 370.90	
		2. 公安通信系统		20.400	正线公里	198.50	4 049.30	
5	信号	信号		20.400	正线公里	1 343.53	27 408.00	
		1. 正线		20.400	正线公里	723.93	14 768.10	
		2. 运营控制中心		1	处	2 200.20	2 200.20	
		3. 车辆段		36	联锁道岔	58.87	2 119.30	
		4. 试车线		1	条	982.10	982.10	
		5. 车载设备		14	列	280.29	3 924.00	
		6. 维修与培训中心		1	处	1 119.40	1 119.40	
		7. 其他		20.400	正线公里	112.50	2 294.90	
6	供电	供电系统		20.400	正线公里	5 409.73	110 358.50	
		主变电站	1. 主变电站	0.33	座	6 610.80	2 203.60	三线共享，分摊
			（1）主变电站房屋		万元		713.30	
			（2）变电工程	0.33	座	4 470.90	1 490.30	
			2. 开闭所	2	座	355.70	711.40	
			3. 电力进线	10.46	km	1 509.05	15 786.20	
			220kV 输电线路	10.46	km	1 509.05	15 786.20	

续表 5–16

分项造价指标								
章节	工程及费用名称			工程数量	单位	指标（万元）*	投资（万元）	备注
一	第一部分　工程费用			20.400	正线公里	43 803.82	893 598.00	
6	供电	变电所	1. 牵引降压混合变电所	11	座	1 928.89	21 217.80	含车辆段
			2. 降压所	3	座	650.03	1 950.10	
			3. 跟随所	3	座	476.70	1 430.10	
		环网电缆	环网电缆	20.400	正线公里	551.10	11 242.40	
			（1）环网电缆	222.00	条公里	50.64	11 242.40	
			（2）通道电缆					
		牵引网（接触轨）	接触轨	52.50	条公里	239.76	12 587.40	
			（1）正线	41.50	条公里	225.13	9 342.80	
			（2）车辆段	11.00	条公里	294.96	3 244.60	
		电力监控（SCADA）		20.400	正线公里	58.14	1 186.00	
		杂散电流防护与接地系统	1. 杂散电流防护	20.400	正线公里	79.06	1 612.80	
			2. 接地系统	20.400	正线公里	50.27	1 025.60	
		供电车间及其他系统		1	处	1 537.00	1 537.00	
		动力与照明	动力与照明	20.400	正线公里	1 380.49	28 161.90	
			（1）车站	189 131.00	m^2	0.11	20 527.90	
			（2）区间	20.400	正线公里	374.22	7 634.00	

续表 5–16

分项造价指标								
章节	工程及费用名称			工程数量	单位	指标（万元）*	投资（万元）	备注
一	第一部分　工程费用			20.400	正线公里	43 803.82	893 598.00	
7	综合监控	综合监控		20.400	正线公里	429.95	8 771.00	
		1. 车站		12	站	250.00	3 000.00	
		2. 运营控制中心		1	处	943.90	943.90	
		3. 车辆段		1	处	1 362.30	1 362.30	
		4. 云平台接入		1	项	2 000.00	2 000.00	
		5. 与 8 号线互联互通设备		1	项	1 464.80	1 464.80	
8	防灾报警、环境与设备监控	防灾报警、环境与设备监控		20.400	正线公里	451.73	9 215.20	
		火灾自动报警（FAS）	火灾自动报警（FAS）	20.400	正线公里	274.58	5 601.40	
			（1）车站	12	站	350.06	4 200.70	
			（2）运营控制中心	1	处	14.10	14.10	
			（3）车辆段	1	处	1 386.60	1 386.60	
		环境与设备监控（BAS）	环境与设备监控（BAS）	20.400	正线公里	177.15	3 613.80	
			（1）车站	12	站	264.65	3 175.80	
			（2）车辆段	1	处	438.00	438.00	
9	安防及门禁	安防及门禁		20.400	正线公里	290.55	5 927.20	
		1. 安防系统		20.400	正线公里	134.89	2 751.80	
		2. 门禁系统		20.400	正线公里	67.43	1 375.50	
		3. 安检系统		12	处	149.99	1 799.90	

续表 5–16

分项造价指标								
章节	工程及费用名称			工程数量	单位	指标（万元）*	投资（万元）	备注
一	第一部分　工程费用			20.400	正线公里	43 803.82	893 598.00	
10	通风、空调与采暖	通风、空调与采暖		20.400	正线公里	1 023.61	20 881.70	
		1. 车站		12	站	1 540.86	18 490.30	
		2. 区间		20.400	正线公里	28.99	591.40	
		3. 综合支吊架及抗震支吊架		12	站	150.00	1 800.00	
11	给水排水与消防	给水排水与消防		20.400	正线公里	670.31	13 674.30	
		车站给水排水与消防	车站给水排水与消防	12	站	885.03	10 620.30	
			（1）给水	12	站	539.69	6 476.30	
			（2）排水					
			（3）消防					
			（4）市政管网接驳	12	站	60.83	730.00	
			（5）自动灭火系统	12	站	284.50	3 414.00	
		区间给水排水与消防		20.400	正线公里	149.71	3 054.00	
12	自动售检票	自动售检票		20.400	正线公里	381.80	7 788.80	
		1. 车站		12	站	550.00	6 600.00	
		2. 运营控制中心		1	处	507.60	507.60	
		3. 清分系统		1	线	681.20	681.20	
13	站内客运设备、站台门	站内客运设备、站台门		20.400	正线公里	897.50	18 309.00	
		站内客运设备	站内客运设备	20.400	正线公里	643.38	13 125.00	
			（1）自动扶梯	123	部	95.00	11 685.00	
			（2）电梯	32	部	45.00	1 440.00	
		站台门		12	站	432.00	5 184.00	
14	运营控制中心	运营控制中心			万元		200.00	接入费用

续表 5–16

分项造价指标							
章节	工程及费用名称		工程数量	单位	指标（万元）*	投资（万元）	备注
一	第一部分　工程费用		20.400	正线公里	43 803.82	893 598.00	
15	车辆基地	车辆基地	20.400	正线公里	3 844.44	78 426.60	
		1. 生产及办公房屋	88 000.00	m^2	0.41	36 080.00	包含风、水、电等
		2. 工艺设备		万元		13 360.00	
		3. 附属工程		万元		28 986.60	
16	人防	人防	20.400	正线公里	666.13	13 589.10	
		1. 车站人防	12	站	712.80	8 553.60	含人防土建
		2. 区间人防	12	处	227.96	2 735.50	
		3. 车辆段人防	1	项	2 300.00	2 300.00	
二	第二部分　工程建设其他费用		20.400	正线公里	12 985.31	264 900.40	
1	前期工程费	前期工程费	20.400	正线公里	7 045.92	143 736.80	
		1. 征地	378.64	亩	25.00	9 466.00	
		2. 拆迁	229 313.50	m^2	0.34	77 363.60	
		3. 其他前期	20.400	正线公里	2 789.57	56 907.20	
2	其他费用		20.400	正线公里	5 939.39	121 163.60	13.56%
三	第三部分　预备费用		20.400	正线公里	2 839.46	57 924.90	5.00%
四	第四部分　专项费用		20.400	正线公里	7 134.18	145 537.20	
1	车辆购置费		84	辆	750.00	63 000.00	地铁 B 型车
2	建设期贷款利息		20.400	正线公里	4 004.76	81 697.20	6.00%
3	铺底流动资金		84	辆	10.00	840.00	
	投资总额		20.400	正线公里	66 762.77	1 361 960.50	

表 5–17　造价指标分析表（华东地区，示例项目 16）

项目特征			
序号	统计项目	特征描述	备注
1	项目名称	华东地区，示例项目 16	
2	设计阶段	初步设计	
3	编制期时间	2018 年 9 月	
4	线路长度（正线公里）	43.642	
5	敷设方式	地下站 7 座、高架站 6 座（高架段 26.866 km，地下段 16.776 km）	
6	车站设置（座）	13	
7	平均站间距（km）	3.578	
8	车辆基地设置	1 场 1 段	
9	速度目标值（km/h）	100	
10	工程费技术经济指标（亿元 / 正线公里）	2.67	
11	全费用技术经济指标（亿元 / 正线公里）	4.77	
12	初期配车 车型	市域 B 型车（直流）	
13	初期配车 编组	4 辆编组，33 列 /132 辆	
14	人工及主要材料单价 人工　土建（元 / 工日）	93	
	人工及主要材料单价 人工　安装（元 / 工日）	93	
	人工及主要材料单价 混凝土　C40（元 /m^3）	545.84	
	人工及主要材料单价 钢筋　HRB400（元 /t）	4 040	
	人工及主要材料单价 水泥　42.5（元 /t）	470	

综合造价指标					
章节	工程及费用名称	数量（正线公里）	指标（万元）*	投资（万元）	备注
一	第一部分　工程费用	43.642	26 664.43	1 163 689.07	
1	车站	43.642	5 305.12	231 526.08	
2	区间	43.642	9 849.67	429 859.44	
3	轨道	43.642	1 563.48	68 233.30	
4	通信	43.642	995.29	43 436.49	
5	信号	43.642	1 132.89	49 441.53	
6	供电	43.642	3 408.12	148 736.98	
7	综合监控	43.642	148.61	6 485.79	

续表 5-17

综合造价指标

章节	工程及费用名称	数量（正线公里）	指标（万元）*	投资（万元）	备注
一	第一部分　工程费用	43.642	26 664.43	1 163 689.07	
8	火灾自动报警、环境与设备	43.642	228.74	9 982.85	
9	安防与门禁	43.642	171.57	7 487.55	
10	通风、空调与采暖	43.642	267.06	11 655.01	
11	给水排水与消防	43.642	227.92	9 947.10	
12	自动售检票（AFC）	43.642	192.75	8 412.03	
13	站内客运设备、站台门	43.642	434.38	18 957.12	
14	运营控制中心	43.642	6.77	295.63	
15	车辆基地	43.642	2 634.58	114 978.44	
16	人防	43.642	97.47	4 253.74	
二	第二部分　工程建设其他费用	43.642	13 815.39	602 931.38	
三	第三部分　预备费	43.642	2 023.99	88 331.02	
四	第四部分　专项费用	43.642	5 154.13	224 936.38	
	投资总额	43.642	47 657.94	2 079 887.85	

分项造价指标

<table>
<tr><td>章节</td><td colspan="3">工程及费用名称</td><td>工程数量</td><td>单位</td><td>指标（万元）*</td><td>投资（万元）</td><td>备注</td></tr>
<tr><td>一</td><td colspan="3">第一部分　工程费用</td><td>43.642</td><td>正线公里</td><td>26 664.43</td><td>1 163 689.07</td><td></td></tr>
<tr><td rowspan="8">1</td><td rowspan="8">车站</td><td colspan="2">车站</td><td>43.642</td><td>正线公里</td><td>5 305.12</td><td>231 526.08</td><td></td></tr>
<tr><td rowspan="7">高架车站（典型）</td><td>工法</td><td colspan="4">高架</td><td></td></tr>
<tr><td>层数</td><td colspan="4">2</td><td>架空层不算层数</td></tr>
<tr><td>建筑面积（m²）</td><td colspan="4">8 289</td><td></td></tr>
<tr><td>车站指标</td><td>8 289</td><td>m²</td><td>0.64</td><td>5 335.94</td><td></td></tr>
<tr><td>（一）土建工程</td><td>8 289</td><td>m²</td><td>0.44</td><td>3 678.01</td><td></td></tr>
<tr><td>1. 基础工程</td><td>8 289</td><td>m²</td><td>0.24</td><td>1 976.25</td><td></td></tr>
<tr><td>2. 结构工程</td><td>8 289</td><td>m²</td><td>0.21</td><td>1 701.76</td><td></td></tr>
</table>

续表 5–17

分项造价指标								
章节	工程及费用名称			工程数量	单位	指标（万元）*	投资（万元）	备注
一	第一部分　工程费用			43.642	正线公里	26 664.43	1 163 689.07	
1	车站	高架车站（典型）	（二）建筑装饰工程	8 289	m^2	0.17	1 420.66	
			1. 内装修	8 289	m^2	0.06	497.36	
			2. 外装修	9 810	m^2	0.09	923.30	
			（三）室外附属工程	8 289	m^2	0.03	237.28	
		地下车站（典型）	工法	明挖				
			层数	2				
			建筑面积（m^2）	21 623				
			车站指标	21 622.94	m^2	1.17	25 222.71	
			（一）车站主体土建工程	19 784.47	m^2	1.06	21 066.29	
			1. 围护结构	18 127.67	m^3	0.39	7 155.27	
			钻孔灌注桩	18 127.67	m^3	0.39	7 155.27	
			2. 土石方、支撑、降水	177 112.84	m^3	0.02	3 526.26	
			（1）土石方	177 112.84	m^3	0.01	1 281.14	
			（2）钢支撑	2 344.386	t	0.39	913.90	
			（3）混凝土支撑	1 668.90	m^3	0.48	800.61	含混凝土支撑、临时立柱桩、临时铺盖板
			（4）降水	54	根	9.83	530.61	
			3. 主体结构	36 127.83	m^3	0.26	9 260.15	
			（1）主体结构	36 127.83	m^3	0.24	8 746.84	
			（2）防水	35 689.60	m^2	0.01	513.31	
			（二）出入口、风道土建工程	1 838.47	m^2	1.34	2 459.12	
			（三）建筑装饰工程	17 347.93	m^2	0.07	1 229.17	
			（四）附属工程	21 622.94	m^2	0.02	468.14	除土建、装修外其他

续表 5–17

分项造价指标								
章节	工程及费用名称			工程数量	单位	指标（万元）*	投资（万元）	备注
一	第一部分　工程费用			43.642	正线公里	26 664.43	1 163 689.07	
2	区间	区间		43.642	正线公里	9 849.67	429 859.44	
		高架区间（典型）	高架区间	3 455.00	双延米	8.05	27 800.22	
			一般特大桥	3 455.00	双延米	8.05	27 800.22	
			一般双线特大桥	3 455.00	双延米	8.05	27 800.22	
			1. 下部工程	6 910.00	m	2.13	14 731.19	
			（1）基础	49 973.80	m^3	0.22	11 202.01	
			a. 承台	15 415.80	m^3	0.24	3 643.72	
			b. 钻孔桩	24 377.80	m^3	0.31	7 558.29	
			（2）墩台	10 180.20	m^3	0.35	3 529.18	
			2. 上部工程	6 910.00	m	1.78	12 290.12	
			3. 桥面系及附属工程	6 910.00	m	0.11	778.92	
		地下区间（典型）	盾构区间	2 035.49	双延米	10.55	21 481.05	
			盾构类型	土压，内径 5.5m，外径 6.2m				注明普通盾构、复合盾构、泥水盾构或 TBM，管片内径 / 外径
			管片厚度（mm）	350.00				
			管片宽度（m）	1.20				
			盾构法	2 035.49	双延米	10.55	21 481.05	
			1. 盾构掘进（含吊装、掉拆等）	2 035.49	m	5.23	10 635.92	费用含掘进出渣、同步及二次注浆、洞口等

续表 5–17

分项造价指标								
章节	工程及费用名称			工程数量	单位	指标（万元）*	投资（万元）	备注
一	第一部分　工程费用			43.642	正线公里	26 664.43	1 163 689.07	
2	区间	地下区间（典型）	土压盾构掘进	4 070.98	m	1.65	6 733.58	掘进及出渣
			2. 管片	26 470.66	m^3	0.26	6 882.37	
			3. 进出洞加固	4 070.98	m	0.10	392.88	
			4. 同步及二次注浆	4 070.98	m	0.68	2 782.22	单位含量按单延米统计
			5. 其他	4 070.98	m	0.88	3 569.88	除以上内容外，不含风险源加固
3	轨道	轨道形式		整体道床				道床形式等
		轨道		43.642	正线公里	1 563.48	68 233.30	
		正线	1. 铺轨	33.86	铺轨公里	535.04	18 117.40	地下段
			（1）一般段	21.85	铺轨公里	258.22	5 642.92	
			（2）中等减振段	3.40	铺轨公里	375.98	1 276.82	
			（3）高等减振段	2.95	铺轨公里	971.53	2 866.01	含减振垫
			（4）特殊减振段	5.66	铺轨公里	1 471.24	8 331.64	含钢弹簧隔振器
			2. 铺道床（现浇/预制）	63 900.82	m^3	0.11	7 277.20	现浇道床
			（1）一般段	40 149.70	m^3	0.09	3 449.21	
			（2）中等减振段	5 501.46	m^3	0.08	424.44	
			（3）高等减振段	6 018.00	m^3	0.12	738.73	
			（4）特殊减振段	12 231.66	m^3	0.22	2 664.82	
			3. 铺道岔	18	组	71.89	1 294.01	含道岔道床
			（1）单开道岔	16	组	44.72	715.51	
			（2）特种道岔	2	组	202.15	404.30	

续表 5–17

分项造价指标								
章节	工程及费用名称			工程数量	单位	指标（万元）*	投资（万元）	备注
一	第一部分　工程费用			43.642	正线公里	26 664.43	1 163 689.07	
3	轨道	车辆段铺轨	1. 铺轨	13.74	铺轨公里	144.28	1 981.97	
			2. 铺道床	13 857.00	m³	0.11	1 485.44	
			（1）无砟道床	3 777.00	m³	0.36	1 359.38	
			（2）粒料道床	10 080.00	m³	0.01	126.07	
			3. 铺道岔	46	组	38.06	1 750.87	含道岔道床
			（1）单开道岔	44	组	29.02	1 276.87	
			（2）特种道岔	2	组	201.51	403.02	
		停车场铺轨	1. 铺轨	5.50	铺轨公里	155.31	853.61	
			2. 铺道床	5 912.00	m³	0.17	1 002.86	
			（1）无砟道床	2 648.00	m³	0.36	962.04	含减振（橡胶填充块）
			（2）粒料道床	3 264.00	m³	0.01	40.82	
			3. 铺道岔	13	组	42.35	550.59	含道岔道床
			（1）单开道岔	12	组	29.02	348.24	
			（2）特种道岔	1	组	180.00	180.00	
		线路有关工程		43.64	铺轨公里	144.91	6 324.07	含铺轨基地
4	通信	通信		43.642	正线公里	995.29	43 436.49	
		1. 专用通信系统		43.642	正线公里	793.93	34 648.74	
		2. 公安通信系统		43.642	正线公里	201.36	8 787.76	

续表 5–17

<table>
<tr><th colspan="9">分项造价指标</th></tr>
<tr><th>章节</th><th colspan="3">工程及费用名称</th><th>工程数量</th><th>单位</th><th>指标（万元）*</th><th>投资（万元）</th><th>备注</th></tr>
<tr><td>一</td><td colspan="3">第一部分　工程费用</td><td>43.642</td><td>正线公里</td><td>26 664.43</td><td>1 163 689.07</td><td></td></tr>
<tr><td rowspan="8">5</td><td rowspan="8">信号</td><td colspan="2">信号</td><td>43.642</td><td>正线公里</td><td>1 132.89</td><td>49 441.53</td><td></td></tr>
<tr><td colspan="2">1. 正线</td><td>43.642</td><td>正线公里</td><td>742.22</td><td>32 392.08</td><td></td></tr>
<tr><td colspan="2">2. 运营控制中心</td><td>1</td><td>处</td><td>2 300.00</td><td>2 300.00</td><td></td></tr>
<tr><td colspan="2">3. 车辆段</td><td>52</td><td>联锁道岔</td><td>43.08</td><td>2 240.29</td><td></td></tr>
<tr><td colspan="2">4. 停车场</td><td>16</td><td>联锁道岔</td><td>104.44</td><td>1 671.11</td><td></td></tr>
<tr><td colspan="2">5. 试车线</td><td>1</td><td>条</td><td>752.51</td><td>752.51</td><td></td></tr>
<tr><td colspan="2">6. 车载设备</td><td>33</td><td>列</td><td>246.67</td><td>8 140.15</td><td></td></tr>
<tr><td colspan="2">7. 维修与培训中心</td><td>1</td><td>处</td><td>1 945.39</td><td>1 945.39</td><td></td></tr>
<tr><td rowspan="8">6</td><td rowspan="8">供电</td><td colspan="2">供电</td><td>43.642</td><td>正线公里</td><td>3 408.12</td><td>148 736.98</td><td></td></tr>
<tr><td>主变电站</td><td>其他</td><td>43.642</td><td>正线公里</td><td>594.73</td><td>25 955.00</td><td>外电源</td></tr>
<tr><td rowspan="3">变电所</td><td>1. 牵引降压混合变电所</td><td>18</td><td>座</td><td>1 685.70</td><td>30 342.65</td><td></td></tr>
<tr><td>2. 降压所</td><td>1</td><td>座</td><td>712.75</td><td>712.75</td><td></td></tr>
<tr><td>3. 跟随所</td><td>5</td><td>座</td><td>413.74</td><td>2 068.70</td><td></td></tr>
<tr><td rowspan="3">环网电缆</td><td>环网电缆</td><td>43.642</td><td>正线公里</td><td>551.25</td><td>24 057.71</td><td></td></tr>
<tr><td>（1）环网电缆</td><td>497.02</td><td>条公里</td><td>48.40</td><td>24 057.71</td><td></td></tr>
<tr><td>（2）通道电缆</td><td></td><td></td><td></td><td></td><td></td></tr>
</table>

续表 5–17

分项造价指标							
章节	工程及费用名称			工程数量	单位	指标（万元）*	投资（万元）	备注
一	第一部分　工程费用			43.642	正线公里	26 664.43	1 163 689.07	
6	供电	牵引网（接触轨）	1. 架空接触网	40.43	条公里	176.66	7 142.20	
			正线	40.43	条公里	176.66	7 142.20	
			2. 接触轨	93.93	条公里	180.68	16 970.91	
			（1）正线	69.82	条公里	184.15	12 857.10	
			（2）车辆段	17.15	条公里	170.85	2 930.05	
			（3）停车场	6.96	条公里	170.08	1 183.77	
		电力监控（SCADA）		43.642	正线公里	30.63	1 336.72	
		杂散电流防护与接地系统	1. 杂散电流防护	43.642	正线公里	56.47	2 464.41	
			（1）正线	43.642	正线公里	47.02	2 052.08	
			（2）车辆段 （3）停车场	2	处	206.16	412.32	
			2. 接地系统	22	处	68.79	1 513.30	
		供电车间及其他系统		2	处	3 170.80	6 341.61	
		动力与照明	动力与照明	43.642	正线公里	683.54	29 831.02	
			（1）车站	171 238.40	m^2	0.09	15 693.95	
			（2）区间	43.642	正线公里	323.93	14 137.07	
7	综合监控	综合监控		43.642	正线公里	148.61	6 485.79	
		1. 车站		13	站	303.40	3 944.20	
		2. 运营控制中心		1	处	1 701.18	1 701.18	
		3. 车辆段 4. 停车场		2	处	420.21	840.42	

续表 5-17

分项造价指标								
章节	工程及费用名称			工程数量	单位	指标（万元）*	投资（万元）	备注
一	第一部分 工程费用			43.642	正线公里	26 664.43	1 163 689.07	
8	防灾报警、环境与设备监控	防灾报警、环境与设备监控		43.642	正线公里	228.74	9 982.85	
		火灾自动报警（FAS）	火灾自动报警（FAS）	43.642	正线公里	154.33	6 735.31	
			（1）车站	13	站	243.88	3 170.49	含隧道感温报警
			（2）运营控制中心	1	处	70.76	70.76	
			（3）车辆段	1	处	1 153.25	1 153.25	
			（4）停车场	1	处	731.25	731.249 0	
			（5）主变电站 （6）变电所	6	处	55.65	333.91	
			（7）区间	43.642	正线公里	29.23	1 275.65	7 处
		环境与设备监控（BAS）	环境与设备监控（BAS）	43.642	正线公里	74.41	3 247.54	
			（1）车站	13	站	216.44	2 813.76	
			（2）主变电所及区间变电所	6	处	46.53	279.19	
			（3）地下区间	43.642	正线公里	3.54	154.60	7 处
9	安防及门禁	安防及门禁		43.642	正线公里	171.57	7 487.55	
		1. 安防系统		43.642	正线公里	79.64	3 475.53	
		2. 门禁系统		43.642	正线公里	40.51	1 768.12	
		3. 安检系统		28	安检点	80.14	2 243.89	
10	通风、空调与采暖	通风、空调与采暖		43.642	正线公里	267.06	11 655.01	
		车站		13	站	896.54	11 655.01	

续表 5–17

分项造价指标								
章节	工程及费用名称			工程数量	单位	指标（万元）*	投资（万元）	备注
一	第一部分　工程费用			43.642	正线公里	26 664.43	1 163 689.07	
11	给水排水与消防	给水排水与消防		43.642	正线公里	227.92	9 947.10	
		1. 车站给水排水与消防		13	站	386.11	5 019.37	
		2. 自动灭火系统		7	站	209.28	1 464.93	
		3. 区间给水排水与消防		43.642	正线公里	79.35	3 462.80	
12	自动售检票	自动售检票		43.642	正线公里	192.75	8 412.03	
		1. 车站		13	站	590.00	7 670.00	
		2. 运营控制中心		1	处	511.03	511.03	维修、测试中心
		3. 其他		43.642	正线公里	5.29	231.00	路网、支付平台接入
13	站内客运设备、站台门	站内客运设备、站台门		43.642	正线公里	434.38	18 957.12	
		站内客运设备	站内客运设备	43.642	正线公里	306.84	13 391.13	
			（1）自动扶梯	128	部	92.67	11 861.13	
			（2）电梯	34	部	45.00	1 530.00	
		站台门		13	站	428.15	5 565.99	
14	运营控制中心	运营控制中心		43.642	正线公里	6.77	295.63	房间改造装修
15	车辆基地	车辆基地		43.642	正线公里	2 634.58	114 978.44	一场一段
		句容车辆段	车辆基地	43.642	正线公里	2 033.80	88 759.17	
			（1）生产及办公房屋	110 969.97	m^2	0.40	44 022.98	包含风、水、电等
			（2）工艺设备		万元		23 662.42	
			（3）附属工程		万元		21 073.77	

续表 5–17

分项造价指标								
章节	工程及费用名称			工程数量	单位	指标（万元）*	投资（万元）	备注
一	第一部分　工程费用			43.642	正线公里	26 664.43	1 163 689.07	
15	车辆基地	东郊小镇停车场	车辆基地	43.642	正线公里	600.78	26 219.28	
			（1）生产及办公房屋	40 235.98	m^2	0.38	15 189.33	包含风、水、电等
			（2）工艺设备		万元		2 574.79	
			（3）附属工程		万元		8 455.16	
16	人防	人防		43.642	正线公里	97.47	4 253.74	
		人防		7	站	607.68	4 253.74	
二	第二部分　工程建设其他费用			43.642	正线公里	13 815.39	602 931.38	
1	前期工程费	前期工程费		43.642	正线公里	9 540.74	416 377.07	
		1. 征地		945.74	亩	33.01	31 219.76	
		2. 拆迁		229 530.00	m^2	1.39	319 893.92	
		3. 其他前期		43.642	正线公里	1 495.43	65 263.39	
2	其他费用			43.642	正线公里	4 274.65	186 554.30	16.03%
三	第三部分　预备费用			43.642	正线公里	2 023.99	88 331.02	5.00%
四	第四部分　专项费用			43.642	正线公里	5 154.13	224 936.38	
1	车辆购置费			132	辆	750.00	99 000.00	市域 B 型车
2	建设期贷款利息			43.642	正线公里	2 855.42	124 616.38	5.99%
3	铺底流动资金			132	辆	10.00	1 320.00	
	投资总额			43.642	正线公里	47 657.94	2 079 887.85	

表 5–18　造价指标分析表（华东地区，示例项目 17）

<table>
<tr><th colspan="5">项目特征</th></tr>
<tr><th>序号</th><th colspan="2">统计项目</th><th>特征描述</th><th>备注</th></tr>
<tr><td>1</td><td colspan="2">项目名称</td><td>华东地区，示例项目 17</td><td></td></tr>
<tr><td>2</td><td colspan="2">设计阶段</td><td>初步设计</td><td></td></tr>
<tr><td>3</td><td colspan="2">编制期时间</td><td>2021 年 11 月</td><td></td></tr>
<tr><td>4</td><td colspan="2">线路长度（正线公里）</td><td>28.626</td><td></td></tr>
<tr><td>5</td><td colspan="2">敷设方式</td><td>全地下</td><td></td></tr>
<tr><td>6</td><td colspan="2">车站设置（座）</td><td>22</td><td></td></tr>
<tr><td>7</td><td colspan="2">平均站间距（km）</td><td>1.301</td><td></td></tr>
<tr><td>8</td><td colspan="2">车辆基地设置</td><td>1 段</td><td>本次批复概算未含</td></tr>
<tr><td>9</td><td colspan="2">速度目标值（km/h）</td><td>80</td><td>全自动驾驶</td></tr>
<tr><td>10</td><td colspan="2">工程费技术经济指标（亿元 / 正线公里）</td><td>5.52</td><td>不含车辆基地</td></tr>
<tr><td>11</td><td colspan="2">全费用技术经济指标（亿元 / 正线公里）</td><td>8.99</td><td>不含吴闵外排污水总管保护、车辆基地、土地房屋征收补偿及临时借地等、部分雨污水管道搬迁、主变电所电力外线及仓位费、涉铁专项费等</td></tr>
<tr><td>12</td><td rowspan="2">初期配车</td><td>车型</td><td>A 型车</td><td>全自动驾驶</td></tr>
<tr><td>13</td><td>编组</td><td>6 辆编组，42 列 /252 辆</td><td></td></tr>
<tr><td rowspan="5">14</td><td rowspan="5">人工及主要材料单价</td><td>人工 土建（元 / 工日）</td><td>159</td><td></td></tr>
<tr><td>人工 安装（元 / 工日）</td><td>196.5</td><td></td></tr>
<tr><td>混凝土 C40（元 /m^3）</td><td>682</td><td></td></tr>
<tr><td>钢筋 HRB400（元 /t）</td><td>5 419.34</td><td></td></tr>
<tr><td>水泥 42.5（元 /t）</td><td>515</td><td></td></tr>
</table>

续表 5–18

综合造价指标					
章节	工程及费用名称	数量（正线公里）	指标（万元）*	投资（万元）	备注
一	第一部分　工程费用	28.626	55 172.17	1 579 358.63	
1	车站	28.626	29 237.08	836 940.78	
2	区间	28.626	11 363.00	325 277.29	
3	轨道	28.626	2 511.49	71 893.78	
4	通信	28.626	1 198.31	34 302.90	
5	信号	28.626	1 580.40	45 240.39	
6	供电	28.626	4 102.52	117 438.67	
7	综合监控	28.626	237.75	6 805.79	
8	火灾自动报警、环境与设备	28.626	423.82	12 132.15	
9	安防与门禁	28.626	146.41	4 191.00	
10	通风、空调与采暖	28.626	1 335.16	38 220.32	
11	给水排水与消防	28.626	872.96	24 989.24	
12	自动售检票（AFC）	28.626	404.17	11 569.85	
13	站内客运设备、站台门	28.626	1 431.39	40 974.91	
14	运营控制中心	28.626	4.19	120.00	
15	人防	28.626	323.54	9 261.56	
二	第二部分　工程建设其他费用	28.626	19 285.71	552 072.67	
三	第三部分　预备费	28.626	3 057.42	87 521.74	
四	第四部分　专项费用	28.626	12 343.27	353 338.49	
	投资总额	28.626	89 858.57	2 572 291.53	

<table>
<tr><th colspan="9">分项造价指标</th></tr>
<tr><th>章节</th><th colspan="3">工程及费用名称</th><th>工程数量</th><th>单位</th><th>指标（万元）*</th><th>投资（万元）</th><th>备注</th></tr>
<tr><td>一</td><td colspan="3">第一部分　工程费用</td><td>28.626</td><td>正线公里</td><td>55 172.17</td><td>1 579 358.63</td><td></td></tr>
<tr><td rowspan="2">1</td><td rowspan="2">车站</td><td colspan="2">车站</td><td>28.626</td><td>正线公里</td><td>29 237.08</td><td>836 940.78</td><td></td></tr>
<tr><td>地下车站（典型）</td><td>工法</td><td colspan="5">主体地下连续墙围护 + 内支撑，
附属钻孔桩 + 内支撑，明挖顺作</td></tr>
</table>

续表 5–18

分项造价指标								
章节	工程及费用名称			工程数量	单位	指标（万元）*	投资（万元）	备注
一	第一部分　工程费用			28.626	正线公里	55 172.17	1 579 358.63	
1	车站	地下车站（典型）	层数	2				
			建筑面积（m^2）	15 998				
			基坑深度（m）	18.822 ~ 20.903				
			车站指标	15 997.79	m^2	1.83	29 289.05	
			（一）土建工程	9 553.07	m^2	1.76	16 792.11	
			1. 围护结构	16 205.40	m^3	0.41	6 637.98	
			地下连续墙	16 205.40	m^3	0.41	6 637.98	
			2. 土石方、支撑、降水	91 496.50	m^3	0.03	3 164.12	
			（1）土石方	91 496.50	m^3	0.02	1 603.79	数量仅为挖方
			（2）钢支撑	2 478.610	t	0.37	910.64	
			（3）混凝土支撑	429.72	m^3	0.46	198.45	
			（4）格构柱及立柱桩	18	根	10.11	181.96	
			（5）降水	38	根	7.09	269.28	
			3. 主体结构	18 007.60	m^3	0.34	6 093.71	
			（1）主体结构	18 007.60	m^3	0.33	5 929.71	
			（2）防水	5 254.70	m^2	0.03	164.00	
			4. 地基加固	59 759.00	m^3	0.01	896.30	
			（二）建筑装饰工程	15 077.82	m^2	0.11	1 710.87	
			（三）附属工程	15 997.79	m^2	0.67	10 786.07	除土建、装修外其他

续表 5-18

分项造价指标								
章节	工程及费用名称			工程数量	单位	指标（万元）*	投资（万元）	备注
一	第一部分 工程费用			28.626	正线公里	55 172.17	1 579 358.63	
2	区间	区间		28.626	正线公里	11 363.00	325 277.29	
		地下区间（典型）	盾构区间	1.003	正线公里	13 207.24	13 246.86	不含风险源加固
			盾构类型	普通盾构，管片内径 5.9m，外径 6.6m				注明普通盾构、复合盾构、泥水盾构或 TBM，管片内径 / 外径
			管片厚度（mm）	350.00				
			管片宽度（m）	1.20				
			1. 盾构掘进（含吊装、吊拆等）	2 006.00	m	2.86	5 740.24	
			土压盾构掘进	2 006.00	m	2.86	5 740.24	含盾构进出场，不含同步及二次注浆
			2. 管片	14 330.73	m^3	0.31	4 372.38	含场内外运输
			3. 进出洞加固	2 006.00	m	0.42	852.37	
			4. 同步及二次注浆	4.55	m	0.47	935.71	单位含量按单延米统计
			5. 其他	2 006.00	m	0.67	1 346.16	除以上内容外，不含风险源加固
3	轨道	轨道形式						道床形式等
		轨道		28.626	正线公里	2 511.49	71 893.78	
		正线	1. 铺轨	61.225	铺轨公里	251.92	15 423.76	
			（1）一般段	35.250	铺轨公里	228.45	8 053.03	

续表 5-18

分项造价指标								
章节	工程及费用名称			工程数量	单位	指标（万元）*	投资（万元）	备注
一	第一部分　工程费用			28.626	正线公里	55 172.17	1 579 358.63	
3	轨道	正线	（2）中等减振段	7.675	铺轨公里	356.47	2 735.90	
			（3）高等减振段	8.020	铺轨公里	253.48	2 032.93	不含减振垫
			（4）特殊减振段	10.280	铺轨公里	253.10	2 601.90	不含钢弹簧隔振器
			2. 铺道床	61.225	铺轨公里	662.10	40 537.22	预制道床
			（1）一般段	35.250	铺轨公里	270.15	9 522.93	预制
			（2）中等减振段	7.675	铺轨公里	294.06	2 256.90	预制
			（3）高等减振段	8.020	铺轨公里	1 502.20	12 047.63	预制，含减振垫
			（4）特殊减振段	10.280	铺轨公里	1 625.46	16 709.76	预制，含钢弹簧隔振器
			3. 铺道岔	41	组	69.92	2 866.86	
			（1）单开道岔	34	组	46.83	1 592.21	
			（2）特种道岔	7	组	182.09	1 274.65	
		车辆基地铺轨	1. 铺轨	23.191	铺轨公里	146.66	3 401.13	柱式检查坑为预制立柱
			2. 铺道床	34 556.26	m^3	0.08	2 896.10	
			（1）无砟道床	6 503.08	m^3	0.28	1 794.84	
			（2）粒料道床	28 053.18	m^3	0.04	1 101.26	
			3. 铺道岔	59	组	27.97	1 650.12	
			（1）单开道岔	55	组	21.46	1 180.41	
			（2）特种道岔	4	组	117.43	469.71	
		线路有关工程		84.416	铺轨公里	60.64	5 118.59	

续表 5–18

分项造价指标							
章节	工程及费用名称		工程数量	单位	指标（万元）*	投资（万元）	备注
一	第一部分　工程费用		28.626	正线公里	55 172.17	1 579 358.63	
4	通信	通信	28.626	正线公里	1 198.31	34 302.90	
		1. 传输系统	28.626	正线公里	120.23	3 441.62	
		2. 公务电话系统	28.626	正线公里	86.96	2 489.31	
		3. 专用电话系统	28.626	正线公里	31.34	897.08	
		4. 专用无线系统	28.626	正线公里	108.34	3 101.33	
		5. 技术防范系统	28.626	正线公里	271.58	7 774.27	
		6. 音视频统一信息服务系统	28.626	正线公里	90.13	2 580.20	
		7. 时间系统	28.626	正线公里	12.77	365.60	
		8. 信息资源网接入系统	28.626	正线公里	60.76	1 739.26	
		9. 移动互联网系统	28.626	正线公里	73.66	2 108.58	
		10. 通信附属设施	28.626	正线公里	31.11	890.53	
		11. 通信电源及接地系统	28.626	正线公里	30.00	858.75	
		12. 弱电综合 UPS 系统	28.626	正线公里	129.98	3 720.91	
		13. 集中告警系统	28.626	正线公里	1.16	33.15	
		14. 公安无线系统	28.626	正线公里	101.20	2 896.81	
		15. 消防无线系统	28.626	正线公里	21.86	625.77	
		16. 线槽、桥架及其他	28.626	正线公里	26.89	769.73	
		17. 仪表及工具	28.626	正线公里	0.35	10.00	

续表 5-18

分项造价指标								
章节	工程及费用名称			工程数量	单位	指标（万元）*	投资（万元）	备注
一	第一部分　工程费用			28.626	正线公里	55 172.17	1 579 358.63	
5	信号	信号		28.626	正线公里	1 580.40	45 240.39	
		1. 正线		28.626	正线公里	770.60	22 059.24	
		2. 运营控制中心		1	处	1 261.50	1 261.50	
		3. 车辆段		71	联锁道岔	66.86	4 747.10	
		4. 试车线		1	条	1 013.68	1 013.68	
		5. 车载设备		42	列	326.42	13 709.44	
		6. 维修与培训中心		1	处	2 449.43	2 449.43	
6	供电	供电		28.626	正线公里	4 102.52	117 438.67	
		主变电站		2	座	5 477.81	10 955.62	
		变电所	1. 牵引降压混合变电所	13	座	1 530.05	19 890.70	
			2. 降压所	10	座	651.36	6 513.58	
			3. 跟随所	4	座	478.25	1 913.01	
		环网电缆	环网电缆	28.626	正线公里	354.57	10 149.91	
			环网电缆	223.131	条公里	45.49	10 149.91	
		牵引网（接触轨）	架空接触网	28.626	条公里	445.68	12 758.04	
			（1）正线	70.660	条公里	136.35	9 634.78	
			（2）车辆段	22.000	条公里	141.97	3 123.26	
		电力监控（SCADA）		28.626	正线公里	80.00	2 290.08	

续表 5-18

分项造价指标								
章节	工程及费用名称			工程数量	单位	指标（万元）*	投资（万元）	备注
一	第一部分　工程费用			28.626	正线公里	55 172.17	1 579 358.63	
6	供电	杂散电流防护与接地系统	杂散电流防护	28.626	正线公里	101.31	2 900.21	
		动力与照明	动力与照明	28.626	正线公里	1 749.02	50 067.52	
			（1）车站	419 029.50	m^2	0.09	39 347.16	
			（2）区间	28.626	正线公里	374.50	10 720.36	
7	综合监控	综合监控		28.626	正线公里	237.75	6 805.79	
		1. 车站		22	站	116.24	2 557.33	
		2. 运营控制中心		1	处	1 573.06	1 573.06	
		3. 车辆段		1	处	240.00	240.00	
		4. 网络安全管理系统		1	项	2 435.40	2 435.40	
8	防灾报警、环境与设备监控	防灾报警、环境与设备监控		28.626	正线公里	423.82	12 132.15	
		火灾自动报警（FAS）	火灾自动报警（FAS）	28.626	正线公里	194.36	5 563.72	
			（1）车站	22	站	222.12	4 886.73	
			（2）车辆段	1	处	466.52	466.52	
			（3）主变电站	2	处	105.24	210.47	
		环境与设备监控（BAS）	环境与设备监控（BAS）	28.626	正线公里	229.46	6 568.43	
			（1）车站	22	站	277.75	6 110.49	
			（2）车辆段	1	处	373.69	373.69	
			（3）主变电站	2	处	42.13	84.25	

续表 5–18

分项造价指标								
章节	工程及费用名称			工程数量	单位	指标（万元）*	投资（万元）	备注
一	第一部分　工程费用			28.626	正线公里	55 172.17	1 579 358.63	
9	安防及门禁	安防及门禁		28.626	正线公里	146.41	4 191.00	
		1. 安防系统						列入通信
		2. 门禁系统		28.626	正线公里	56.68	1 622.55	
		3. 安检系统		45	安检点	57.08	2 568.45	
10	通风、空调与采暖	通风、空调与采暖		28.626	正线公里	1 335.16	38 220.32	
		1. 车站		22	站	1 737.29	38 220.32	含综合支吊架及抗震支吊架
		2. 区间						
		3. 综合支吊架及抗震支吊架						
11	给水排水与消防	给水排水与消防		28.626	正线公里	872.96	24 989.24	
		车站给水排水与消防	车站给水排水与消防	22	站	984.11	21 650.44	
		车站给水排水与消防	（1）给水	22	站	684.99	15 069.81	
			（2）排水					
			（3）消防					
			（4）市政管网接驳					
			（5）自动灭火系统	22	站	299.12	6 580.63	
		区间给水排水与消防		28.626	正线公里	116.64	3 338.80	

续表 5–18

分项造价指标								
章节	工程及费用名称			工程数量	单位	指标（万元）*	投资（万元）	备注
一	第一部分　工程费用			28.626	正线公里	55 172.17	1 579 358.63	
12	自动售检票	自动售检票		28.626	正线公里	404.17	11 569.85	
		1. 车站		22	站	523.84	11 524.49	
		2. 运营控制中心		1	处	45.36	45.36	
13	站内客运设备、站台门	站内客运设备、站台门		28.626	正线公里	1 431.39	40 974.91	
		站内客运设备	站内客运设备	28.626	正线公里	1 037.58	29 701.82	
			（1）自动扶梯	309	部	89.08	27 524.63	
			（2）电梯	63	部	34.56	2 177.19	
		站台门		22	站	512.41	11 273.09	
14	运营控制中心	运营控制中心		28.626	正线公里	4.19	120.00	内容包含调度台设置、附属设备用房工艺布置等，由多线分摊
		1. 房屋						注明包括内容
		2. 附属工程						
		3. 接入改造费用						
15	车辆基地	车辆基地						指标统计时尚未批复
		1. 生产及办公房屋						
		2. 工艺设备						
		3. 附属工程						

续表 5-18

分项造价指标							
章节	工程及费用名称		工程数量	单位	指标（万元）*	投资（万元）	备注
一	第一部分　工程费用		28.626	正线公里	55 172.17	1 579 358.63	
16	人防	人防	28.626	正线公里	323.54	9 261.56	
		人防	22	站	420.98	9 261.56	
二	第二部分　工程建设其他费用		28.626	正线公里	19 285.71	552 072.67	
1	前期工程费	前期工程费	28.626	正线公里	12 426.66	355 725.67	
		1. 征地					指标统计时尚未批复
		2. 拆迁		万元		53 009.95	仅为启动费用，指标统计时尚未全部批复
		3. 其他前期	28.626	正线公里	10 574.85	302 715.72	仅为部分费用，指标统计时其余部分尚未批复
2	其他费用		28.626	正线公里	6 859.04	196 347.00	0.12
三	第三部分　预备费用		28.626	正线公里	3 057.42	87 521.74	5%，不含前期工程、配合辅助工程预备费
四	第四部分　专项费用		28.626	正线公里	12 343.27	353 338.49	
1	车辆购置费		252	辆	840.00	211 680.00	地铁 A 型车
2	建设期贷款利息		28.626	正线公里	4 860.56	139 138.49	5.41%
3	铺底流动资金		252	辆	10.00	2 520.00	
	投资总额		28.626	正线公里	89 858.57	2 572 291.53	

表 5–19　造价指标分析表（华东地区，示例项目 18）

项目特征				
序号	统计项目		特征描述	备注
1	项目名称		华东地区，示例项目 18	
2	设计阶段		初步设计	
3	编制期时间		2023 年 3 月	
4	线路长度（正线公里）		48.300	
5	敷设方式		全地下	
6	车站设置（座）		19	
7	平均站间距（km）		2.660	
8	车辆基地设置		1 场 1 段	
9	速度目标值（km/h）		120	
10	工程费技术经济指标（亿元 / 正线公里）		5.03	
11	全费用技术经济指标（亿元 / 正线公里）		8.40	
12	初期配车	车型	A 型车（全自动）	
13		编组	4 辆编组，48 列 /192 辆	
14	人工及主要材料单价	人工　土建（元 / 工日）	139	
		人工　安装（元 / 工日）	150	
		混凝土　C40（元 /m^3）	567	
		钢筋　HRB400（元 /t）	4 091	
		水泥 42.5（元 /t）	434	

综合造价指标					
章节	工程及费用名称	数量（正线公里）	指标（万元）*	投资（万元）	备注
一	第一部分　工程费用	48.300	50 340.47	2 431 444.76	
1	车站	48.300	16 248.06	784 781.40	
2	区间	48.300	15 077.30	728 233.44	
3	轨道	48.300	2 601.63	125 658.57	
4	通信	48.300	1 233.35	59 570.74	
5	信号	48.300	1 458.34	70 437.92	
6	供电	48.300	4 329.25	209 102.63	
7	综合监控	48.300	616.46	29 775.17	

续表 5-19

综合造价指标					
章节	工程及费用名称	数量（正线公里）	指标（万元）*	投资（万元）	备注
一	第一部分　工程费用	48.300	50 340.47	2 431 444.76	
8	火灾自动报警、环境与设备	48.300	419.93	20 282.45	
9	安防与门禁	48.300	167.15	8 073.21	
10	通风、空调与采暖	48.300	742.46	35 860.94	
11	给水排水与消防	48.300	432.53	20 891.15	
12	自动售检票（AFC）	48.300	261.35	12 623.28	
13	站内客运设备、站台门	48.300	916.35	44 259.63	
14	运营控制中心	48.300	0.00	0.00	
15	车辆基地	48.300	5 604.13	270 679.39	
16	人防	48.300	232.19	11 214.84	
二	第二部分　工程建设其他费用	48.300	20 931.68	1 011 000.35	
三	第三部分　预备费	48.300	3 563.61	172 122.26	
四	第四部分　专项费用	48.300	9 179.20	443 355.43	
投资总额		48.300	84 014.96	4 057 922.80	

分项造价指标								
章节	工程及费用名称			工程数量	单位	指标（万元）*	投资（万元）	备注
一	第一部分　工程费用			48.300	正线公里	50 340.47	2 431 444.76	
1	车站	车站		48.300	正线公里	16 248.06	784 781.40	
		地下车站（典型）	工法	明挖				
			层数	2				
			建筑面积（m^2）	27 452				
			基坑深度（m）	17.70				
			车站指标	27 452.43	m^2	1.82	49 975.81	
			（一）车站主体土建工程	21 710.16	m^2	1.78	38 583.70	
			1. 围护结构	42 364.00	m^3	0.35	14 671.21	
			地下连续墙	42 364.00	m^3	0.35	14 671.21	

续表 5–19

分项造价指标								
章节	工程及费用名称			工程数量	单位	指标（万元）*	投资（万元）	备注
一	第一部分 工程费用			48.300	正线公里	50 340.47	2 431 444.76	
1	车站	地下车站（典型）	2. 土石方、支撑、降水	264 150.00	m^3	0.036	9 627.84	
			（1）土石方	264 150.00	m^3	0.02	5 051.44	
			（2）钢支撑	5 470.988	t	0.35	1 899.40	
			（3）混凝土支撑	2 646.70	m^3	0.35	918.74	
			（4）临时立柱	1 563.00	t	0.58	903.83	
			（5）降水	134	根	6.38	854.42	
			3. 主体结构	44 700.42	m^3	0.27	11 945.45	
			（1）主体结构	44 700.42	m^3	0.23	10 393.29	
			（2）防水	39 720.00	m^2	0.04	1 552.15	
			4. 加固及其他		万元		2 339.20	
			（二）出入口、风道土建工程	5 742.27	m^2	1.38	7 900.11	
			（三）建筑装饰工程	18 425.73	m^2	0.12	2 147.53	
			（四）附属工程	27 452.43	m^2	0.05	1 344.47	除土建、装修外其他
2	区间	区间		48.300	正线公里	15 077.30	728 233.44	
		地下区间（典型）	盾构区间	1 694.73	双延米	13.60	23 050.60	
			盾构类型	土压，内径 6.1m，外径 6.9m				注明普通盾构、复合盾构、泥水盾构或 TBM，管片内径 / 外径
			管片厚度（mm）	400.00				
			管片宽度（m）	1.50				
			盾构法	1 694.73	双延米	13.60	23 050.60	

续表 5–19

分项造价指标								
章节	工程及费用名称			工程数量	单位	指标（万元）*	投资（万元）	备注
一	第一部分　工程费用			48.300	正线公里	50 340.47	2 431 444.76	
2	区间	地下区间（典型）	1. 盾构掘进（含吊装、掉拆等）	1 694.73	m	6.34	10 746.39	
			土压盾构掘进	3 389.46	m	3.17	10 746.39	
			2. 管片	27 685.57	m^3	0.33	9 247.58	
			3. 进出洞加固	3 389.46	m	0.17	592.98	
			4. 其他	3 389.46	m	0.73	2 463.64	除以上内容外，不含风险源加固
3	轨道	轨道形式		预制道床				道床形式等
		轨道		48.300	正线公里	2 601.63	125 658.57	
		正线	1. 铺轨	105.06	铺轨公里	262.39	27 566.84	
			（1）一般段	44.35	铺轨公里	243.07	10 780.05	
			（2）中等减振段	28.56	铺轨公里	318.97	9 108.17	
			（3）高等减振段	12.41	铺轨公里	236.58	2 936.57	不含减振垫
			（4）特殊减振段	19.75	铺轨公里	240.10	4 742.05	不含钢弹簧隔振器
			2. 铺道床（现浇 / 预制）	105.06	铺轨公里	704.51	74 015.74	预制道床
			（1）一般段	44.35	铺轨公里	403.57	17 898.13	
			（2）中等减振段	28.56	铺轨公里	411.03	11 739.11	
			（3）高等减振段	12.41	铺轨公里	1 229.62	15 259.64	含减振垫
			（4）特殊减振段	19.75	铺轨公里	1 474.37	29 118.86	含钢弹簧隔振器
			3. 铺道岔	36	组	71.82	2 585.39	
			（1）单开道岔	34	组	58.89	2 002.27	

续表 5–19

分项造价指标								
章节	工程及费用名称			工程数量	单位	指标（万元）*	投资（万元）	备注
一	第一部分　工程费用			48.300	正线公里	50 340.47	2 431 444.76	
3	轨道	正线	a. 9号单开道岔（普通扣件预制板道床）	17	组	40.35	686.00	
			b. 9号单开橡胶浮置板道岔（现浇道床）	15	组	75.03	1 125.47	
			c. 9号单开钢弹簧浮置板道岔（现浇道床）	2	组	95.40	190.80	
			（2）特种道岔	2	组	291.56	583.12	
			a. $9^{\#}$道岔5m交叉渡线	1	组	205.65	205.65	
			b. $9^{\#}$道岔16.2m间距高等橡胶浮置板交叉渡线（现浇道床）	1	组	377.47	377.47	
		车辆段铺轨	1. 铺轨	16.28	铺轨公里	226.97	3 694.46	
			2. 铺道床	16.28	铺轨公里	206.23	3 356.81	
			（1）无砟道床	12 606.80	m^3	0.08	1 028.90	
			（2）粒料道床	15 636.14	m^3	0.03	451.57	
			（3）特殊减振地段道床				1 876.34	
			3. 铺道岔	45	组	41.71	1 877.04	
			（1）单开道岔	42	组	28.79	1 208.99	
			（2）特种道岔	3	组	222.68	668.05	
		停车场铺轨	1. 铺轨	9.96	铺轨公里	197.93	1 971.93	
			2. 铺道床	18 688.48	m^3	0.05	867.97	
			（1）无砟道床	5 637.55	m^3	0.09	490.61	
			（2）粒料道床	13 050.93	m^3	0.03	377.36	
			3. 铺道岔	23	组	35.08	806.87	
			（1）单开道岔	21	组	26.88	564.40	
			（2）特种道岔	2	组	121.24	242.48	
		线路有关工程		48.300	铺轨公里	184.59	8 915.53	

续表 5–19

分项造价指标								
章节	工程及费用名称			工程数量	单位	指标（万元）*	投资（万元）	备注
一	第一部分　工程费用			48.300	正线公里	50 340.47	2 431 444.76	
4	通信	通信		48.300	正线公里	1 233.35	59 570.74	
		1. 专用通信系统		48.300	正线公里	814.08	39 319.85	
		2. 公安通信系统		48.300	正线公里	419.27	20 250.89	
5	信号	信号		48.300	正线公里	1 458.34	70 437.92	
		1. 正线		48.300	正线公里	869.49	41 996.24	
		2. 运营控制中心		1	处	2 580.67	2 580.67	
		3. 车辆段		58	联锁道岔	81.08	4 702.36	
		4. 停车场		29	联锁道岔	98.25	2 849.35	
		5. 试车线		1	条	1 130.97	1 130.97	
		6. 车载设备		42	列	299.70	12 587.27	
		7. 维修与培训中心		1	处	1 494.25	1 494.25	
		8. 其他		48.300	正线公里	26.89	1 298.64	备用控制中心
6	供电	供电		48.300	正线公里	4 329.25	209 102.63	
		主变电站	1. 主变电站	2	座	5 500.00	11 000.00	
			2. 电力进线	30.00	km	850.00	25 500.00	
			110kV 输电线路	30.00	km	850.00	25 500.00	
			3. 其他	48.300	正线公里	59.05	2 852.20	
		变电所	1. 牵引降压混合变电所	19	座	1 758.62	33 413.82	
			2. 降压所	2	座	698.64	1 397.27	
			3. 跟随所	6	座	557.64	3 345.81	

续表 5–19

<table>
<tr><td colspan="9">分项造价指标</td></tr>
<tr><td>章节</td><td colspan="3">工程及费用名称</td><td>工程数量</td><td>单位</td><td>指标（万元）*</td><td>投资（万元）</td><td>备注</td></tr>
<tr><td>一</td><td colspan="3">第一部分　工程费用</td><td>48.300</td><td>正线公里</td><td>50 340.47</td><td>2 431 444.76</td><td></td></tr>
<tr><td rowspan="11">6</td><td rowspan="11">供电</td><td colspan="2">环网电缆</td><td>48.300</td><td>正线公里</td><td>448.01</td><td>21 638.80</td><td></td></tr>
<tr><td rowspan="5">牵引网（接触轨）</td><td>1. 架空接触网</td><td>152.60</td><td>条公里</td><td>166.68</td><td>25 435.07</td><td></td></tr>
<tr><td>（1）正线</td><td>117.50</td><td>条公里</td><td>162.78</td><td>19 127.18</td><td></td></tr>
<tr><td>（2）车辆段</td><td>21.70</td><td>条公里</td><td>179.87</td><td>3 903.27</td><td></td></tr>
<tr><td>（3）停车场</td><td>13.40</td><td>条公里</td><td>179.45</td><td>2 404.61</td><td></td></tr>
<tr><td>2. 接触轨</td><td>133.50</td><td>条公里</td><td>145.40</td><td>19 411.27</td><td></td></tr>
<tr><td colspan="2">电力监控（SCADA）</td><td>48.300</td><td>正线公里</td><td>90.81</td><td>4 386.08</td><td></td></tr>
<tr><td colspan="2">供电车间及其他系统</td><td>1</td><td>处</td><td>3 032.96</td><td>3 032.96</td><td></td></tr>
<tr><td rowspan="3">动力与照明</td><td>动力与照明</td><td>48.300</td><td>正线公里</td><td>1 194.40</td><td>57 689.47</td><td></td></tr>
<tr><td>（1）车站</td><td>396 821.34</td><td>m^2</td><td>0.11</td><td>44 300.15</td><td></td></tr>
<tr><td>（2）区间</td><td>48.300</td><td>正线公里</td><td>277.21</td><td>13 389.33</td><td></td></tr>
<tr><td rowspan="7">7</td><td rowspan="7">综合监控</td><td colspan="2">综合监控</td><td>48.300</td><td>正线公里</td><td>616.46</td><td>29 775.17</td><td></td></tr>
<tr><td colspan="2">1. 车站</td><td>19</td><td>站</td><td>505.70</td><td>9 608.36</td><td></td></tr>
<tr><td colspan="2">2. 运营控制中心</td><td>2</td><td>处</td><td>2 945.34</td><td>5 890.67</td><td>费用为主控制中心、备用控制中心</td></tr>
<tr><td colspan="2">3. 车辆段</td><td rowspan="2">2</td><td rowspan="2">处</td><td rowspan="2">741.04</td><td rowspan="2">1 482.08</td><td></td></tr>
<tr><td colspan="2">4. 停车场</td><td></td></tr>
<tr><td colspan="2">5. 云平台</td><td>2</td><td>处</td><td>4 472.03</td><td>8 944.06</td><td>主用、备用中心云平台</td></tr>
<tr><td colspan="2">6. 智慧车站及其他</td><td>19</td><td>站</td><td>202.63</td><td>3 850.00</td><td>智慧车站、智能运维、智能客服</td></tr>
</table>

续表 5–19

分项造价指标								
章节	工程及费用名称			工程数量	单位	指标（万元）*	投资（万元）	备注
一	第一部分　工程费用			48.300	正线公里	50 340.47	2 431 444.76	
8	防灾报警、环境与设备监控	防灾报警、环境与设备监控		48.300	正线公里	419.93	20 282.45	
		火灾自动报警（FAS）	火灾自动报警（FAS）	48.300	正线公里	268.27	12 957.23	
			（1）车站	19	站	337.31	6 408.95	
			（2）车辆段	1	处	2 954.90	2 954.90	含上盖平台，考虑全功能覆盖
			（3）停车场	1	处	1 540.23	1 540.23	含上盖平台，考虑全功能覆盖
			（4）主变电站	2	处	69.47	138.94	
			（5）区间	48.300	正线公里	39.63	1 914.20	
		环境与设备监控（BAS）	环境与设备监控（BAS）	48.300	正线公里	151.66	7 325.22	
			（1）车站	19	站	323.11	6 139.05	
			（2）车辆段	1	处	386.62	386.62	
			（3）停车场	1	处	365.69	365.69	
			（4）主变电所及区间变电所	2	处	97.82	195.63	
			（5）地下区间	48.300	正线公里	4.93	238.23	
9	安防及门禁	安防及门禁		48.300	正线公里	167.15	8 073.21	
		1. 安防系统		48.300	正线公里	15.12	730.47	
		2. 门禁系统		48.300	正线公里	64.83	3 131.08	
		3. 安检系统		58	安检点	72.61	4 211.66	
10	通风、空调与采暖	通风、空调与采暖		48.300	正线公里	742.46	35 860.94	
		1. 车站		19	站	1 737.42	33 010.94	
		2. 综合支吊架及抗震支吊架		19	站	150.00	2 850.00	

续表 5–19

<table>
<tr><th colspan="9">分项造价指标</th></tr>
<tr><th>章节</th><th colspan="3">工程及费用名称</th><th>工程数量</th><th>单位</th><th>指标（万元）*</th><th>投资（万元）</th><th>备注</th></tr>
<tr><td>一</td><td colspan="3">第一部分　工程费用</td><td>48.300</td><td>正线公里</td><td>50 340.47</td><td>2 431 444.76</td><td></td></tr>
<tr><td rowspan="5">11</td><td rowspan="5">给水排水与消防</td><td colspan="2">给水排水与消防</td><td>48.300</td><td>正线公里</td><td>432.53</td><td>20 891.15</td><td></td></tr>
<tr><td rowspan="2">车站给水排水与消防</td><td>（1）车站给水排水与消防</td><td>19</td><td>站</td><td>610.85</td><td>11 606.22</td><td></td></tr>
<tr><td>（2）市政管网接驳</td><td>19</td><td>站</td><td>101.05</td><td>1 920.00</td><td></td></tr>
<tr><td colspan="2">自动灭火系统</td><td>21</td><td>站</td><td>151.49</td><td>3 181.36</td><td></td></tr>
<tr><td colspan="2">区间给水排水与消防</td><td>48.300</td><td>正线公里</td><td>86.62</td><td>4 183.56</td><td></td></tr>
<tr><td rowspan="3">12</td><td rowspan="3">自动售检票</td><td colspan="2">自动售检票</td><td>48.300</td><td>正线公里</td><td>261.35</td><td>12 623.28</td><td></td></tr>
<tr><td colspan="2">1. 车站</td><td>19</td><td>站</td><td>410.69</td><td>7 803.07</td><td></td></tr>
<tr><td colspan="2">2. 其他</td><td>48.300</td><td>正线公里</td><td>99.80</td><td>4 820.21</td><td></td></tr>
<tr><td rowspan="6">13</td><td rowspan="6">站内客运设备、站台门</td><td colspan="2">站内客运设备、站台门</td><td>48.300</td><td>正线公里</td><td>916.35</td><td>44 259.63</td><td></td></tr>
<tr><td rowspan="4">站内客运设备</td><td>站内客运设备</td><td>48.300</td><td>正线公里</td><td>701.59</td><td>33 887.03</td><td></td></tr>
<tr><td>（1）自动扶梯</td><td>273</td><td>部</td><td>106.04</td><td>28 950.23</td><td></td></tr>
<tr><td>（2）电梯</td><td>49</td><td>部</td><td>47.83</td><td>2 343.55</td><td></td></tr>
<tr><td>（3）自动人行道</td><td>12</td><td>部</td><td>216.10</td><td>2 593.25</td><td></td></tr>
<tr><td colspan="2">站台门</td><td>19</td><td>站</td><td>545.93</td><td>10 372.60</td><td></td></tr>
<tr><td>14</td><td>运营控制中心</td><td colspan="2">运营控制中心</td><td></td><td></td><td></td><td></td><td></td></tr>
<tr><td rowspan="5">15</td><td rowspan="5">车辆基地</td><td colspan="2">车辆基地</td><td>48.300</td><td>正线公里</td><td>5 604.13</td><td>270 679.39</td><td></td></tr>
<tr><td rowspan="4">乔司车辆基地</td><td>车辆基地</td><td>48.30</td><td>正线公里</td><td>3 796.63</td><td>183 377.37</td><td></td></tr>
<tr><td>1. 生产及办公房屋</td><td>150 522.79</td><td>m^2</td><td>0.73</td><td>109 395.05</td><td>包含风、水、电等</td></tr>
<tr><td>2. 工艺设备</td><td></td><td>万元</td><td></td><td>28 924.81</td><td></td></tr>
<tr><td>3. 附属工程</td><td></td><td>万元</td><td></td><td>45 057.51</td><td></td></tr>
</table>

续表 5–19

分项造价指标								
章节	工程及费用名称			工程数量	单位	指标（万元）*	投资（万元）	备注
一	第一部分　工程费用			48.300	正线公里	50 340.47	2 431 444.76	
15	车辆基地	义桥停车场	车辆基地	48.300	正线公里	1 807.50	87 302.02	
			1. 生产及办公房屋	70 438.43	m^2	0.64	45 037.72	包含风、水、电等
			2. 工艺设备		万元		4 591.92	
			3. 附属工程		万元		37 672.38	
16	人防	人防		48.300	正线公里	232.19	11 214.84	
		1. 人防		19	站	501.00	9 518.99	
		2. 防淹门		13	处	129.04	1 677.50	
二	第二部分　工程建设其他费用			48.300	正线公里	20 931.68	1 011 000.35	
1	前期工程费	前期工程费		48.300	正线公里	13 688.39	661 149.27	
		1. 征地		796.98	亩	50.00	39 848.81	
		2. 拆迁		283 071.67	m^2	1.45	409 431.84	
		3. 其他前期		48.300	正线公里	4 386.51	211 868.62	
2	其他费用			48.300	正线公里	7 243.29	349 851.08	14.39%
三	第三部分　预备费用			48.300	正线公里	3 563.61	172 122.26	5.00%
四	第四部分　专项费用			48.300	正线公里	9 179.20	443 355.43	
1	车辆购置费			192	辆	1 100.00	211 200.00	地铁 A 型车
2	建设期贷款利息			48.300	正线公里	4 766.78	230 235.43	5.67%
3	铺底流动资金			192	辆	10.00	1 920.00	
	投资总额			48.300	正线公里	84 014.96	4 057 922.80	

表 5-20　造价指标分析表（华东地区，示例项目 19）

项目特征				
序号	统计项目		特征描述	备注
1	项目名称		华东地区，示例项目 19	
2	设计阶段		初步设计	
3	编制期时间		2021 年 9 月	信息价采用时间
4	线路长度（正线公里）		39.469	
5	敷设方式		全地下	注明各种敷设方式占比
6	车站设置（座）		25	
7	平均站间距（km）		1.628	
8	车辆基地设置		1 段 1 场	
9	速度目标值（km/h）		100	全自动驾驶
10	工程费技术经济指标（亿元 / 正线公里）		5.06	
11	全费用技术经济指标（亿元 / 正线公里）		8.62	
12	初期配车	车型	B 型车	全自动驾驶
13		编组	6 辆编组，40 列 /240 辆	
14	人工及主要材料单价	人工　土建（元 / 工日）	153（土方 142）	
		人工　安装（元 / 工日）	153	
		混凝土　C40（元 /m^3）	609	
		钢筋　HRB400（元 /t）	5 052	
		水泥　42.5（元 /t）	569	

综合造价指标					
章节	工程及费用名称	数量（正线公里）	指标（万元）*	投资（万元）	备注
一	第一部分　工程费用	39.469	50 552.23	1 995 246.03	
1	车站	39.469	20 670.51	815 844.45	
2	区间	39.469	11 678.57	460 941.3	
3	轨道	39.469	2 109.95	83 277.65	
4	通信	39.469	1 234.01	48 705.19	
5	信号	39.469	1 554.68	61 361.56	
6	供电	39.469	4 252.04	167 823.86	

续表 5–20

综合造价指标					
章节	工程及费用名称	数量（正线公里）	指标（万元）*	投资（万元）	备注
一	第一部分 工程费用	39.469	50 552.23	1 995 246.03	
7	综合监控	39.469	270.48	10 675.41	
8	火灾自动报警、环境与设备	39.469	339.81	13 412.09	
9	安防与门禁	39.469	237.08	9 357.13	
10	通风、空调与采暖	39.469	972.18	38 370.93	
11	给水排水与消防	39.469	587.37	23 183.03	
12	自动售检票（AFC）	39.469	432.91	17 086.63	
13	站内客运设备、站台门	39.469	979.31	38 652.56	
14	车辆基地	39.469	4 955.71	195 597.07	
15	人防	39.469	277.61	10 957.17	
二	第二部分 工程建设其他费用	39.469	21 687.83	855 997.1	
三	第三部分 预备费	39.469	3 612.00	142 562.16	
四	第四部分 专项费用	39.469	10 366.46	409 154	
	投资总额	39.469	86 218.53	3 402 959.29	

分项造价指标								
章节	工程及费用名称			工程数量	单位	指标（万元）*	投资（万元）	备注
一	第一部分 工程费用			39.469	正线公里	50 552.23	1 995 246.03	
1	车站	车站		39.469	正线公里	20 670.51	815 844.45	
1	车站	地下车站（典型）	工法	主体地下连续墙围护 + 内支撑，附属地下连续墙 / 钻孔桩 /SMW 工法桩 + 内支撑，明挖顺作	主体地下连续墙围护 + 内支撑，附属地下连续墙 / 钻孔桩 /SMW 工法桩 + 内支撑，明挖顺作	主体地下连续墙围护 + 内支撑，附属地下连续墙 / 钻孔桩 /SMW 工法桩 + 内支撑，明挖顺作	主体地下连续墙围护 + 内支撑，附属地下连续墙 / 钻孔桩 /SMW 工法桩 + 内支撑，明挖顺作	
1	车站	地下车站（典型）	层数	2	2	2	2	
1	车站	地下车站（典型）	建筑面积（m^2）	17 156	17 156	17 156	17 156	
1	车站	地下车站（典型）	基坑深度（m）	18	18	18	18	
1	车站	地下车站（典型）	车站指标	17 156.00	m^2	1.90	32 535.90	
1	车站	地下车站（典型）	（一）土建工程	13 288.91	m^2	1.41	18 790.23	
1	车站	地下车站（典型）	1. 围护结构				7 604.75	
1	车站	地下车站（典型）	地下连续墙	22 461.02	m^3	0.34	7 604.75	含槽壁、转角加固

续表 5-20

分项造价指标								
章节	工程及费用名称			工程数量	单位	指标（万元）*	投资（万元）	备注
一	第一部分　工程费用			39.469	正线公里	50 552.23	1 995 246.03	
1	车站	地下车站（典型）	2. 土石方、支撑、降水	113 673.11	m^3	0.04	4 340.58	
			（1）土石方	113 673.11	m^3	0.02	2 330.23	数量仅为挖方
			（2）钢支撑	3 167.990	t	0.34	1 070.83	
			（3）混凝土支撑	1 575.91	m^3	0.28	437.80	
			（4）格构柱及立柱桩	25	根	8.65	216.26	
			（5）降水	52	根	5.49	285.46	
			3. 主体结构	26 423.20	m^3	0.26	6 844.90	
			（1）主体结构	25 761.72	m^3	0.25	6 410.31	
			（2）抗浮结构	661.48	m^3	0.32	212.51	
			（3）防水	23 113.52	m^2	0.01	222.08	
			（二）建筑装饰工程	14 061.30	m^2	0.13	1 770.70	
			（三）附属工程	17 156.00	m^2	0.70	11 974.97	除土建、装修外其他
2	区间	区间		39.469	正线公里	11 678.57	460 941.30	
		地下区间（典型）	盾构区间	1.182	正线公里	9 945.56	11 755.65	
			盾构类型	普通盾构，管片内径 5.5m，外径 6.2m				注明普通盾构、复合盾构、泥水盾构或 TBM，管片内径 / 外径
			管片厚度（mm）	350.00				
			管片宽度（m）	1.20				
			1. 盾构掘进（含吊装、吊拆等）	2 363.17	m	2.55	6 024.46	
			土压盾构掘进	2 363.17	m	2.55	6 024.46	含盾构进出场，不含同步及二次注浆

续表 5–20

分项造价指标								
章节	工程及费用名称			工程数量	单位	指标（万元）*	投资（万元）	备注
一	第一部分　工程费用			39.469	正线公里	50 552.23	1 995 246.03	
2	区间	地下区间（典型）	2. 管片	15 136.83	m^3	0.27	4 120.20	含场内外运输
			3. 钢管片	6	环	12.00	72.00	
			4. 进出洞加固	2 363.17	m	0.20	480.96	
			5. 同步及二次注浆	2.76	m	0.42	987.11	单位含量按单延米统计
			6. 其他	2 363.17	m	0.03	70.92	除以上内容外，不含风险源加固，不含联络通道（机械法）
3	轨道	轨道形式						道床形式等
		轨道		39.469	正线公里	2 109.95	83 277.65	
		正线	1. 铺轨	85.86	铺轨公里	257.32	22 093.55	含出入线
			（1）一般段	50.63	铺轨公里	254.29	12 874.95	
			（2）中等减振段	14.15	铺轨公里	320.12	4 529.76	
			（3）高等减振段	9.76	铺轨公里	255.76	2 496.23	不含减振垫
			（4）特殊减振段	11.32	铺轨公里	193.69	2 192.61	不含钢弹簧隔振器
			2. 铺道床	85.86	铺轨公里	446.29	38 318.44	
			（1）一般段	50.63	铺轨公里	162.51	8 227.69	现浇
			（2）中等减振段	14.15	铺轨公里	149.37	2 113.53	现浇
			（3）高等减振段	9.76	铺轨公里	1 013.57	9 892.49	现浇，含减振垫

续表 5-20

分项造价指标								
章节	工程及费用名称			工程数量	单位	指标（万元）*	投资（万元）	备注
一	第一部分　工程费用			39.469	正线公里	50 552.23	1 995 246.03	
3	轨道	正线	（4）特殊减振段	11.32	铺轨公里	1 597.59	18 084.73	预制浮置板，含钢弹簧隔振器
			3. 铺道岔	43	组	111.34	4 787.65	含道岔道床及减振垫
			（1）单开道岔	38	组	48.04	1 825.42	全部采用冻结接头，其中 10 组道岔采用合金钢辙叉、辊轮滑床板
			（2）特种道岔	5	组	261.56	1 307.80	全部采用冻结接头、合金钢辙叉、辊轮滑床板，其中 1 组间距为 14m
			（3）道岔道床	43	组	38.48	1 654.43	17 组单开道岔、2 组交叉渡线为减振垫高等减振道岔
		车辆段	1. 铺轨	17.22	铺轨公里	205.48	3 538.37	减振降噪包括减振垫及基底、阻尼钢轨
			2. 铺道床	27 160.04	m^3	0.07	1 848.95	
			3. 铺道岔	48	组	33.18	1 592.44	
			（1）单开道岔	46	组	28.84	1 326.63	
			（2）特种道岔	2	组	132.91	265.81	
			4. 减振降噪	17.22	铺轨公里	187.26	3 224.54	

续表 5–20

分项造价指标								
章节	工程及费用名称			工程数量	单位	指标（万元）*	投资（万元）	备注
一	第一部分 工程费用			39.469	正线公里	50 552.23	1 995 246.03	
3	轨道	停车场	1. 铺轨	6.37	铺轨公里	196.94	1 254.53	减振降噪包括减振垫及基底、阻尼钢轨
			2. 铺道床	12 600.00	m^3	0.04	523.49	
			3. 铺道岔	20	组	34.06	681.24	
			（1）单开道岔	19	组	28.86	548.26	
			（2）特种道岔	1	组	132.98	132.98	
			4. 减振降噪	6.37	铺轨公里	165.16	1 052.10	
		线路有关工程		109.45	铺轨公里	39.86	4 362.35	含铺轨基地（1 200 万元）
4	通信	通信		39.469	正线公里	1 234.01	48 705.19	
		1. 专用通信系统		39.469	正线公里	875.30	34 547.37	
		2. 公安通信系统		39.469	正线公里	358.71	14 157.82	
5	信号	信号		39.469	正线公里	1 554.68	61 361.56	
		1. 正线		39.469	正线公里	789.15	31 146.94	
		2. 运营控制中心		2	处	1 113.41	2 226.82	含备用控制中心
		3. 车辆段		55	联锁道岔	111.68	6 142.26	
		4. 停车场		23	联锁道岔	107.97	2 483.33	
		5. 试车线		1	条	1 343.65	1 343.65	
		6. 车载设备		40	列	310.00	12 400.00	
		7. 维修与培训中心		2	处	2 309.36	4 618.71	
		8. 其他		39.469	正线公里	25.33	999.85	全自动测试中心

续表 5–20

分项造价指标								
章节	工程及费用名称			工程数量	单位	指标（万元）*	投资（万元）	备注
一	第一部分　工程费用			39.469	正线公里	50 552.23	1 995 246.03	
6	供电	供电		39.469	正线公里	4 252.04	167 823.86	
		主变电站	1. 主变电站	2	座	5 676.34	11 352.67	新建
			（1）主变电站房屋	4 498.00	m^2	0.74	3 308.73	
			（2）变电工程	2	座	4 021.97	8 043.94	
			2. 主变电站扩建	1	座	83.00	83.00	新增 2 面 35kV 的 GIS 出线柜及相关配件
			3. 电力进线	10.94	km	783.97	8 576.58	
			110kV 输电线路	10.94	km	783.97	8 576.58	
		变电所	1. 牵引降压混合变电所	14	座	2 260.28	31 643.96	
			2. 降压所	13	座	688.16	8 946.10	
			3. 跟随所	5	座	492.37	2 461.84	
			4. 其他	1	座	213.51	213.51	开闭所
		环网电缆	环网电缆	39.469	正线公里	450.25	17 771.08	
			环网电缆	400.00	条公里	44.43	17 771.08	
		牵引网（接触轨）	1. 架空接触网	128.30	条公里	149.62	19 196.64	
			（1）正线	96.30	条公里	146.64	14 121.31	
			（2）车辆段	22.50	条公里	157.96	3 554.15	
			（3）停车场	9.50	条公里	160.12	1 521.18	

续表 5-20

分项造价指标								
章节	工程及费用名称			工程数量	单位	指标（万元）*	投资（万元）	备注
一	第一部分　工程费用			39.469	正线公里	50 552.23	1 995 246.03	
6	供电	牵引网（接触轨）	2. 专用回流轨	115.50	条公里	106.93	12 350.54	
			（1）正线	89.80	条公里	108.42	9 735.97	
			（2）车辆段	18.50	条公里	103.50	1 914.67	
			（3）停车场	7.20	条公里	97.21	699.90	
		电力监控（SCADA）		39.469	正线公里	45.09	1 779.62	
		供电车间及其他系统		1	处	1 916.50	1 916.50	
		动力与照明	动力与照明	39.469	正线公里	1 305.63	51 531.82	
			（1）车站	411 602.78	m^2	0.09	37 692.24	
			（2）区间	39.469	正线公里	311.72	12 303.40	含区间风井、出入线区间
			（3）弱电综合 UPS	25	站	60.12	1 503.09	
			（4）外滩大桥改造	1	项	33.09	33.09	
7	综合监控		综合监控	39.469	正线公里	270.48	10 675.41	
		1. 车站		25	站	263.08	6 577.10	
		2. 运营控制中心		2	处	1 624.64	3 249.28	
		3. 车辆段		1	处	620.67	620.67	
		4. 停车场		1	处	228.36	228.36	

续表 5–20

<table>
<tr><td colspan="9">分项造价指标</td></tr>
<tr><td>章节</td><td colspan="3">工程及费用名称</td><td>工程数量</td><td>单位</td><td>指标（万元）*</td><td>投资（万元）</td><td>备注</td></tr>
<tr><td>一</td><td colspan="3">第一部分　工程费用</td><td>39.469</td><td>正线公里</td><td>50 552.23</td><td>1 995 246.03</td><td></td></tr>
<tr><td rowspan="13">8</td><td rowspan="13">防灾报警、环境与设备监控</td><td colspan="2">防灾报警、环境与设备监控</td><td>39.469</td><td>正线公里</td><td>339.81</td><td>13 412.09</td><td></td></tr>
<tr><td rowspan="7">火灾自动报警（FAS）</td><td>火灾自动报警（FAS）</td><td>39.469</td><td>正线公里</td><td>169.17</td><td>6 677.07</td><td></td></tr>
<tr><td>（1）车站</td><td>25</td><td>站</td><td>224.22</td><td>5 605.55</td><td></td></tr>
<tr><td>（2）运营控制中心</td><td>2</td><td>处</td><td>5.78</td><td>11.55</td><td></td></tr>
<tr><td>（3）车辆段</td><td>1</td><td>处</td><td>467.22</td><td>467.22</td><td></td></tr>
<tr><td>（4）停车场</td><td>1</td><td>处</td><td>452.53</td><td>452.53</td><td></td></tr>
<tr><td>（5）主变电站</td><td>2</td><td>处</td><td>68.22</td><td>136.43</td><td></td></tr>
<tr><td>（6）外滩大桥改造</td><td>1</td><td>处</td><td>3.79</td><td>3.79</td><td></td></tr>
<tr><td rowspan="5">环境与设备监控（BAS）</td><td>环境与设备监控（BAS）</td><td>39.469</td><td>正线公里</td><td>170.64</td><td>6 735.02</td><td></td></tr>
<tr><td>（1）车站</td><td>25</td><td>站</td><td>247.02</td><td>6 175.46</td><td></td></tr>
<tr><td>（2）车辆段</td><td>1</td><td>处</td><td>278.78</td><td>278.78</td><td></td></tr>
<tr><td>（3）停车场</td><td>1</td><td>处</td><td>278.78</td><td>278.78</td><td></td></tr>
<tr><td>（4）外滩大桥改造</td><td>1</td><td>处</td><td>2.00</td><td>2.00</td><td></td></tr>
<tr><td rowspan="5">9</td><td rowspan="5">安防及门禁</td><td colspan="2">安防及门禁</td><td>39.469</td><td>正线公里</td><td>237.08</td><td>9 357.13</td><td></td></tr>
<tr><td colspan="2">1. 安防系统</td><td>39.47</td><td>正线公里</td><td>170.17</td><td>6 716.59</td><td></td></tr>
<tr><td colspan="2">（1）安防系统</td><td>39.469</td><td>正线公里</td><td>62.18</td><td>2 453.99</td><td></td></tr>
<tr><td colspan="2">（2）安检系统</td><td>50</td><td>安检点</td><td>85.25</td><td>4 262.60</td><td></td></tr>
<tr><td colspan="2">2. 门禁系统</td><td>39.469</td><td>正线公里</td><td>66.90</td><td>2 640.54</td><td></td></tr>
</table>

续表 5–20

分项造价指标								
章节	工程及费用名称			工程数量	单位	指标（万元）*	投资（万元）	备注
一	第一部分　工程费用			39.469	正线公里	50 552.23	1 995 246.03	
10	通风、空调与采暖	通风、空调与采暖		39.469	正线公里	972.18	38 370.93	
		1. 车站		25	站	1 489.58	37 239.43	
		2. 区间		39.469	正线公里	9.67	381.50	仅中间风井（2 座）
		3. 综合支吊架及抗震支吊架		25	站	30.00	750.00	
11	给水排水与消防	给水排水与消防		39.469	正线公里	587.37	23 183.03	
		车站给水排水与消防	车站给水排水与消防	25	站	719.24	17 980.98	
			（1）给水					
			（2）排水	25	站	349.46	8 736.43	
			（3）消防					
			（4）市政管网接驳	25	站	161.94	4 048.52	
			（5）自动灭火系统	25	站	207.84	5 196.03	
		区间给水排水与消防		39.469	正线公里	118.98	4 696.06	
		其他自动灭火系统		4	处	126.50	505.99	包括中间风井、车辆基地
12	自动售检票	自动售检票		39.469	正线公里	432.91	17 086.63	
		1. 车站		25	站	649.59	16 239.72	
		2. 运营控制中心		1	处	64.13	64.13	多线路中央接入及清分接入
		3. 车辆基地		1	项	502.78	502.78	
		4. 外滩大桥站改造		1	项	280.00	280.00	

续表 5-20

<table>
<tr><td colspan="9">分项造价指标</td></tr>
<tr><td>章节</td><td colspan="3">工程及费用名称</td><td>工程数量</td><td>单位</td><td>指标（万元）*</td><td>投资（万元）</td><td>备注</td></tr>
<tr><td>一</td><td colspan="3">第一部分　工程费用</td><td>39.469</td><td>正线公里</td><td>50 552.23</td><td>1 995 246.03</td><td></td></tr>
<tr><td rowspan="5">13</td><td rowspan="5">站内客运设备、站台门</td><td colspan="2">站内客运设备、站台门</td><td>39.469</td><td>正线公里</td><td>979.31</td><td>38 652.56</td><td></td></tr>
<tr><td rowspan="3">站内客运设备</td><td>站内客运设备</td><td>39.469</td><td>正线公里</td><td>672.90</td><td>26 558.64</td><td></td></tr>
<tr><td>（1）自动扶梯</td><td>272</td><td>部</td><td>85.76</td><td>23 327.90</td><td></td></tr>
<tr><td>（2）电梯</td><td>67</td><td>部</td><td>48.22</td><td>3 230.74</td><td></td></tr>
<tr><td colspan="2">站台门</td><td>25</td><td>站</td><td>483.76</td><td>12 093.92</td><td></td></tr>
<tr><td rowspan="4">14</td><td rowspan="4">运营控制中心</td><td colspan="2">运营控制中心</td><td></td><td></td><td></td><td></td><td>另行单独立项建设</td></tr>
<tr><td colspan="2">1. 房屋</td><td></td><td></td><td></td><td></td><td>注明包括内容</td></tr>
<tr><td colspan="2">2. 附属工程</td><td></td><td></td><td></td><td></td><td></td></tr>
<tr><td colspan="2">3. 接入改造费用</td><td></td><td></td><td></td><td></td><td></td></tr>
<tr><td rowspan="9">15</td><td rowspan="9">车辆基地</td><td colspan="2">车辆基地</td><td>39.469</td><td>正线公里</td><td>4 955.71</td><td>195 597.07</td><td></td></tr>
<tr><td rowspan="4">1. 车辆段</td><td>1. 车辆段</td><td>39.469</td><td>正线公里</td><td>3 553.49</td><td>140 252.80</td><td>包含风、水、电等</td></tr>
<tr><td>（1）生产及办公房屋</td><td>139 774.99</td><td>m^2</td><td>0.58</td><td>81 009.00</td><td></td></tr>
<tr><td>（2）工艺设备</td><td></td><td>万元</td><td></td><td>22 101.69</td><td></td></tr>
<tr><td>（3）附属工程</td><td></td><td>万元</td><td></td><td>37 142.11</td><td></td></tr>
<tr><td rowspan="4">2. 停车场</td><td>1. 停车场</td><td>39.469</td><td>正线公里</td><td>1 402.22</td><td>55 344.27</td><td></td></tr>
<tr><td>（1）生产及办公房屋</td><td>50 195.53</td><td>m^2</td><td>0.58</td><td>29 084.71</td><td>包含风、水、电等</td></tr>
<tr><td>（2）工艺设备</td><td></td><td>万元</td><td></td><td>4 021.40</td><td></td></tr>
<tr><td>（3）附属工程</td><td></td><td>万元</td><td></td><td>22 238.16</td><td></td></tr>
</table>

续表 5-20

分项造价指标							
章节	工程及费用名称		工程数量	单位	指标（万元）*	投资（万元）	备注
一	第一部分　工程费用		39.469	正线公里	50 552.23	1 995 246.03	
16	人防	人防	39.469	正线公里	277.61	10 957.17	
		1. 人防	25	站	363.10	9 077.53	
		2. 防淹门	3	处	626.55	1 879.64	12 樘
二	第二部分　工程建设其他费用		39.469	正线公里	21 687.83	855 997.10	
1	前期工程费	前期工程费	39.469	正线公里	14 840.31	585 732.34	
		1. 征地	865.81	亩	80.39	69 601.68	不含临时用地
		2. 拆迁	238 845.00	m^2	1.05	251 181.06	
		3. 其他前期	39.469	正线公里	6 712.85	264 949.60	
2	其他费用		39.469	正线公里	6 847.52	270 264.76	13.55%
三	第三部分　预备费用		39.469	正线公里	3 612.00	142 562.16	5.00%
四	第四部分　专项费用		39.469	正线公里	10 366.46	409 154.00	
1	车辆购置费		240	辆	800.00	192 000.00	地铁 B 型车
2	建设期贷款利息		39.469	正线公里	5 441.08	214 754.00	6.31%
3	铺底流动资金		240	辆	10.00	2 400.00	
	投资总额		39.469	正线公里	86 218.53	3 402 959.29	

表 5-21　造价指标分析表（华南地区，示例项目 20）

项目特征				
序号	统计项目		特征描述	备注
1	项目名称		华南地区，示例项目 20	
2	设计阶段		初步设计	
3	编制期时间		2021 年 10 月	
4	线路长度（正线公里）		5.549	
5	敷设方式		全地下	
6	车站设置（座）		5	
7	平均站间距（km）		1.110	
8	车辆基地设置		无新建	
9	速度目标值（km/h）		100	
10	工程费技术经济指标（亿元 / 正线公里）		5.24	
11	全费用技术经济指标（亿元 / 正线公里）		7.52	
12	初期配车	车型	B 型车	
13		编组	6 辆编组，1 列 /6 辆	
14	人工及主要材料单价	人工　土建（元 / 工日）	113.5	
		人工　安装（元 / 工日）	113.5	
		混凝土　C40（元 /m^3）	540.99	
		钢筋　HRB400（元 /t）	5 123.17	
		水泥　42.5（元 /t）	482.04	

综合造价指标					
章节	工程及费用名称	数量（正线公里）	指标（万元）*	投资（万元）	备注
一	第一部分　工程费用	5.549	52 440.32	290 991.31	
1	车站	5.549	25 463.87	141 299.04	
2	区间	5.549	10 607.35	58 860.18	
3	轨道	5.549	1 778.69	9 869.94	
4	通信	5.549	1 671.51	9 275.20	
5	信号	5.549	1 407.00	7 807.42	
6	供电	5.549	4 350.37	24 140.18	
7	综合监控	5.549	349.42	1 938.92	
8	火灾自动报警、环境与设备	5.549	592.70	3 288.91	

续表 5–21

综合造价指标					
章节	工程及费用名称	数量（正线公里）	指标（万元）*	投资（万元）	备注
一	第一部分　工程费用	5.549	52 440.32	290 991.31	
9	安防与门禁	5.549	542.39	3 009.72	
10	通风、空调与采暖	5.549	1 706.26	9 468.06	
11	给水排水与消防	5.549	640.75	3 555.52	
12	自动售检票（AFC）	5.549	603.73	3 350.09	
13	站内客运设备、站台门	5.549	1 470.30	8 158.72	
14	运营控制中心	5.549	720.85	4 000.00	接入既有控制中心，分摊线网指挥平台 4 000 万
15	车辆基地	5.549	0.00	0.00	
16	人防	5.549	535.13	2 969.41	
二	第二部分　工程建设其他费用	5.549	13 827.59	76 729.30	
三	第三部分　预备费	5.549	3 313.40	18 386.03	
四	第四部分　专项费用	5.549	5 629.64	31 238.88	
投资总额		5.549	75 210.94	417 345.52	

分项造价指标								
章节	工程及费用名称			数量	单位	指标（万元）*	投资（万元）	备注
一	第一部分　工程费用			5.549	正线公里	52 440.32	290 991.31	
1	车站	车站		5.549	正线公里	25 463.87	141 299.04	
		地下车站（典型）	工法	主体地下连续墙围护 + 内支撑，附属钻孔桩、SMW+ 内支撑，明挖顺作				
			层数	2				
			建筑面积（m^2）	12 374.7				
			基坑深度（m）	16.91 ~ 18.46				
			车站指标	12 374.70	m^2	1.89	23 423.56	
			（一）土建工程	8 280.80	m^2	1.68	13 952.20	
			1. 围护结构	15 189.90	m^3	0.46	6 914.49	
			（1）地下连续墙	15 189.90	m^3	0.45	6 872.11	

续表 5–21

分项造价指标								
章节	工程及费用名称			数量	单位	指标（万元）*	投资（万元）	备注
一	第一部分　工程费用			5.549	正线公里	52 440.32	290 991.31	
1	车站	地下车站（典型）	（2）其他围护结构	198.20	m^3	0.21	42.38	拉森钢板桩、198.2t
			2. 土石方、支撑、降水	70 349.10	m^3	0.032	2 217.81	
			（1）土石方	70 349.10	m^3	0.018	1 272.11	数量仅为挖方
			（2）钢支撑	1 501.400	t	0.34	512.73	
			（3）混凝土支撑	363.20	m^3	0.33	120.01	
			（4）格构柱及立柱桩	8	根	18.33	146.62	
			（5）降水	41	根	4.06	166.34	
			3. 主体结构	15 864.300	m^3	0.304	4 819.90	
			（1）主体结构	15 864.300	m^3	0.284	4 508.99	
			（2）防水	14 050.700	m^2	0.022	310.91	
			（二）建筑装饰工程	12 374.70	m^2	0.134	1 657.59	
			（三）附属工程	12 374.70	m^2	0.631	7 813.77	除土建、装修外其他，含综合及抗震支吊架
2	区间	区间		5.549	正线公里	10 607.35	58 860.18	
		地下区间（典型）	盾构区间	437.22	m	13.87	6 066.00	不含风险源加固
			盾构类型	普通盾构，管片内径 5.5m/ 外径 6.2m				注明普通盾构、复合盾构、泥水盾构或 TBM，管片内径 / 外径
			管片厚度（mm）	350.00				

续表 5-21

分项造价指标								
章节	工程及费用名称			数量	单位	指标（万元）*	投资（万元）	备注
一	第一部分　工程费用			5.549	正线公里	52 440.32	290 991.31	
2	区间	地下区间（典型）	管片宽度（m）	1.20				
			1. 盾构掘进（含吊装、吊拆等）	874.45	m	3.36	2 937.01	
			土压盾构掘进	874.45	m	3.36	2 937.01	含盾构进出场、钢套筒接收，不含同步及二次注浆
			2. 管片	5 836.31	m^3	0.38	2 230.49	含场内外运输
			3. 进出洞加固	874.45	m	0.33	289.58	
			4. 同步及二次注浆	5.52	m	0.66	578.31	单位含量按单延米统计
			5. 其他	874.45	m	0.04	30.61	除以上内容外，不含风险源加固
3	轨道	轨道		5.549	正线公里	1 778.69	9 869.94	
		正线	1. 铺轨	11.000	铺轨公里	337.46	3 712.11	
			（1）一般段	4.300	铺轨公里	313.03	1 346.02	
			（2）中等减振段	3.500	铺轨公里	396.39	1 387.35	含压缩型减振扣件
			（3）高等减振段	3.200	铺轨公里	305.86	978.74	不含减振垫
			2. 铺道床（现浇 / 预制）	11.000	铺轨公里	431.74	4 749.19	注明现浇道床还是预制道床
			（1）一般段	4.300	铺轨公里	227.96	980.23	现浇
			（2）中等减振段	3.500	铺轨公里	227.96	797.86	现浇

续表 5–21

分项造价指标								
章节	工程及费用名称			数量	单位	指标（万元）*	投资（万元）	备注
一	第一部分　工程费用			5.549	正线公里	52 440.32	290 991.31	
3	轨道	正线	（3）高等减振段	3.200	铺轨公里	928.47	2 971.10	现浇，含减振垫
			3. 铺道岔	5	组	71.80	358.98	
			（1）单开道岔	4	组	38.48	153.91	
			（2）特种道岔	1	组	205.07	205.07	交叉渡线
		线路有关工程	线路有关工程	11.000	铺轨公里	93.94	1 033.34	含铺轨基地（300 万元）
		改建工程	改建工程	1	项	16.32	16.32	
4	通信	通信		5.549	正线公里	1 671.51	9 275.20	
		1. 专用通信系统		5.549	正线公里	1 253.46	6 955.44	
		2. 公安通信系统		5.549	正线公里	352.25	1 954.62	
		3. 民用通信引入系统		5.549	正线公里	65.80	365.14	
5	信号	信号		5.549	正线公里	1 407.00	7 807.42	
		1. 正线		5.549	正线公里	1 078.59	5 985.08	
		2. 运营控制中心		1	处	376.25	376.25	
		3. 车载设备		1	列	236.09	236.09	
		4. 其他		5.549	正线公里	218.06	1 210.00	既有车载改造、智能运维、系统升级及改造

续表 5–21

分项造价指标								
章节	工程及费用名称			数量	单位	指标（万元）*	投资（万元）	备注
一	第一部分 工程费用			5.549	正线公里	52 440.32	290 991.31	
6	供电	供电		5.549	正线公里	4 350.37	24 140.18	
6	供电	变电所	1. 牵引降压混合变电所	2	座	1 876.36	3 752.72	含再生装置220 万 / 所
6	供电	变电所	2. 降压所	3	座	684.09	2 052.26	
6	供电	环网电缆	环网电缆	5.549	正线公里	435.73	2 417.84	
6	供电	环网电缆	环网电缆	42.00	条公里	57.57	2 417.84	
6	供电	牵引网（接触轨）	架空接触网	12.50	条公里	186.95	2 336.93	
6	供电	牵引网（接触轨）	正线	12.50	条公里	186.95	2 336.93	
6	供电	电力监控（SCADA）		5.549	正线公里	121.61	674.81	
6	供电	杂散电流防护与接地系统	杂散电流防护	5.549	条公里	124.47	690.70	
6	供电	杂散电流防护与接地系统	正线	5.549	条公里	124.47	690.70	
6	供电	供电车间及其他系统		1	处	1 612.33	1 612.33	接触网可视化
6	供电	动力与照明	动力与照明	5.549	正线公里	1 910.72	10 602.59	
6	供电	动力与照明	（1）车站	80 846.40	m^2	0.12	9 474.68	
6	供电	动力与照明	（2）区间	5.549	正线公里	203.26	1 127.91	

续表 5–21

<table>
<tr><th colspan="8">分项造价指标</th></tr>
<tr><th>章节</th><th colspan="3">工程及费用名称</th><th>数量</th><th>单位</th><th>指标（万元）*</th><th>投资（万元）</th><th>备注</th></tr>
<tr><td>一</td><td colspan="3">第一部分　工程费用</td><td>5.549</td><td>正线公里</td><td>52 440.32</td><td>290 991.31</td><td></td></tr>
<tr><td rowspan="3">7</td><td rowspan="3">综合监控</td><td colspan="2">综合监控</td><td>5.549</td><td>正线公里</td><td>349.42</td><td>1 938.92</td><td></td></tr>
<tr><td colspan="2">1. 车站</td><td>5</td><td>站</td><td>354.40</td><td>1 772.02</td><td></td></tr>
<tr><td colspan="2">2. 运营控制中心</td><td>1</td><td>处</td><td>166.90</td><td>166.90</td><td></td></tr>
<tr><td rowspan="5">8</td><td rowspan="5">防灾报警、环境与设备监控</td><td colspan="2">防灾报警、环境与设备监控</td><td>5.549</td><td>正线公里</td><td>592.70</td><td>3 288.91</td><td></td></tr>
<tr><td rowspan="2">火灾自动报警（FAS）</td><td>火灾自动报警（FAS）</td><td>5.549</td><td>正线公里</td><td>315.53</td><td>1 750.89</td><td></td></tr>
<tr><td>车站</td><td>5</td><td>站</td><td>350.18</td><td>1 750.89</td><td></td></tr>
<tr><td rowspan="2">环境与设备监控（BAS）</td><td>环境与设备监控（BAS）</td><td>5.549</td><td>正线公里</td><td>277.17</td><td>1 538.02</td><td></td></tr>
<tr><td>车站</td><td>5</td><td>站</td><td>307.60</td><td>1 538.02</td><td></td></tr>
<tr><td rowspan="4">9</td><td rowspan="4">安防及门禁</td><td colspan="2">安防及门禁</td><td>5.549</td><td>正线公里</td><td>542.39</td><td>3 009.72</td><td></td></tr>
<tr><td colspan="2">1. 安防系统</td><td>5.549</td><td>正线公里</td><td>295.58</td><td>1 640.16</td><td></td></tr>
<tr><td colspan="2">2. 门禁系统</td><td>5.549</td><td>正线公里</td><td>85.11</td><td>472.30</td><td></td></tr>
<tr><td colspan="2">3. 安检系统</td><td>10</td><td>安检点</td><td>89.73</td><td>897.26</td><td></td></tr>
<tr><td rowspan="2">10</td><td rowspan="2">通风、空调与采暖</td><td colspan="2">通风、空调与采暖</td><td>5.549</td><td>正线公里</td><td>1 706.26</td><td>9 468.06</td><td></td></tr>
<tr><td colspan="2">车站（万元 / 站）</td><td>5</td><td>站</td><td>1 893.61</td><td>9 468.06</td><td>含节能控制系统</td></tr>
</table>

续表 5–21

<table>
<tr><th colspan="9">分项造价指标</th></tr>
<tr><th>章节</th><th colspan="3">工程及费用名称</th><th>数量</th><th>单位</th><th>指标（万元）*</th><th>投资（万元）</th><th>备注</th></tr>
<tr><td>一</td><td colspan="3">第一部分　工程费用</td><td>5.549</td><td>正线公里</td><td>52 440.32</td><td>290 991.31</td><td></td></tr>
<tr><td rowspan="8">11</td><td rowspan="8">给水排水与消防</td><td colspan="2">给水排水与消防（万元 / 正线公里）</td><td>5.549</td><td>正线公里</td><td>640.75</td><td>3 555.52</td><td></td></tr>
<tr><td rowspan="6">车站给水排水与消防</td><td>车站给水排水与消防</td><td>5</td><td>站</td><td>627.50</td><td>3 137.50</td><td></td></tr>
<tr><td>（1）给水</td><td rowspan="4">5</td><td rowspan="4">站</td><td rowspan="4">420.27</td><td rowspan="4">2 101.35</td><td></td></tr>
<tr><td>（2）排水</td><td></td></tr>
<tr><td>（3）消防</td><td></td></tr>
<tr><td>（4）市政管网接驳</td><td></td></tr>
<tr><td>（5）自动灭火系统</td><td>5</td><td>站</td><td>207.23</td><td>1 036.15</td><td></td></tr>
<tr><td colspan="2">区间给水排水与消防</td><td>5.549</td><td>正线公里</td><td>75.33</td><td>418.02</td><td></td></tr>
<tr><td rowspan="2">12</td><td rowspan="2">自动售检票</td><td colspan="2">自动售检票</td><td>5.549</td><td>正线公里</td><td>603.73</td><td>3 350.09</td><td></td></tr>
<tr><td colspan="2">车站</td><td>5</td><td>站</td><td>670.02</td><td>3 350.09</td><td></td></tr>
<tr><td rowspan="5">13</td><td rowspan="5">站内客运设备、站台门</td><td colspan="2">站内客运设备、站台门</td><td>5.549</td><td>正线公里</td><td>1 470.30</td><td>8 158.72</td><td></td></tr>
<tr><td rowspan="3">站内客运设备</td><td>站内客运设备</td><td>5.549</td><td>正线公里</td><td>1 079.40</td><td>5 989.59</td><td></td></tr>
<tr><td>（1）自动扶梯</td><td>53</td><td>部</td><td>99.29</td><td>5 262.62</td><td></td></tr>
<tr><td>（2）电梯</td><td>16</td><td>部</td><td>45.44</td><td>726.97</td><td></td></tr>
<tr><td colspan="2">站台门</td><td>5</td><td>站</td><td>433.83</td><td>2 169.13</td><td></td></tr>
<tr><td>14</td><td>运营控制中心</td><td colspan="2">运营控制中心</td><td>5.549</td><td>正线公里</td><td>720.85</td><td>4 000.00</td><td>分摊线网指挥平台</td></tr>
</table>

续表 5–21

分项造价指标							
章节	工程及费用名称		数量	单位	指标（万元）*	投资（万元）	备注
一	第一部分　工程费用		5.549	正线公里	52 440.32	290 991.31	
15	人防	人防	5.549	正线公里	535.13	2 969.41	
		人防	5	站	593.88	2 969.41	
	第二部分　工程建设其他费用		5.549	正线公里	13 827.59	76 729.30	
1	前期工程费	前期工程费	5.549	正线公里	5 511.37	30 582.58	
		1. 征地	30.83	亩	30.00	924.90	不含临时用地
		2. 拆迁	1 039.00	m^2	1.50	1 558.50	
		3. 其他前期	5.549	正线公里	5 063.83	28 099.18	
2	其他费用		5.549	正线公里	8 316.22	46 146.72	15.86%
	第三部分　预备费用		5.549	正线公里	3 313.40	18 386.03	5.00%
	第四部分　专项费用		5.549	正线公里	5 629.64	31 238.88	
1	车辆购置费		6	辆	730.00	4 380.00	地铁 B 型车，设计速度 100km/h
2	建设期贷款利息		5.549	正线公里	4 829.50	26 798.88	6.42%
3	铺底流动资金		6	辆	10.00	60.00	
	投资总额		5.549	正线公里	75 210.94	417 345.52	

表 5–22　造价指标分析表（华南地区，示例项目 21）

项目特征				
序号	统计项目		特征描述	备注
1	项目名称		华南地区，示例项目 21	
2	设计阶段		初步设计	
3	编制期时间		2015 年 4 月	
4	线路长度（正线公里）		36.730	
5	敷设方式		地下段：高架段：地面段 =77.9%：21.4%：0.7%	
6	车站设置（座）		共 26 座车站（23 座地下站，3 座高架站）	
7	平均站间距（km）		1.413	
8	车辆基地设置		1 段 1 场	
9	速度目标值（km/h）		80	
10	工程费技术经济指标（亿元 / 正线公里）		5.29	
11	全费用技术经济指标（亿元 / 正线公里）		8.57	
12	初期配车	车型	B 型车	
13		编组	6 辆编组，43 列 /258 辆	
14	人工及主要材料单价	人工　土建（元 / 工日）	86	
		人工　安装（元 / 工日）	86	
		混凝土　C40（元 /m^3）	458.33	
		钢筋　HRB400（元 /t）	2 890	
		水泥　42.5（元 /t）	464	

综合造价指标					
章节	工程及费用名称	数量（正线公里）	指标（万元）*	投资（万元）	备注
一	第一部分　工程费用	36.730	52 853.50	1 941 309.15	
1	车站	36.730	13 297.47	488 416.23	
2	区间	36.730	15 432.84	566 848.06	
3	轨道	36.730	2 159.00	79 299.90	
4	通信	36.730	1 892.40	69 507.96	
5	信号	36.730	1 528.60	56 145.43	
6	供电	36.730	5 337.71	196 053.99	
7	综合监控	36.730	263.84	9 690.93	

续表 5–22

综合造价指标					
章节	工程及费用名称	数量（正线公里）	指标（万元）*	投资（万元）	备注
一	第一部分　工程费用	36.730	52 853.50	1 941 309.15	
8	火灾自动报警、环境与设备	36.730	567.33	20 837.96	
9	安防与门禁	36.730	255.00	9 366.10	
10	通风、空调与采暖	36.730	1 242.22	45 626.90	
11	给水排水与消防	36.730	906.03	33 278.56	
12	自动售检票（AFC）	36.730	550.74	20 228.55	
13	站内客运设备、站台门	36.730	1 194.45	43 872.04	
14	运营控制中心	36.730	0.00	0.00	
15	车辆基地	36.730	7 948.18	291 936.49	
16	人防	36.730	277.70	10 200.05	
二	第二部分　工程建设其他费用	36.730	19 091.33	701 224.58	
三	第三部分　预备费	36.730	3 599.96	132 226.69	
四	第四部分　专项费用	36.730	10 184.48	374 075.9	
投资总额		36.730	85 729.28	3 148 836.32	

分项造价指标								
章节	工程及费用名称			数量	单位	指标（万元）*	投资（万元）	备注
一	第一部分　工程费用			36.730	正线公里	52 853.50	1 941 309.15	
1	车站	车站		36.730	正线公里	13 297.47	488 416.23	
		高架车站（典型）	层数	2				架空层不算层数
			建筑面积（m^2）	6 185.76				
			车站指标	6 185.76	m^2	0.93	5 771.74	
			（一）土建工程	45 000.97	m^3	0.05	2 270.44	
			1. 基础工程	2 483.47	m^3	0.26	644.89	
			2. 结构工程	7 231.40	m^3	0.18	1 334.56	主体结构（含防水）
			3. 土石方	35 286.10	m^3	0.01	290.99	

续表 5-22

分项造价指标								
章节	工程及费用名称			数量	单位	指标（万元）*	投资（万元）	备注
一	第一部分　工程费用			36.730	正线公里	52 853.50	1 941 309.15	
1	车站	高架车站（典型）	（二）建筑装饰工程	9 310.16	m^2	0.15	1 413.90	
			1. 内装修	6 185.76	m^2	0.15	945.24	
			2. 外装修	3 124.40	m^2	0.15	468.66	
			（三）室外附属工程	473.55	m^3	0.96	456.02	天桥及电梯主体结构
		地下车站（典型）	层数	2				
			建筑面积（m^2）	13 205				
			基坑深度（m）	18				
			车站指标	13 205.35	m^2	1.34	17 665.21	
			（一）土建工程					
			1. 围护结构	7 840.09	m^3	0.47	3 676.62	
			（1）钻孔灌注桩	7 840.09	m^3	0.42	3 267.02	
			（2）旋喷桩	4 047.27	m^3	0.10	409.60	
			2. 土石方、支撑、降水	106 780.22	m^3	0.020	2 097.89	
			（1）土石方	106 780.22	m^3	0.012	1 287.72	
			（2）钢支撑	1 331.019	t	0.400	532.41	
			（3）混凝土支撑	660.18	m^3	0.287	189.48	
			（4）降水		万元		88.28	
			3. 主体结构	17 991.67	m^3	0.20	3 630.79	
			（1）主体结构	17 991.67	m^3	0.19	3 394.22	
			（2）防水	40 493.84	m^2	0.01	236.57	
			（二）建筑装饰工程	13 205.35	m^2	0.16	2 094.12	
			（三）附属工程		万元		143.91	

续表 5–22

分项造价指标								
章节	工程及费用名称			数量	单位	指标（万元）*	投资（万元）	备注
一	第一部分　工程费用			36.730	正线公里	52 853.50	1 941 309.15	
2	区间	区间		36.73	正线公里	15 432.84	566 848.06	
		高架区间（典型）	一般双线特大桥	1 809.62	m	7.13	12 909.24	
			1. 下部工程					
			（1）基础	12 253.20	m^3	0.25	3 098.92	
			（2）桥台及墩身	3 177.40	m^3	0.27	846.96	
			2. 上部工程	1 809.62	m	2.32	4 191.12	现浇箱梁
			3. 桥面系及附属工程	1 809.62	m	0.71	1 287.62	
		路基段（典型）	路基段	73.85	m	6.29	464.15	
		地下区间（典型）	（一）盾构区间	583.00	m	12.53	7 306.44	
			盾构类型	内径 5.5m，外径 6.2m				注明普通盾构、复合盾构、泥水盾构或 TBM，管片内径 / 外径
			管片厚度（mm）	350.00				
			管片宽度（m）	1.50				
			1. 盾构掘进（含吊装、掉拆等）	1 166.00	m	2.97	3 459.31	
			2. 管片	7 689.26	m^3	0.36	2 798.03	
			3. 进出洞加固	36 432.00	m	0.03	1 049.10	地基加固，高压旋喷水泥桩
			（二）明挖区间	279.50	m	20.97	5 861.25	
			1. 围护结构	5 096.20	m^3	0.45	2 306.18	
			钻孔灌注桩	5 096.20	m^3	0.45	2 306.18	

续表 5–22

分项造价指标								
章节	工程及费用名称			数量	单位	指标（万元）*	投资（万元）	备注
一	第一部分　工程费用			36.730	正线公里	52 853.50	1 941 309.15	
2	区间	地下区间（典型）	2. 土石方、支撑、降水	64 348.20	m^3	0.024	1 571.14	
			（1）土石方	64 348.20	m^3	0.015	941.27	
			（2）钢支撑	1 048.00	t	0.350	383.73	
			（3）混凝土支撑	523.20	m^3	0.320	167.96	
			（4）降水		万元		78.19	
			3. 主体结构	9 382.77	m^3	0.21	1 983.92	
			（1）主体结构	9 382.77	m^3	0.18	1 716.13	
			（2）防水	14 341.00	m^2	0.02	267.79	
3	轨道	轨道		36.730	正线公里	2 159.00	79 299.90	
		正线	1. 铺轨	61.66	铺轨公里	502.97	31 013.10	
			（1）一般段	35.57	铺轨公里	291.21	10 358.44	
			（2）一般段（树脂轨枕）	5.20	铺轨公里	654.36	3 402.68	
			（3）中等减振段	12.77	铺轨公里	394.78	5 041.40	
			（4）高等减振段	2.74	铺轨公里	1 387.53	3 801.82	含减振垫
			（5）特殊减振段	5.38	铺轨公里	1 562.97	8 408.76	含钢弹簧隔振器
			2. 铺道床（现浇 / 预制）	79 674.00	m^3	0.10	8 116.82	注明现浇道床还是预制道床
			3. 铺道岔	41	组	78.99	3 238.63	
			（1）单开道岔	35	组	48.67	1 703.40	
			（2）特种道岔	6	组	255.87	1 535.23	

续表 5–22

分项造价指标								
章节	工程及费用名称			数量	单位	指标（万元）*	投资（万元）	备注
一	第一部分　工程费用			36.730	正线公里	52 853.50	1 941 309.15	
3	轨道	车辆基地铺轨	1. 铺轨	22.41	铺轨公里	224.49	5 030.85	
			2. 铺道床	71 649.00	m^3	0.15	10 536.38	
			（1）无砟道床	43 824.00	m^3	0.08	3 330.30	
			（2）粒料道床	27 825.00	m^3	0.26	7 206.08	
			3. 铺道岔	64	组	33.48	2 142.79	
			（1）单开道岔	61	组	26.96	1 644.60	
			（2）特种道岔	3	组	166.06	498.19	
		线路有关工程	线路有关工程（正线）	81.53	铺轨公里	10.60	864.36	
			线路有关工程（车辆基地）	32.08	铺轨公里	32.71	1 049.31	
4	通信	通信		36.730	正线公里	1 892.40	69 507.96	
		1. 专用通信系统		36.730	正线公里	1 229.39	45 155.46	
		2. 公安通信系统		36.730	正线公里	235.16	8 637.61	
		3. 民用通信引入系统		36.730	正线公里	219.86	8 075.61	
		4. 无线局域网系统		36.730	正线公里	70.82	2 601.12	
		5. 市政光缆引入配套		36.730	正线公里	33.71	1 238.16	
		6. 信息化费用		36.730	正线公里	103.46	3 800.00	
5	信号	信号		36.730	正线公里	1 528.60	56 145.43	
		1. 正线		36.730	正线公里	861.87	31 656.36	
		2. 运营控制中心		1	处	3 730.02	3 730.02	

续表 5–22

分项造价指标								
章节	工程及费用名称			数量	单位	指标（万元）*	投资（万元）	备注
一	第一部分　工程费用			36.730	正线公里	52 853.50	1 941 309.15	
5	信号	3. 车辆段		74	联锁道岔	46.90	3 470.54	
		4. 停车场		23	联锁道岔	73.03	1 679.68	
		5. 试车线		1	条	1 098.01	1 098.01	
		6. 车载设备		43	列	292.60	12 581.94	
		7. 维修中心		1	处	858.89	858.89	
		8. 培训中心		1	处	1 069.99	1 069.99	
6	供电	供电		36.730	正线公里	5 337.71	196 053.99	
		主变电站	1. 主变电站	1	座	9 081.00	9 081.00	
			（1）主变电站房屋	3 560.00	m^2	2.36	8 418.00	
			（2）变电站（通信）	1	座	221.00	221.00	
			（3）变电站（间隔）	2	座	221.00	442.00	
			2. 电力进线	3.00	km	6 062.67	18 188.00	
		变电所	1. 牵引降压混合变电所	18	座	1 726.72	31 081.02	
			（1）正线牵引降压混合变电所	16	座	1 615.65	25 850.45	
			（2）车辆段牵引降压混合变电所	1	座	3 580.97	3 580.97	
			（3）停车场牵引降压混合变电所	1	座	1 649.60	1 649.60	
			2. 降压所	10	座	762.92	7 629.19	
			3. 跟随所	15	座	449.72	6 745.84	
			4. 再生制动系统	18	套	241.87	4 353.69	注明变电所类型
		环网电缆		320.50	条公里	52.11	16 700.91	

续表 5–22

分项造价指标								
章节	工程及费用名称			数量	单位	指标（万元）*	投资（万元）	备注
一	第一部分　工程费用			36.730	正线公里	52 853.50	1 941 309.15	
6	供电	牵引网（接触轨）	架空接触网	135.01	条公里	195.84	26 439.90	
			（1）正线刚性接触网	69.20	条公里	190.62	13 190.64	
			（2）正线柔性接触网	20.80	条公里	190.25	3 957.23	
			（3）车辆段	33.81	条公里	190.82	6 451.65	
			（4）停车场	11.20	条公里	253.61	2 840.38	
		电力监控（SCADA）		36.730	正线公里	109.99	4 040.02	
		杂散电流防护与接地系统	1. 杂散电流防护	36.730	正线公里	85.68	3 147.10	
			（1）正线	36.730	正线公里	70.88	2 603.26	
			（2）车辆段	1	处	325.23	325.23	
			（3）停车场	1	处	218.61	218.61	
			2. 接地系统	37	处	61.55	2 277.26	
		供电车间及其他系统		1	处	2 287.72	2 287.72	
		动力与照明	动力与照明	36.730	正线公里	1 373.49	50 448.45	
			（1）车站	422 179.00	m^2	0.09	40 086.78	
			（2）区间	36.730	正线公里	282.10	10 361.67	
7	综合监控	综合监控		36.730	正线公里	263.84	9 690.93	
		1. 车站		26	站	206.33	5 364.55	
		2. 运营控制中心		1	处	2 188.88	2 188.88	
		3. 车辆段		1	处	1 014.93	1 014.93	
		4. 停车场		1	处	634.28	634.28	
		5. 备用运营控制中心		1	处	488.29	488.29	

续表 5–22

分项造价指标								
章节	工程及费用名称			数量	单位	指标（万元）*	投资（万元）	备注
一	第一部分　工程费用			36.730	正线公里	52 853.50	1 941 309.15	
8	防灾报警、环境与设备监控	防灾报警、环境与设备监控		36.730	正线公里	567.33	20 837.96	
		火灾自动报警（FAS）	火灾自动报警（FAS）	36.730	正线公里	287.30	10 552.56	
			（1）车站	26	站	405.87	10 552.56	
			a. 地上	3	站	219.68	659.03	
			b. 地下	23	站	270.10	6 212.35	
			（2）运营控制中心	1	处	0.00		
			（3）车辆段	1	处	605.31	605.31	
			（4）停车场	1	处	826.28	826.28	
			（5）区间	36.730	正线公里	25.34	930.81	
			（6）车站气体灭火控制系统	26	站	34.01	884.25	
			（7）其他		万元		434.53	
		环境与设备监控（BAS）	环境与设备监控（BAS）	36.730	正线公里	280.03	10 285.40	
			（1）车站	26	站	308.22	8 013.69	
			a. 地上	3	站	156.01	468.04	
			b. 地下	23	站	328.07	7 545.65	
			（2）车辆段	1	处	482.44	482.44	
			（3）停车场	1	处	482.44	482.44	
			（4）区间	36.730	正线公里	26.36	968.09	
			（5）其他		万元		338.74	
9	安防及门禁	安防及门禁		36.730	正线公里	255.00	9 366.10	
		1. 安防系统		36.730	正线公里	53.25	1 955.97	
		2. 门禁系统		36.730	正线公里	106.26	3 902.90	
		3. 安检系统		36.730	正线公里	95.49	3 507.23	

续表 5–22

分项造价指标								
章节	工程及费用名称			数量	单位	指标（万元）*	投资（万元）	备注
一	第一部分　工程费用			36.730	正线公里	52 853.50	1 941 309.15	
10	通风、空调与采暖	通风、空调与采暖		36.730	正线公里	970.71	35 654.00	
		1. 车站		26	站	1 348.00	35 048.00	
		2. 区间		36.730	正线公里	16.50	606.00	
11	给水排水与消防	给水排水与消防		36.730	正线公里	634.42	23 302.43	
		1. 车站给水排水与消防		26	站	403.97	10 503.26	
		2. 区间给水排水与消防		36.730	正线公里	189.27	6 951.95	
		3. 气体灭火		36.730	正线公里	159.19	5 847.22	
12	自动售检票	自动售检票		36.730	正线公里	550.74	20 228.55	
		1. 车站		26	站	683.88	17 780.80	
		2. 线路中心（含票务中心）		1	处	1 621.31	1 621.31	
		3. 维修中心（含培训、模拟系统）		1	处	626.44	626.44	
		4. 与 ACC 接入及联调		1	项	200.00	200.00	
13	站内客运设备、站台门	站内客运设备、站台门		36.730	正线公里	1 194.45	43 872.04	
		站内客运设备	站内客运设备	36.730	正线公里	900.41	33 072.04	
			（1）自动扶梯	299	部	100.00	29 900.04	
			（2）电梯	67	部	47.34	3 172.00	
		站台门		26	站	415.38	10 800.00	
14	控制中心	控制中心						
15	车辆基地	车辆基地		36.730	正线公里	7 948.18	291 936.47	
		车辆段	1. 生产及办公房屋	188 297.85	m^2	0.61	113 970.58	包含风、水、电等
			2. 工艺设备		万元		24 996.54	
			3. 附属工程		万元		72 945.03	

续表 5–22

分项造价指标								
章节	工程及费用名称			数量	单位	指标（万元）*	投资（万元）	备注
一	第一部分　工程费用			36.730	正线公里	52 853.50	1 941 309.15	
15	车辆基地	停车场	1. 生产及办公房屋	70 761.00	m^2	1.05	74 398.91	
			2. 工艺设备		万元		2 494.65	
			3. 附属工程		万元		3 130.76	
16	人防	人防		36.730	正线公里	277.70	10 200.05	
		人防		26	站	392.31	10 200.05	
	第二部分　工程建设其他费用			36.730	正线公里	19 091.33	701 224.58	
1	前期工程费	前期工程费		36.730	正线公里	8 961.82	329 167.79	
		1. 征地		36.73	正线公里	1 389.26	51 027.70	
		（1）购地		1 679.40	亩	25.00	41 985.00	
		（2）租地		753 557.93	m^2	0.01	9 042.70	
		2. 拆迁		209 787.98	m^2	0.88	185 400.81	
		3. 其他前期		36.730	正线公里	2 524.89	92 739.28	
2	其他费用			36.730	正线公里	10 129.51	372 056.79	19.17%
	第三部分　预备费用			36.730	正线公里	3 599.96	132 226.69	5.00%
	第四部分　专项费用			36.730	正线公里	10 184.48	374 075.90	
1	车辆购置费			258	辆	650.00	167 700.00	地铁 B 型车
2	建设期贷款利息			36.730	正线公里	5 548.49	203 795.90	6.47%
3	铺底流动资金			258	辆	10.00	2 580.00	
	投资总额			36.730	正线公里	85 729.28	3 148 836.32	

表 5–23　造价指标分析表（华南地区，示例项目 22）

<table>
<tr><td colspan="5">项目特征</td></tr>
<tr><td>序号</td><td colspan="2">统计项目</td><td>特征描述</td><td>备注</td></tr>
<tr><td>1</td><td colspan="2">项目名称</td><td>华南地区，示例项目 22</td><td></td></tr>
<tr><td>2</td><td colspan="2">设计阶段</td><td>可研</td><td></td></tr>
<tr><td>3</td><td colspan="2">编制期时间</td><td>2017 年 12 月</td><td></td></tr>
<tr><td>4</td><td colspan="2">线路长度（正线公里）</td><td>52.463</td><td></td></tr>
<tr><td>5</td><td colspan="2">敷设方式</td><td>全地下</td><td></td></tr>
<tr><td>6</td><td colspan="2">车站设置（座）</td><td>14</td><td></td></tr>
<tr><td>7</td><td colspan="2">平均站间距（km）</td><td>3.747</td><td></td></tr>
<tr><td>8</td><td colspan="2">车辆基地设置</td><td>1 段 1 场</td><td></td></tr>
<tr><td>9</td><td colspan="2">速度目标值（km/h）</td><td>120</td><td></td></tr>
<tr><td>10</td><td colspan="2">工程费技术经济指标
（亿元 / 正线公里）</td><td>4.81</td><td></td></tr>
<tr><td>11</td><td colspan="2">全费用技术经济指标
（亿元 / 正线公里）</td><td>7.65</td><td></td></tr>
<tr><td>12</td><td rowspan="2">初期配车</td><td>车型</td><td>A 型车</td><td></td></tr>
<tr><td>13</td><td>编组</td><td>8 辆编组，44 列 /352 辆</td><td></td></tr>
<tr><td rowspan="5">14</td><td rowspan="5">人工及主要材料单价</td><td>人工 土建（元 / 工日）</td><td>141.53</td><td></td></tr>
<tr><td>人工 安装（元 / 工日）</td><td>141.53</td><td></td></tr>
<tr><td>混凝土 C40（元 /m³）</td><td>547.74</td><td></td></tr>
<tr><td>钢筋 HRB400（元 /t）</td><td>4 942</td><td></td></tr>
<tr><td>水泥 42.5（元 /t）</td><td>498</td><td></td></tr>
</table>

<table>
<tr><td colspan="6">综合造价指标</td></tr>
<tr><td>章节</td><td>工程及费用名称</td><td>数量
（正线公里）</td><td>指标
（万元）*</td><td>投资
（万元）</td><td>备注</td></tr>
<tr><td>一</td><td>第一部分　工程费用</td><td>52.463</td><td>48 097.59</td><td>2 523 343.84</td><td></td></tr>
<tr><td>1</td><td>车站</td><td>52.463</td><td>11 283.71</td><td>591 977.19</td><td></td></tr>
<tr><td>2</td><td>区间</td><td>52.463</td><td>15 179.47</td><td>796 360.47</td><td></td></tr>
<tr><td>3</td><td>轨道</td><td>52.463</td><td>2 680.14</td><td>140 608.32</td><td></td></tr>
<tr><td>4</td><td>通信</td><td>52.463</td><td>1 294.23</td><td>67 898.93</td><td></td></tr>
<tr><td>5</td><td>信号</td><td>52.463</td><td>1 551.33</td><td>81 387.19</td><td></td></tr>
<tr><td>6</td><td>供电</td><td>52.463</td><td>4 061.16</td><td>213 060.63</td><td></td></tr>
<tr><td>7</td><td>综合监控</td><td>52.463</td><td>348.93</td><td>18 306.00</td><td></td></tr>
</table>

续表 5-23

综合造价指标

章节	工程及费用名称	数量（正线公里）	指标（万元）*	投资（万元）	备注
一	第一部分　工程费用	52.463	48 097.59	2 523 343.84	
8	火灾自动报警、环境与设备	52.463	207.52	10 887.00	
9	安防与门禁	52.463	504.61	26 473.52	
10	通风、空调与采暖	52.463	720.04	37 775.62	
11	给水排水与消防	52.463	556.83	29 212.71	
12	自动售检票（AFC）	52.463	237.50	12 460.00	
13	站内客运设备、站台门	52.463	942.61	49 452.07	
14	运营控制中心	52.463	62.05	3 255.41	
15	车辆基地	52.463	8 294.01	435 128.78	
16	人防	52.463	173.46	9 100.00	
二	第二部分　工程建设其他费用	52.463	11 438.86	600 117.11	
三	第三部分　预备费	52.463	5 953.65	312 346.09	
四	第四部分　专项费用	52.463	10 992.89	576 720.00	
投资总额		52.463	76 482.99	4 012 527.04	

分项造价指标

章节	工程及费用名称			数量	单位	指标（万元）*	投资（万元）	备注
一	第一部分　工程费用			52.463	正线公里	48 091.87	2 523 043.84	
1	车站	车站		52.463	正线公里	11 283.71	591 977.19	
		地下车站（典型）	工法	明挖＋局部盖挖				
			层数	2				
			建筑面积（m^2）	28 260				
			车站指标	17 516	m^2	1.87	32 775.13	
			（一）土建工程	17 516	m^2	1.57	27 417.39	
			1. 围护结构	575.00	m	7.65	4 400.09	
			咬合灌注桩	14 108.56	m^3	0.30	4 198.76	
			2. 土石方、支撑、降水	113 527.25	m^3	0.03	3 813.96	
			（1）土石方	136 680.69	m^3	0.01	1 889.220	

续表 5-23

分项造价指标								
章节	工程及费用名称			数量	单位	指标（万元）*	投资（万元）	备注
一	第一部分　工程费用			52.463	正线公里	48 091.87	2 523 043.84	
1	车站	地下车站（典型）	（2）钢支撑	1 986.570	t	0.43	862.59	
			（3）混凝土支撑	1 543.49	m^3	0.36	560.55	
			（4）降水	30	根	8.34	250.14	
			3. 主体结构	23 058.07	m^3	0.29	6 764.02	
			（1）主体结构	23 058.07	m^3	0.26	5 912.27	
			（2）防水	23 313.50	m^2	0.02	424.02	
			（二）建筑装饰工程	16 725.52	m^2	0.13	2 101.26	
			（三）附属工程	4 270.19	m^2	2.07	8 826.86	除土建、装修外其他
2	区间		区间	52.46	正线公里	15 179.47	796 360.47	
		地下区间（典型）	（一）盾构区间	1 666.94	m	12.79	21 312.11	
			盾构类型	复合盾构，内径 5.5m，外径 6.2m				注明普通盾构、复合盾构、泥水盾构或 TBM，管片内径 / 外径
			管片厚度（mm）	350.00				
			管片宽度（m）	1.50				
			1. 盾构掘进（含吊装、掉拆等）	3 333.87	m	3.03	10 110.63	含过硬岩处理
			2. 管片	21 482.68	m^3	0.35	7 467.89	
			3. 进出洞加固	4	个	33.51	134.02	洞门处理
			4. 同步及二次注浆	3 337.87	m	0.67	2 230.14	单位含量按单延米统计
			5. 端头井加固	5 282.10	m^3	0.12	627.35	
			（二）明挖区间	30.50	m	42.80	1 305.34	
			基坑宽度（m）	20.20				

续表 5-23

分项造价指标								
章节	工程及费用名称			数量	单位	指标（万元）*	投资（万元）	备注
一	第一部分　工程费用			52.463	正线公里	48 091.87	2 523 043.84	
2	区间	地下区间（典型）	基坑深度（m）			12.00		
			1. 围护结构	105.00	m	6.61	693.75	
			咬合灌注桩	1 195.82	m^3	0.56	673.25	
			2. 土石方、支撑、降水					
			（1）土石方	8 256.94	m^3	0.02	148.77	
			（2）钢支撑	33.93	t	0.34	11.42	
			（3）混凝土支撑	61.40	m^3	0.39	23.84	
			（4）降水	3	根	8.34	25.01	
			（5）路面破除	541.80	m^3	0.04	21.26	
			3. 主体结构	1 390.17	m^3	0.26	367.19	
			（1）主体结构	1 390.17	m^3	0.25	343.58	
			（2）防水	1 692.98	m^2	0.01	23.61	
3	轨道	轨道		52.463	正线公里	2 680.14	140 608.32	
		正线	1. 铺轨	104.96	铺轨公里	1 021.81	107 250.50	道床费用包含在铺轨中
			（1）一般段	46.517	铺轨公里	600.00	27 910.20	
			（2）中等减振段	5.274	铺轨公里	649.98	3 428.00	
			（3）高等减振段	34.978	铺轨公里	1 250.00	43 722.50	含减振垫
			（4）特殊减振段	12.220	铺轨公里	1 950.00	23 829.00	含钢弹簧隔振器
			（5）减振降噪一体化段	5.972	铺轨公里	1 400.00	8 360.80	
			2. 铺道岔	47	组	67.23	3 160.00	
			（1）单开道岔	39	组	40.00	1 560.00	
			（2）特种道岔	8	组	200.00	1 600.00	
			3. 线路有关工程	104.96	铺轨公里	40.00	4 198.44	

续表 5–23

分项造价指标								
章节	工程及费用名称			数量	单位	指标（万元）*	投资（万元）	备注
一	第一部分　工程费用			52.463	正线公里	48 091.87	2 523 043.84	
3	轨道	停车场铺轨	1. 铺轨	11.87	铺轨公里	373.03	4 426.00	
			（1）库内整体道床	8.00	铺轨公里	360.00	2 880.00	
			（2）50kg/m 混凝土枕整体道床	3.87	铺轨公里	400.00	1 546.00	
			2. 铺道岔	26	组	43.85	1 140.00	
			（1）单开道岔	23	组	30.00	690.00	
			（2）特种道岔	3	组	150.00	450.00	
			3. 线路有关工程	11.87	铺轨公里	40.00	474.60	
		车辆段铺轨	1. 铺轨	24.30	铺轨公里	280.34	6 812.72	
			（1）库内整体道床	13.30	铺轨公里	360.00	4 788.72	
			（2）50kg/m 混凝土枕有砟轨道	11.00	铺轨公里	184.00	2 024.00	
			2. 铺道岔	50	组	39.80	1 990.00	
			（1）单开道岔	46	组	30.22	1 390.00	
			a. 50kg7# 单开	45	组	30.00	1 350.00	
			b. 60kg9# 单开	1	组	40.00	40.00	
			（2）特种道岔	4	组	150.00	600.00	
			线路有关工程	25.50	铺轨公里	40.00	1 020.08	
4	通信	通信		52.463	正线公里	1 294.23	67 898.93	
		1. 专用通信系统		52.463	正线公里	868.54	45 566.15	
		2. 公安通信系统		52.463	正线公里	159.99	8 393.59	
		3. 民用通信引入系统		52.463	正线公里	265.70	13 939.19	

续表 5–23

分项造价指标								
章节	工程及费用名称			数量	单位	指标（万元）*	投资（万元）	备注
一	第一部分　工程费用			52.463	正线公里	48 091.87	2 523 043.84	
5	信号	信号		52.463	正线公里	1 551.33	81 387.19	
		1. 正线		52.463	正线公里	995.00	52 200.69	
		2. 运营控制中心		1	处	2 400.00	2 400.00	
		3. 车辆段		59	联锁道岔	83.64	4 935.00	
		4. 停车场		33	联锁道岔	93.67	3 091.00	
		5. 试车线		1	条	1 390.50	1 390.50	
		6. 车载设备		44	列	355.00	15 620.00	
		7. 维修与培训中心		2	处	875.00	1 750.00	
6	供电	供电		52.463	正线公里	4 055.44	212 760.63	
		主变电站	1. 主变电站	2	座	3 562.50	21 545.00	
			（1）主变电站房屋	5 700	m^2	2.25	7 125.00	
			（2）变电工程		万元		12 800.00	
			（3）常规设备安装工程		万元		1 620.00	
			2. 电力进线	15.600	km	873.97	13 634.00	
			3. 利用既有主变电所	1	座	800.00	800.00	
		变电所	牵引降压混合变电所	21	座	2 251.00	47 270.93	含跟随变电所
		环网电缆	环网电缆	52.463	正线公里	488.02	25 603.00	
			环网电缆	500.000	条公里	51.21	25 603.00	

续表 5–23

分项造价指标								
章节	工程及费用名称			数量	单位	指标（万元）*	投资（万元）	备注
一	第一部分　工程费用			52.463	正线公里	48 091.87	2 523 043.84	
6	供电	牵引网（接触轨）	架空接触网	52.463	条公里	604.95	31 737.35	
			（1）正线	132.99	条公里	170.00	22 607.85	
			（2）车辆段	31.50	条公里	190.00	5 985.00	
			（3）停车场	16.55	条公里	190.00	3 144.50	
		电力监控（SCADA）		52.463	正线公里	20.59	1 080.00	
		杂散电流防护与接地系统	杂散电流防护	52.463	正线公里	143.21	7 513.00	
			（1）正线	52.463	正线公里	126.24	6 623.00	
			（2）车辆段 （3）停车场	1	处	445.00	890.00	
		供电车间及其他系统		1	处	3 000.00	3 000.00	
		动力与照明	动力与照明	52.463	正线公里	1 211.85	63 577.35	
			（1）车站	405 708	m^2	0.12	47 331.35	
			（2）区间	52.463	正线公里	309.67	16 246.00	
7	综合监控	综合监控		52.463	正线公里	348.93	18 306.00	
		1. 车站		15	站	177.00	2 655.00	
		2. 中央级系统		1	处	1 425.00	1 425.00	
		3. 车辆基地		2	处	158.00	316.00	
		4. 云计算平台		1	套	7 360.00	7 360.00	
		5. 云平台集成智能化系统		1	套	6 550.00	6 550.00	

续表 5-23

分项造价指标								
章节	工程及费用名称			数量	单位	指标（万元）*	投资（万元）	备注
一	第一部分　工程费用			52.463	正线公里	48 091.87	2 523 043.84	
8	防灾报警、环境与设备监控	防灾报警、环境与设备监控		52.463	正线公里	207.52	10 887.00	
		火灾自动报警（FAS）	火灾自动报警（FAS）	52.463	正线公里	128.03	6 717.00	
			（1）车站	14	站	320.00	4 480.00	
			（2）主变电所	2	座	190.00	380.00	
			（3）感温光纤	102	km	6.50	663.00	
			（4）感温光纤主机	18	台	21.00	378.00	
			（5）感温光纤（含设备）	102	km	8.00	816.00	
		环境与设备监控（BAS）	环境与设备监控（BAS）	52.463	正线公里	79.48	4 170.00	
			（1）车站	14	站	280.00	3 920.00	
			（2）主变电所	2	座	75.00	150.00	
			（3）深惠边界（水泵）		万元		100.00	
			（4）停车场					
9	安防及门禁	安防及门禁		52.463	正线公里	504.61	26 473.52	
		1. 安防系统		52.463	正线公里	62.90	3 300.00	
		2. 门禁系统		52.463	正线公里	26.69	1 400.00	
		3. 安检系统		14	处	194.29	2 720.00	
		4. 乘客求助及警告系统		14	站	21.43	300.00	
		5. 车辆基地智能化		2	处	6 150.00	12 300.00	
		6. 视频监控系统		14	站	460.97	6 453.52	

续表 5-23

分项造价指标								
章节	工程及费用名称			数量	单位	指标（万元）*	投资（万元）	备注
一	第一部分　工程费用			52.463	正线公里	48 091.87	2 523 043.84	
10	通风、空调与采暖	通风、空调与采暖		52.463	正线公里	720.04	37 775.62	
		1. 车站		14	站	2 354.07	32 957.02	
		2. 区间		52.463	正线公里	62.90	3 300.00	
		3. 射流风机		120	台	8.00	960.00	
		4. 与既有线衔接改造			万元		558.60	
11	给水排水与消防	给水排水与消防		52.463	正线公里	556.83	29 212.71	
		1. 车站给水排水与消防		14	站	986.06	13 804.85	
		2. 区间给水排水与消防		52.463	正线公里	191.11	10 026.00	
		3. 与既有线衔接改造			万元		211.86	
		4. 气体消防		52.463	正线公里	98.55	5 170.00	
12	自动售检票	自动售检票		52.463	正线公里	237.50	12 460.00	
		1. 车站		14	站	811.43	11 360.00	
		2. 维修及培训中心		1	处	550.00	550.00	
		3. CLC2 接入		1	处	550.00	550.00	
13	站内客运设备、站台门	站内客运设备、站台门		52.463	正线公里	942.61	49 452.07	
		站内客运设备	站内客运设备	52.463	正线公里	683.38	35 852.07	
			（1）自动扶梯	286	部	115.00	32 890.00	
			（2）电梯	49	部	60.45	2 962.07	
		站台门		14	站	971.43	13 600.00	
14	运营控制中心	运营控制中心		52.463	正线公里	62.05	3 255.41	
		1. 大屏幕系统		52.463	正线公里	12.96	680.00	
		2. NOCC 系统及线网通信系统费用		52.463	正线公里	49.09	2 575.41	

续表 5–23

分项造价指标								
章节	工程及费用名称			数量	单位	指标（万元）*	投资（万元）	备注
一	第一部分　工程费用			52.463	正线公里	48 091.87	2 523 043.84	
15	车辆基地	车辆基地		52.463	正线公里	8 294.01	435 128.78	
		车辆段	车辆段	52.463	正线公里	4 187.41	219 684.04	包含风、水、电等
			（1）生产及办公房屋	209 029.57	m^2	0.66	137 672.58	
			（2）工艺设备		万元		31 500.00	
			（3）附属工程		万元		50 511.46	
		停车场	停车场	52.463	正线公里	4 106.60	215 444.74	
			（1）生产及办公房屋	140 795.760	m^2	1.44	202 241.36	
			（2）工艺设备		万元		4 800.00	
			（3）附属工程		万元		8 403.38	
16	人防	人防		52.463	正线公里	173.46	9 100.00	
第二部分　工程建设其他费用				52.463	正线公里	11 438.86	600 117.11	
1	前期工程费	前期工程费		52.463	正线公里	205.00	10 755.00	
		租地		9 134.954	亩	1.177 3	10 755.00	仅为租地费用，其他前期工程费用单独立项批复
2	其他费用			52.463	正线公里	11 233.86	589 362.11	23.36%

续表 5–23

分项造价指标						
章节	工程及费用名称	数量	单位	指标（万元）*	投资（万元）	备注
	第三部分　预备费用	52.463	正线公里	5 953.65	312 346.09	8.00%
	第四部分　专项费用	52.463	正线公里	10 992.89	576 720.00	
1	车辆购置费	352	辆	1 100.00	387 200.00	地铁 A 型车
2	债券发债利息	52.463	正线公里	3 507.23	184 000.00	4.64%
3	债券发行费用	53.463	正线公里	37.41	2 000.00	
4	铺底流动资金	352	辆	10.00	3 520.00	
	投资总额	52.463	正线公里	76 477.27	4 012 227.04	

参 考 文 献

[1] 住房和城乡建设部标准定额研究所，中铁第五勘察设计院集团有限公司 . 城市轨道交通工程设计概算编制办法 [M]. 北京：中国计划出版社，2017.

[2] 住房和城乡建设部标准定额研究所 . 城市轨道交通工程预算定额 [M]. 北京：中国计划出版社，2008.

[3] 住房和城乡建设部标准定额研究所 . 城市轨道交通工程概算定额 [M]. 北京：中国计划出版社，2011.

[4] 国家铁路局 . 铁路基本建设工程投资估算预估算编制办法 [M]. 北京：中国铁道出版社，2019.

[5] 国家铁路局 . 铁路基本建设工程设计概（预）算编制办法 [M]. 北京：中国铁道出版社，2017.

[6] 中华人民共和国住房和城乡建设部 . 市政工程设计概算编制办法 [M]. 北京：中国计划出版社，2011.

[7]《迈向高质量发展》编写组 . 迈向高质量发展："十三五"经济社会发展成就报告 [M]. 中国统计出版社，2021.

[8] 中华人民共和国建设部 . 城市轨道交通工程项目建设标准 [S]. 北京：中国计划出版社，2008.

[9] 中华人民共和国住房和城乡建设部 . 城市轨道交通工程投资估算指标 [S]. 北京：中国计划出版社，2024.

[10] 中华人民共和国住房和城乡建设部 . 建设工程工程量清单计价规范 [S]. 北京：中国计划出版社，2013.

[11] 中华人民共和国住房和城乡建设部 . 城市轨道交通工程工程量计算规范 [S]. 北京：中国计划出版社，2013.

[12] 交通运输部路网监测与应急处置中心 . 公路工程建设项目投资估算编制办法 [S]. 北京：人民交通出版社，2019.

[13] 中华人民共和国住房和城乡建设部 . 建筑信息模型分类和编码标准 [S]. 北京：中国建筑工业出版社，2017.

[14] 中华人民共和国交通运输部 . 城市轨道交通设施设备分类与代码 [S]. 北京：中国标准出版社，2019.

[15] 国家铁路局 . 市域（郊）铁路设计规范 [S]. 北京：中国铁道出版社，2021.

[16] 汪小庆，李松峰，梁青槐，城市群市郊铁路与地铁衔接模式研究 [J]. 铁路工程技术与经济，2020（1）：5–8.

[17] 方琪根 . 市域（郊）铁路功能定位及发展条件 [C]. 中国铁道学会工程分会第六届线路专委会第三次会议论文集，2013，213–216.

[18] 杨智轩，韩宝明，赵鹏.市域铁路列车运行组织探讨[J].铁道运输与经济，2021(6)：14-19.

[19] 郭锴.市域(郊)铁路规划建设标准探讨[J].都市快轨交通，2022，35(1)：155-164.